GABRIELA URBAN

WIE BUDDHA
IM GEGENWIND

*Eine Kündigung,
22 Länder und ein besonderer
Reisebegleiter*

2. Auflage
© Conbook Medien GmbH, Neuss 2019
Alle Rechte vorbehalten.

www.conbook-verlag.de

Fotos: Gabriela Urban
Satz: Röser MEDIA, Karlsruhe
Druck und Verarbeitung: CPI Books GmbH, Leck

Printed in Germany

ISBN 978-3-95889-199-9

Manchmal muss man mit beiden Händen loslassen,
um wieder neu greifen zu können.

Dieses Buch ist folgenden Personen gewidmet:

meinem Blind Date in Malaysia,
Tatiana, die mir zum Glück ein Versprechen entlockte,
dem zahnlosen Mann,
dem Hakuna-Matata-Verkäufer,
dem alten Mann aus dem Ramchang Guesthouse,
unserer großen Tuk-Tuk-Liebe Rithisak,
dem Tomatenverkäufer mit dem breitesten & freundlichsten Lachen,
dem blutjungen Taxifahrer aus Bogotá,
der 1,50 Meter kleinen kolumbianischen Oma,
meinem Retter in Santa Marta,
dem erleuchteten Edie,
dem Unbekannten in der Wüste,
Annemarie mit dem coolen Jutebeutel,
der schönsten 80-Jährigen, die ich je gesehen habe,
dem 19-jährigen Engel,
dem jungen Soldaten mit dem viel zu großen Maschinengewehr,
meinem Bodyguard Miguel,
dem harten Rocker Carlos,
meinem alten Spanischlehrer, dem ich noch eine Prüfung schuldete,
der Mama mit der Wolldecke,
dem freundlichsten Grenzbeamten der Welt,
Juan aus dem Dorf der Glückseligkeit,
dem 2-Meter-Riesen Viktor
und Anastiacia aus Tschernobyl.

Danke, dass ich euch begegnen durfte! Ohne euch wären all meine Reisen nur halb so spannend und erzählenswert gewesen.

Und natürlich widme ich dieses Buch auch unserer geliebten Oma. Wir vermissen dich. Möge dein Stern auf all unseren Wegen ganz hell leuchten.

Inhaltsverzeichnis

4. Kapitel

5. Kapitel

6. Kapitel

7. Kapitel

8. Kapitel

EIN KLEINES ABENTEUER VORNEWEG ...

... irgendwo in den Karpaten, Juli 2018

Travelling – it leaves you speechless, then turns you into a storyteller.

(Ibn Battuta)

Drahtseilakt, 1. Teil

Unmöglich! Meinte Google Maps tatsächlich diese wackelige Brücke aus verrosteten Drahtseilen und vermoderten Holzbrettern? Immer wieder blickte ich auf mein Handy, schaute mich um und suchte verzweifelt nach einer sicheren Route. Um diesen reißenden Fluss zu überqueren, musste es doch eine andere Möglichkeit geben als diese lebensgefährliche Brücke aus den glorreichen, längst vergangenen Sowjetzeiten. Wie tief mochte es hinuntergehen? Zehn Meter? 15 Meter? Mein Herz pochte. Das war mein persönlicher Alptraum.

Ich versuchte, einen klaren Gedanken zu fassen. Doch die flirrende Hitze trug nicht dazu bei, einen kühlen Kopf zu bewahren. Ich war müde, und meine Füße taten weh. Immerhin hatte ich mittlerweile die Hälfte der Strecke geschafft. Zehn Kilometer entlang an Blumenwiesen, Sonnenblumenfeldern, Gemüsebeeten, wilden Graslandschaften und urigen Holzhäusern hatte ich bis jetzt hinter mich gebracht auf meinem Weg zu den Dowbusch-Felsen – von denen ich ein paar Stunden zuvor noch nie etwas gehört hatte. Der Besitzer meiner Unterkunft, ein freundlicher alter Mann, der kein Wort Englisch sprach, hatte sie mir bei Google Maps gezeigt. Mit Händen und Füßen hatte er mir zu verstehen gegeben, dass ich mir diese über 50 Meter hohen Felsformationen unbedingt anschauen sollte. Unsere weitere Konversation war jedoch extrem holprig verlaufen. Er hatte mit den Armen gefuchtelt, wild gestikuliert und mir immer wieder unterschiedliche Orte auf der Karte auf meinem Handy gezeigt. Ich hatte nur verstanden, dass ich mit zwei verschiedenen Bussen fahren und dann zu Fuß weitergehen müsste. Aber das reichte. Dachte ich zumindest.

Beschwingt war ich losgegangen, hatte mich vor den Supermarkt gestellt und Ausschau nach einer Marschrutka gehalten, dem öffentlichen Minibus in dieser Gegend. Nach ein paar Minuten kam die erste und fuhr auch schon an mir vorbei. Da ich nicht einmal ansatzweise die kyrillischen Schriftzeichen entziffern konnte, wurde ich unsicher. *Stand ich überhaupt richtig?* Ich fragte einen Mann mit eng wachsenden Augenbrauen und zeigte ihm auf meinem Handy, wohin ich wollte. *Tyshivnytsya?* Ich gab mir alle Mühe, den Ort einwandfrei auszusprechen. Vergebens. Der junge Mann schaute mich nur mit vielen Fragezeichen an und komplementierte somit meine völlige Orientierungslosigkeit. Wortlos zeigte er in Richtung Straße. *Aha, da kommt wohl noch eine andere Bushaltestelle*, schlussfolgerte ich skeptisch. Doch nach zwei Minuten kam ich bereits am Dorfrand an. Also wieder zurück.

Ich stellte mich erneut an die Bushaltestelle und wartete geduldig. Die nächste gnadenlos überfüllte Marschrutka kam. Verzweifelt fragte ich die Passagiere, ob der Minibus nach Tyshivnytsya fahren würde. Kollektives überfragtes Kopfschütteln. Bei der dritten und vierten Marschrutka dasselbe. Ich hatte so gar keine Ahnung, ob die Leute mich bloß nicht verstanden, oder ob die Marschrutka tatsächlich nicht ins zungenbrecherische Tyshivnytsya fuhr. Allerdings wusste ich, dass ich nach über einer Stunde Wartezeit definitiv keinen Bock mehr hatte. Ich musste mir eingestehen, dass ich bereits am Ortseingang von Skole gescheitert war und es nicht geschafft hatte, den richtigen Bus zu nehmen. *Okay. Dann musste halt ein anderer Plan her!* Ich nahm wieder mein Handy zur Hand, gab bei Google Maps das Ziel »Dowbusch-Felsen zu Fuß« ein – und erhielt prompt eine Route: 20 Kilometer, Ankunftszeit 16:57 Uhr. Alles klar. Das war machbar. Entschlossen lief ich los.

***

Unmöglich! Es hämmerte in meinem Kopf beim Anblick dieser furchterregenden Brücke. Ich konnte sie nicht überqueren, das stand für mich fest. Nicht nur weil ich an panischer Höhenangst litt, sondern auch weil ich immens daran zweifelte, dass diese Brücke, die in jedem Indiana-Jones-Film eine hervorragende Rolle gespielt hätte, passierbar war. Ich ging vor der Brücke auf und ab und schaute mir die fragwürdige Konstruktion etwas genauer an. Die schmale Brücke wurde von dünnen Drahtseilen gehalten. Modrige Holzbretter und Baumstämme waren wild und ohne System aneinandergenagelt. Und überall waren große Löcher. Für mich war klar: Ein falscher Schritt, und ich würde in die Tiefe stürzen. Direkt in den reißenden Fluss. Bei dem Anblick schlug meine blühende Fantasie Purzelbäume. Ich malte mir aus, wie ich mir bei einem *glücklichen* Sturz ins Wasser NUR ein paar Knochen brach. Mit ein wenig Pech konnte ich mir allerdings auch den Kopf an den herausragenden spitzen Steinen im Fluss aufschlagen ...

Auf gar keinen Fall! Resigniert beschloss ich, dass mein Abenteuer Dowbusch-Felsen hier an dieser Stelle mitten in den Karpaten zu Ende war. Doch gerade in der Sekunde, als ich den Entschluss gefasst hatte, erschienen plötzlich am anderen Ende der Brücke drei Gestalten. Das konnte doch nicht möglich sein! Zufall? Oder ein ganz blödes Zeichen? Etwas ungläubig schaute ich zu, wie ein junger Fischer zwar sehr bedacht, aber doch ziemlich resolut und mit sicheren Schritten über die Brücke ging. Sie war also doch passierbar, musste ich mir kleinlaut eingestehen.

Doch sofort mischte sich meine vernunftgetriebene innere Stimme ein, die partout keine Lust hatte, sich ausgerechnet JETZT meiner Höhenangst zu stellen. Sie flüsterte mir vehement zu: »Der junge Fischer hat diese Brücke bereits Hunderte Male überquert und weiß genau, wie er seine Schritte setzen muss. Außerdem ist er sicherlich stark genug, um sich bei einem Sturz am Drahtseil festzuhalten und mit einem gekonnten akrobatischen Schwung wieder hochzuhieven.«

Eifrig pflichtete ich meiner inneren Stimme bei – und wir beide wären uns zu 100 Prozent einig gewesen, wenn nicht ausgerechnet im nächsten Moment am anderen Ende der Brücke sich auch die anderen zwei Gestalten aufgemacht hätten, die Brücke zu überqueren. Ich kniff meine Augen heftig zusammen, um besser zu sehen, und konnte kaum glauben, was ich da erblickte. *Tatsächlich!* Die zwei Gestalten waren ältere Frauen, die sicherlich weit über 50, vielleicht sogar 60 Jahre alt waren. Ich konnte genau erkennen, wie sie sich ängstlich ans Drahtseil klammerten und zögerlich in kleinen Schritten nach vorne kämpften.

Voller Bewunderung, Adrenalin und mit offenem Mund beobachtete ich sie dabei, fieberte mit ihnen mit – und fasste just einen Entschluss. Ich entschied mich, auf mein Bauchgefühl zu hören, welches mich immer lauter anfeuerte: »Wenn die das schaffen, schaffst du es auch!« Bei meinem Vorhaben wurde mir zwar speiübel und extrem schummrig vor Augen, aber mir wurde auch wieder bewusst, dass es im Leben Augenblicke gab, in denen man losgehen musste. Einfach machen.

»добре?«, fragte ich die beiden älteren Frauen, als sie wohlbehalten auf meiner Flussseite angekommen waren. Doch ich konnte sofort die Angst in ihren Augen sehen. Wie sehr ich mir doch gewünscht hätte, dass sie meine eigene Scheißangst etwas besänftigen und mir sagen würden, dass die Brücke gar nicht so schlimm sei, wie sie auf den ersten Blick aussah.

»не добре! не добре!« Nicht gut! Nicht gut! Die eine Frau schrie mich nahezu an. So, als ob sie mich vor meinem eigenen Verderben beschützen wollte. Und zu allem Übel folgte ein fluchender, nicht enden wollender Wortschwall, dessen Inhalt ich zwar nicht verstand, von dem ich mir aber durchaus denken konnte, worum es ging. Zum Schluss verabschiedeten sie sich von mir mit einem »удачи«. Ich bildete mir ein, dass sie mir für mein halsbrecherisches Vorhaben viel Glück wünschten.

Ich atmete tief ein und aus. JETZT ODER NIE! Ohne darüber nachzudenken, erklomm ich die erste Stufe, hielt kurz inne, nahm auch die nächsten in Angriff, und eh ich mich's versah, stand ich bereits auf den Holzbrettern. Es fehlte nicht viel, und ich hätte mir in die Hosen gemacht. Denn hier oben konnte ich erkennen, dass die Brücke in einem noch viel schlechteren Zustand war, als ich zuvor vermutet hatte. Nach den ersten wackeligen Schritten stellte ich fest, dass einige Bretter sogar nur lose drauflagen. Immer wieder stand ich vor der womöglich lebensentscheidenden Frage, für welches Brett ich mich als nächstes entscheiden sollte. Unaufhörlich knarrte und knackte es unter meinen Füßen. Manche Bretter und Äste waren schon so vermodert, dass sie bei jeder kleinen Erschütterung zu zerbrechen drohten. Meine nass geschwitzten Hände umklammerten die beiden rostigen Drahtseile. Argwöhnisch tastete ich mich vor. Schuhspitze um Schuhspitze. Und durch die großen Löcher zwischen den Brettern konnte ich den reißenden Fluss unter mir sehen.

Zweifelsohne hatte ich in den vergangenen Monaten viel erlebt. In Malaysia war ich auf offenem Meer Haien begegnet. Im Golf von Thailand hatte ich eine Horrorspeedbootfahrt gerade so überlebt. Unter der karibischen Sonne Santa Martas war ich beinahe von zwei Drogenabhängigen überfallen worden. In Honduras hatte ich politische Tumulte bezeugt. Und in der einsamen Steppe an der Grenze zu Aserbaidschan war mir das Benzin ausgegangen. *Dann wirst du diese Brücke auch noch meistern!* Ich atmete noch mal tief ein und aus, versuchte, alles um mich herum zu vergessen, und fokussierte mich auf den nächsten Schritt.

Plötzlich spürte ich, wie die Brücke anfing zu schaukeln. Immer stärker. Eine Windböe? Nein. Es war absolut windstill. Ich versuchte zu analysieren, was die Bewegung verursachte. Meine zitternden Beine? Tatsächlich! Erst jetzt realisierte ich, dass ich am ganzen Körper wie Espenlaub zitterte. Am liebsten hätte ich aus Leibeskräften losgeschrien. Doch ich wusste, dass ich meine verbleibenden Kräfte woanders hinlenken musste. Denn unkontrolliertes Schreien wäre nur unnötiger Energieverlust gewesen, der mich zudem aus dem Gleichgewicht gebracht hätte. Obwohl sich meine Beine weiterhin wie Pudding anfühlten, schöpfte ich neuen Mut, als ich sah, dass ich mittlerweile die Hälfte der Brücke geschafft hatte. Ich tat noch einen Schritt und wusste, dass ab jetzt eine Rückkehr nicht mehr infrage kam.

Doch was folgte, war noch viel schlimmer. Nachdem ich den Fluss hinter mich gebracht hatte und mich schon am Ende meines persönlichen Alptraumes gehofft hatte, konnte ich erkennen, dass die Brücke immer höher und höher wurde. Unter mir sah ich Baumwipfel, und durchs dichte Blätterdach konnte ich erahnen, dass ich mittlerweile auf 20 oder gar 30 Metern Höhe war. Zu allem Übel konnte ich mich nicht mehr am Drahtseil festhalten, da ich mit meinen Händen nicht mehr hinkam. Ich musste also die restlichen Meter frei balancieren. Mir wurde erneut übel, und es pochte heftig gegen meine Schläfen. Jetzt bloß nicht das Gleichgewicht verlieren! Ich atmete erneut tief ein und aus – und marschierte völlig konzentriert weiter. Selten zuvor in meinem Leben hatte ich das Gefühl gehabt, einzig und allein bei mir selbst zu sein. In meiner eigenen Mitte. Fokussiert. Pragmatisch. Lösungsorientiert. Mit allen Gedanken und Emotionen im Hier und Jetzt.

Als ich wieder festen Boden unter meinen Füßen spürte, hätte ich mich am liebsten übergeben. Ich spürte, wie schlagartig meine ganze Anspannung und verdammte Angst aus meinem Körper wich. Ich zitterte immer noch, aber dabei realisierte ich, welche Herausforderung ich gerade gemeistert hatte. Ich hatte trotz panischer Höhenangst diese gemeingefährliche Brücke hinter mich gebracht. Ich hatte mich schnurstracks raus aus meiner eigenen Komfortzone bewegt. Doch viel Zeit für einen freudejubelnden Tanz blieb mir nicht, denn bis zu den Dowbusch-Felsen musste ich noch zehn Kilometer laufen. Ich schaute erneut auf mein Handy. Ankunftszeit 17:27 Uhr. Ich hatte viel Zeit verloren und musste mich dementsprechend beeilen. Dabei hatte ich noch keinen blassen Schimmer, wie ich von den Dowbusch-Felsen zurück zu meiner Unterkunft nach Skole kommen sollte. Fest stand, dass ich auf keinen Fall denselben Weg zurück wählen würde. Ich wollte keineswegs mein Schicksal ein zweites Mal herausfordern. Dennoch musste ich mir eingestehen, dass ich völlig planlos war in einem Land, wo kaum einer Englisch sprach.

Alles zur seiner Zeit! Das Erlebnis mit der Brücke hatte mir erneut gezeigt, dass es im Leben immer eine Lösung gab, wie unüberwindbar die Situation anfangs auch wirken mochte. Dass man durchaus das Unmögliche möglich machen konnte – und dass es auch gut war, hin und wieder seine Vernunft auszuschalten, um einzig und allein auf sein Bauchgefühl zu hören. Euphorisch und optimistisch setzte ich meine Wanderung fort – und es kam mir fast so vor, als ob ich auf rosaroten Wolken schweben würde.

VORWORT

Am Anfang braucht man oft Mut, um am Ende glücklich zu sein.

(Unbekannt)

Ich war am Boden. Doch Liegenbleiben war keine Option für mich. Stattdessen buchte ich einen Flug nach Lissabon. Ich musste raus, um die Dinge klarer zu sehen. Bereits ein paar Tage später saß ich in der portugiesischen Hauptstadt im goldenen Abendlicht am Aussichtsplatz Adamastor. Während um mich herum viele feierwütige junge Menschen aus den unterschiedlichsten Ländern Joints kreisen ließen, Bier tranken, zu Kizomba-Klängen tanzten oder sich angeregt unterhielten, richtete ich meinen Blick auf das Wahrzeichen Lissabons, die Ponte 25 de Abril. Die rote Hängebrücke, der glitzernde Fluss Tejo und die Jesus-Statue im Hintergrund, die schützend ihre Arme emporhebt, wirkten besänftigend auf mich. Genau wie vor 15 Jahren, als ich als Erasmus-Studentin durch die Straßen Lissabons zog und dachte, dass mir die Stadt gehörte. Damals war es eine unbeschwerte Zeit gewesen. Bis auf einige Seminare an der Universität und ein paar Hausarbeiten hatte ich keine Verpflichtungen und Sorgen. Jeden Tag traf ich Freunde, schlürfte literweise Kaffee, und wenn wir zur späteren Stunde nicht am Strand von Carcavelos abhingen, begrüßten wir den Abend mit einem zuckersüßen Kirschlikör am Ginjinha-Stand am Rossio. Danach ging es natürlich ins Bairro Alto, hoch hinauf ins quirlige Ausgehviertel, wo wir uns an den Bars Bier holten, draußen ins redselige Getümmel stürzten und unbesorgt feierten, als ob es kein Morgen gäbe ...

Ich schaute zu, wie die Sonne langsam hinter der Brücke unterging, und spürte einen sanften Wind aufkommen. Während um mich herum am Adamastor das Menschengetümmel immer lauter wurde, konnte ich allmählich wieder etwas klarer denken. *Was war aus meinem Plan vom großen Glück geworden?* In der Vergangenheit hatte ich ihn minutiös ausgearbeitet. Karriere. Kind. Wieder Karriere. Opulentes Eigenheim. Zweites Kind ... Niemals wäre mir in den Sinn gekommen, dass ich irgendwann meinen Plan vom großen Glück loslassen müsste. Doch dann kam alles ganz anders. Seit ich vor gut zwei Jahren meinen heiß geliebten Schreibtisch im Büro verlassen hatte, um mich in den Mutterschutz zu verabschieden, war viel geschehen. Ich hatte einen Sohn zur Welt gebracht, unmittelbar nach meiner Elternzeit war die Kündigung ins Haus geflattert, kranke Tagesmutter, kein Betreuungsplatz, vielversprechende Bewerbungsgespräche, niederschmetternde Absagen, berufliche Ratlosigkeit – und so einige andere Hiobsbotschaften und Fausthiebe, die mich zu Boden geworfen hatten. Immer wieder hatte ich zusehen müssen, wie die nächste Windböe mein mühselig aufgebautes Kartenhaus namens Leben in sich zusammenfallen ließ.

Ich stand auf, schlängelte mich durch die Menschenmasse und holte mir am Tresen ein Bier. Mittlerweile war die Sonne untergegangen. Ein Knistern lag in der Luft. Während die jungen Menschen gemeinsam feucht-fröhlich der Nacht entgegenfieberten, sinnierte ich mutterseelenallein über meine persönliche und berufliche Midlife-Crisis. Mit einem eisgekühlten Sagres kehrte ich zurück und stellte mich unter eine Laterne. Hinter mir wachte seelenruhig die grimmige Statue des Adamastor, der den Portugiesen aus ihrem großen nationalen Epos »Os Lusíadas« wohlbekannt war. Die Figur des Adamastor stand symbolhaft für alle Erschwernisse, denen die portugiesischen Seefahrer vor Jahrhunderten während ihrer Entdeckungsreisen ausgesetzt waren. Wie passend!

Und was nun? Imaginär zuckte ich mit den Schultern. Ich saß mit meinen fast 39 Jahren hier in Lissabon und hatte keinen blassen Schimmer, wie es in meinem beruflichen Leben weitergehen sollte. Genau fünf Tage war es her, als mich ein Telefonat zu Boden geschmettert hatte. Ich hatte mich einige Wochen zuvor bei einer vielversprechenden Firma als Content-Marketing-Manager beworben, hatte es sogar im anspruchsvollen Bewerbungsprozess über fünf Runden bis ganz zum Schluss geschafft, gehörte von Hunderten Bewerben zu den letzten drei. Alle Anzeichen hatten dafür gesprochen, dass endlich, nach all den zahlreichen Bewerbungen, der lang ersehnte feste Job zum Greifen nah war. Dass ich mich nicht mehr notgedrungen als Freelancer irgendwie über Wasser halten müsste. Und dann *bäm*. Ganz kurz vor der Zielgeraden kam der Anruf. Noch bevor die Personalerin den ersten Satz beendet hatte, wusste ich Bescheid.

»Es hat uns wirklich gut mit dir gefallen, und dein Wissen und deine Erfahrungen haben uns sehr beeindruckt. Dennoch müssen wir dir leider mitteilen, dass ...«

Ich hatte bereits aufgehört zuzuhören. Die bedeutungsträchtigen Worte glichen eher einem Rauschen, das aus der Ferne gewaltvoll an mein Ohr prallte. Um die Contenance zu wahren, stammelte ich höflich ein paar routinierte Floskeln: »Ah, alles klar. Wie schade. Dennoch würde ich mich freuen ... Vielleicht ...«

Dieses Telefonat dauerte exakt eine Minute und sieben Sekunden. Ein kurzer Moment mit weitreichenden Folgen. Ich legte auf und starrte zu Hause gegen meine weiße Wand. *Tief ein- und ausatmen.* Ich musste die Fassung bewahren. Doch genau im gleichen Augenblick sah ich mein Kartenhaus in sich zusammenfallen. Mal wieder. Unkontrolliert schossen mir Tränen in die Augen. Um mich herum verschwamm alles. Ein Gefühl der Machtlosigkeit übermannte mich. *Ich kann und mag nicht mehr!* Ich wollte einfach liegenbleiben. Mich meiner Trauer und meinem Frust hingeben. Aufgeben. Und nicht mehr aufstehen, um weiterzukämpfen ... Ein Blick auf mein Handy riss mich jedoch aus meinem lethargischen Zustand.

Oje, ich musste schnell los, mein zweijähriges Kind von der Kita abholen. Ich wischte meine Tränen weg, klatschte mir noch ein wenig Make-up ins Gesicht und sprintete los. Später würde mir noch genug Zeit bleiben, um im Selbstmitleid zu versinken.

***

Der Wind wurde immer kräftiger und pustete mir ordentlich ins Gesicht. Ich nippte erneut am Bier, das mittlerweile ein wenig schal geworden war. Höchste Zeit, Entscheidungen zu treffen. Ich wusste, dass MEIN Punkt im Leben jetzt gekommen war. Alle Zeichen standen auf Veränderung. Mein Mann, der gerade zu Hause auf unser Kind aufpasste, sah es glücklicherweise genauso und stärkte mir den Rücken. Und obwohl ich es zuvor nie für möglich gehalten hatte, war ich plötzlich bereit, meinen Plan vom großen Glück einfach loszulassen. Mit beiden Händen. Vor meinem inneren Auge sah ich zu, wie ich ihn einfach über Bord warf und ein letztes Mal hinterherblickte. Der großen Karriere. Dem opulenten Eigenheim. Dem zweiten Kind. Und komischerweise war ich dabei gar nicht traurig. Tief in mir spürte ich eine angenehme Ruhe, die ich in der vergangenen Zeit definitiv verloren hatte. Und obwohl mir eigentlich gerade der Arsch auf Grundeis gehen müsste, fühlte ich mich plötzlich völlig entspannt und zufrieden.

Im Grunde war es ganz simpel. Ein neuer Plan musste her. Ich kramte in meiner Handtasche und holte ein Notizbuch hervor. *Was nun?* Wie sollte es weitergehen? Was wünschte ich mir im Leben? Entschlossen erhob ich meinen Blick und betrachtete erneut das Wahrzeichen Lissabons. Die rote Hängebrücke, die die Stadt mit der Südseite verband. Ich hielt einen längeren Moment inne, fokussierte und senkte anschließend wieder meinen Blick. Ich schaute runter zu meinen leuchtend orangen, völlig verschmutzten Flipflops, die mich in den vergangenen Monaten in viele, viele Länder getragen hatten. Denn in meiner Elternzeit und nach der darauffolgenden Kündigung hatte ich mehrfach den Rucksack gepackt, um gemeinsam mit meinem kleinen Kind in die weite Welt hinauszuziehen.

Warum? Damit mir zu Hause nicht die Decke auf den Kopf fiel. Damit ich dem endlos drohenden Gedankenkarussell entkam. Denn wenn ich mich mitten im Geschehen von Kambodscha, Sri Lanka, Kolumbien oder an einem anderen fernen Ort befand, konnte ich plötzlich wunderbar nachdenken und reflektieren über all das, was geschehen war, und nach neuen Möglichkeiten und Lösungen suchen. Zum Glück zeigte mein Mann Verständnis dafür. Zwar fiel es ihm schwer, auf meinen Sohn und mich wochenlang zu verzichten, aber er konnte gut nachvollziehen, warum es mich immer fort von zu Hause zog.

Ich betrachtete erneut meine Flipflops und musste schmunzeln. Ich liebte das Lebensgefühl in diesem Schuhwerk. Nicht nur weil ich das Laufen in Flipflops als extrem komfortabel empfand, sondern weil es für mich vor allem für Sommer, Reisen, Freiheit, Unbeschwertheit und Leichtigkeit stand. All die Dinge, nach denen ich mich gerade so sehr sehnte ...

Ich schrieb in mein Notizbuch: »Mein großes Ziel: 7 Monate im Jahr in Flipflops verbringen!«

Genau das wollte ich. Den Sommer verlängern, den europäischen Winter verkürzen – und in Flipflops neue, ferne Länder entdecken. Hand in Hand gemeinsam mit meinem kleinen Kind. *Was für ein absurder Wunsch! Als Mutter! Und noch dazu in diesem fortgeschrittenen Alter!* Ja, absolut – und dennoch wollte ich zumindest einmal in meinem Leben völlige Narrenfreiheit genießen. Jetzt musste ich mir nur noch überlegen, mit welchen Möglichkeiten ich das Ziel in die Tat umsetzen und vor allem wie ich zukünftig mein Geld zum Leben und Reisen verdienen würde. Denn schließlich warteten zu Hause auf mich jeden Monat eine Menge finanzielle Verpflichtungen, die mein Mann und ich uns teilten, und hinzu kamen natürlich meine ganzen Reisekosten, die ich immer aus eigener Tasche bezahlte.

Schnell wurde mir klar, dass ich ab jetzt ausschließlich den Weg der Selbstständigkeit gehen sollte. Wie naheliegend! Doch für diese Erkenntnis hatte ich mehrere Monate benötigt ... Ich hatte zwar nach meiner Kündigung freiberuflich als Journalistin und Content-Marketing-Beraterin gearbeitet, doch mehr schlecht als recht, und langfristig war die Selbstständigkeit für mich nie infrage gekommen. Viel zu riskant, war mein niederschmetterndes Argument gewesen. Meine Projekte als Freelancer waren für mich nur eine Notlösung, bis irgendwann endlich der tolle neue Job mit einem festen Arbeitsvertrag vor der Tür stehen würde. Dabei hatte ich völlig übersehen, dass es bei mir im Grunde schon ganz akzeptabel lief: Mein Mama- und Reise-Blog wuchs, ich konnte bereits einige Einnahmen generieren, und obwohl ich noch keine Akquise gemacht hatte, kamen Kunden auf mich zu, um mit mir zusammenzuarbeiten.

Zufrieden klappte ich mein Notizbuch zu. All der Stress und Druck waren spurlos verschwunden. Ich hatte ein gutes Gefühl – und vor allem wieder einen neuen Plan, für den ich mir erst mal ein Jahr Zeit geben wollte, um zu schauen, was alles möglich war und wohin meine persönliche und berufliche Reise in der nahen Zukunft gehen würde. Ich hatte ja die Jahre über ein gutes finanzielles Polster aufgebaut. Die Entschädigung für meine karrierebesessene Vita, die unzähligen Überstunden und meinen unermüdlichen Einsatz im Büro. An einigen Tagen bis zur Erschöpfung, und das mit 25 Tagen Urlaub im Jahr! Dieses Geld auf meinem Konto wollte ich jetzt nutzen, um mir das größte Geschenk im Leben zu machen: Freiheit! Die Freiheit, mich selbst neu zu erfinden – und dabei um die Welt zu reisen. Und wenn nach Ablauf dieses Jahres, meine kompletten Ersparnisse aufgebraucht sein sollten, dann wäre es für mich absolut okay.

Plötzlich musste ich an einen Satz von Konfuzius denken: »Wenn du liebst, was du tust, wirst du nie mehr in deinem Leben arbeiten!«

Traumtänzerei? Irrationales Wunschdenken? Naive Anschauung? Wie auch immer! Ich war bereit, meine Handbremse im Kopf zu lösen.

Ich hatte den Mut gefunden, mit Vollgas ein komplett neues Ziel zu verfolgen. *Wenn nicht jetzt, wann dann?!* Und ich konnte mir sicher sein, dass mich mein Mann bei meinem neuen Vorhaben voll und ganz unterstützen würde.

Mein Bier war leer. Mittlerweile war es spät geworden. Zeit zu gehen. Ich knöpfte meine Jeansjacke zu. Der Wind wurde immer stärker und hatte die Luft deutlich abgekühlt. Ich fröstelte, und dennoch spürte ich ein wohlig-warmes Gefühl in meinem Bauch. Ich blickte ein letztes Mal zur Ponte 25 de Abril und drehte ihr schließlich den Rücken zu, ließ die Statue des guten alten, grimmigen Adamastor hinter mir und folgte der schmalen Gasse zur Hauptstraße.

Während ich in die Calçada do Combro abbog und runter zum Rossio schlenderte, beobachtete ich, wie die feierwütigen Menschen scharenweise hoch ins Bairro Alto pilgerten. Ich musste ein wenig schmunzeln. Vor 15 Jahren war ich eine von ihnen gewesen. Eine junge Studentin, die ihr Leben genoss, als ob es kein Morgen gäbe, die ihr letztes Geld in Partys investierte – und keine Angst vor der Zukunft hatte. Seitdem war viel geschehen. Ich hatte mich grundlegend verändert. Und doch hatten diese einstige Studentin und mein jetziges Ich etwas gemeinsam. Wir fühlten uns frei und konnten auf begrenzte Zeit tun und lassen, was uns zufrieden machte. Was für ein Luxus!

Es fing an, in mir zu kribbeln. Mein Herz pochte immer schneller. Ich war mächtig aufgeregt und fühlte mich dabei so lebendig und unbeschwert. Denn ich wusste, dass ich meine nahe Zukunft nicht am Schreibtisch in irgendeinem Büro verbringen würde. Mit begrenzten Urlaubstagen im Jahr. Nein! Mein Arbeitsplatz war ab sofort nicht ortsgebunden. Ab jetzt konnte ich von überall auf der Welt aus arbeiten und gemeinsam mit meinem kleinen Kind viel Zeit auf Reisen verbringen.

Unten am Rossio, Lissabons großem Platz, angekommen, legte ich erst mal eine Pause ein und bestellte zur Feier des Tages am klebrigen Tresen des kleinen Ladens A Ginjinha *uma com*, einen zuckersüßen

Kirschlikör mit Früchten. Genüsslich nippte ich an meinem Plastikbecher und beobachtete das Treiben um mich herum. Ich ging weiter und machte bei einem Straßenmusiker an der nächsten Ecke halt. Seine sehnsuchtsvollen Fado-Klänge drangen an mein Ohr. Sofort erkannte ich das Lied: »Moro em Lisboa«, ich lebe in Lissabon, von Madredeus. Dieses Lied hatte ich während meines Studiums oft gehört. Damals, als ich dachte, dass mir die Stadt gehörte. Ich lauschte aufmerksam seinen Worten, als ob ich auf eine Botschaft warten würde. Irgendein Zeichen. Nur für mich. Und da kam sie, diese eine Strophe:

»*É a brisa que nos faz promessas de viagem Brisa fresca que reclama nas nossas almas ausentes.*«

»Es ist diese verheißungsvolle Brise, die uns vom Reisen träumen lässt. Diese laue Brise, die unsere zerstreute Seele besänftigt.«

1. KAPITEL

Der Weg des Vorwärtskommens besteht darin, den ersten Schritt zu tun.

(Mark Twain)

Auf zum Blind Date nach Penang

Leicht orientierungslos öffnete ich die Augen. Ich musste wohl eingeschlafen sein. Es dauerte einen kurzen Moment, bis ich mich wieder gesammelt hatte. Ich befand mich gerade im Flieger nach Kuala Lumpur, auf meiner ersten Reise alleine mit meinem kleinen Sohn – und ahnte in jenem Moment noch nicht, dass ich schon bald gekündigt werden würde, mich eine Menge turbulente Ereignisse heimsuchen und dass ich knapp 14 Monate später in Lissabon meinen persönlichen Plan vom großen Glück über Bord werfen würde. Schläfrig blickte ich auf meinen rechten Nachbarsitz. Mein zehnmonatiges Baby schlief seelenruhig. Wir hatten Glück gehabt, dass der Flug nach Kuala Lumpur relativ leer war. So bekamen mein Sohn und ich eine ganze Viererreihe für uns allein. Ich kramte in meiner Handtasche und holte mein Handy hervor. Es war 4:27 Uhr Dubai-Zeit, denn in Dubai waren wir als letztes zwischengelandet. Wie spät mochte es gerade in Deutschland sein? Ich hatte keine Ahnung und war zu faul, den Zeitunterschied zurückzurechnen. Warum auch? Ich befand mich gerade in einem Schwebezustand. Zirka sechseinhalb Stunden von Malaysia entfernt.

Ich schaute mich um. Die meisten Passagiere schliefen. Eine Flugbegleiterin schlich mit einem Getränketablett in der Hand durch den Gang.

Ich nahm mir einen Mangosaft zur Einstimmung auf meine bevorstehende Asienreise. Ein großes Abenteuer wartete auf mich: ein Treffen am Flughafen von Penang mit einer völlig fremden Frau, die ich bis auf ein paar Chat-Gespräche nur von ihrem Profilfoto auf Facebook kannte. *Noch zweimal fliegen, und dann stehe ich vor meinem Blind Date.* Ein bisschen *crazy* war das schon.

Der gleichen Meinung war mein Mann allerdings auch gewesen, als ich ihm erzählte, dass ich in einer Facebook-Gruppe eine Mama kennengelernt hatte, die gerade mit ihrem 14-monatigen Baby auf Weltreise war, und dass wir uns in Malaysia treffen wollten, um sechs Wochen durchs Land zu reisen.

»Du willst waaaasss machen???«, fragte er mich ungläubig. Zweifelsohne war mein Mann schon einiges von mir gewohnt, aber diese Informationen musste er erst mal verarbeiten.

Ich wollte das Ende meiner Elternzeit nutzen. In knapp zwei Monaten würde ich wieder an meinem alten Schreibtisch im Büro sitzen. Die letzten Wochen waren gezählt. Wieso also nicht noch ein letztes Mal in die Ferne fliegen, bevor der berufliche Alltag mich wieder fest in seinen Klauen hatte. Dieser Gedanke kreiste ununterbrochen in meinem Kopf, seit meine Familie und ich von unserer ersten gemeinsamen Reise zu dritt wiedergekommen waren.

Mein Mann, mein Baby und ich hatten unsere gemeinsame Elternzeit auf Bali verbracht. Das erste Mal mit Kind unterwegs! Das erste Mal zu dritt! Ich war davor *mega* aufgeregt gewesen. Und das, obwohl ich mich als sehr reiseerfahren bezeichnet hätte und sogar in verschiedenen Ländern gelebt habe. Aber Reisen mit einem kleinen Geschöpf? Das war für mich eine ganz neue Erfahrung gewesen. Immer wieder hatte ich mich gefragt, ob vielleicht die anderen Recht hatten, die uns naserümpfend für völlig bekloppt erklärten, weil wir mit unserem Kind in so ein exotisches Land fahren wollten. *Waren wir dem wirklich gewachsen?* Was würde unser Kind essen? Was würden wir machen, wenn es krank würde? War unser Vorhaben absolut unverantwortlich? Waren wir Rabeneltern? Fragen über Fragen.

Als wir damals zu dritt in den Flieger stiegen, fühlte ich mich auf einmal machtlos. Ich wusste, dass ich ab jetzt nicht mehr alles kontrollieren konnte. Eine Rucksackreise nach Bali war anders als das traute Heim, wo alles geregelt nach einem gut strukturierten Zeitplan verlief. Auf Reisen musste man flexibel sein, eventuell nach neuen Wegen suchen und natürlich viel Gelassenheit und Grundvertrauen mitbringen. Ich kann mich noch sehr gut an das heftige Zittern in meinen Beinen erinnern, als ich mit meinem Baby in der Trage das Flugzeug betrat. *Hatte ich an alles gedacht?*, schoss es mir panisch durch den Kopf, doch es half nichts. Die Entscheidung war getroffen, und ein Zurück kam nicht mehr infrage. Also ermutigte ich mich: *Schön einen Schritt nach dem anderem, bis du deinen Sitzplatz gefunden hast.*

Im Gegensatz zu mir war mein Sohn völlig entspannt. Er quiekte fröhlich vor sich hin und schien sich zu freuen, dass er endlich ein wenig Action erleben durfte.

Drei Flüge und etwa 30 Stunden später waren meine anfängliche Angst und Nervosität verschwunden. Ich hatte sie irgendwo über den Wolken zwischen Istanbul und Jakarta abgelegt. Als wir auf Bali ankamen, war ich zwar geschafft und müde, aber gleichzeitig freute ich mich wahnsinnig. Ich war endlich wieder unterwegs. Meine große Leidenschaft für das Reisen war erneut entfacht. Und auch wenn in unserem ersten Familienurlaub nicht alles glatt lief, genoss ich jeden einzelnen Moment.

Auf unserem Rückflug verbrachten wir zwei Tage in Istanbul. Den ersten Tag musste mein Mann das Bett im Hotelzimmer hüten, da er aufgrund einer Entzündung am Fuß nicht laufen konnte. Meine Neugierde war zu groß, um bei ihm zu bleiben. Schließlich konnte er ja bei der Rezeption anrufen, wenn er etwas brauchte. Er stimmte mir zu und wünschte uns einen schönen Tag.

Noch etwas übermüdet vom Flug, aber voller Tatendrang, schnallte ich mein Kind im Buggy an und ging ohne Plan mit ihm auf Erkundungstour durch Istanbul. Als ich den Bosporus über die Galatabrücke überquerte, wurde mir bewusst, dass ich gerade das erste Mal ganz allein mit meinem Sohn in einem fremden Land unterwegs war. Mitten im Gewusel Istanbuls. Ich hielt kurz inne und schaute rüber zum Galataturm. Wie fühlte ich mich? Unwohl? Fremd? Unsicher? Nichts davon! Voller Entdeckungslust setzte ich meinen Weg durch die Gassen fort, folgte den Straßenbahnschienen, ging zur majestätischen Hagia Sophia und setzte mich auf eine Bank vor der weltberühmten Moschee. Ich kaufte meinem Kind einen Sesamring, mir einen Tee und ließ das geschäftige Treiben auf mich wirken. Ein Straßenverkäufer hielt bei uns an und schenkte meinem Sohn eine Holzrassel. Einfach so, ohne dafür eine Gegenleistung zu erwarten. Ich war gerührt. Vom Verkäufer und der ganzen Atmosphäre um mich herum.

Wie gut, dass ich in jenem Moment keine Ahnung davon hatte, dass 48 Stunden später genau an diesem Platz eine Bombe explodieren würde, die unter anderem sechs deutsche Touristen mit in den Tod riss.

***

Angekommen! Nervös stand ich am Gepäckband in Penang und wartete auf Rucksack, Babybett, Maxi-Cosi und Buggy. Ich musste grinsen. Nicht nur über das viele Gepäck, das ich mitschleppte, sondern auch weil ich gleich mein Blind Date treffen würde. Meine neue Reisepartnerin und ihren Sohn. Eine unbekannte Frau, die ich aus einer undefinierbaren Laune heraus wenige Tage zuvor bei Facebook angeschrieben hatte. Ich hatte in einer Gruppe mitbekommen, dass sie gerade allein mit ihrem Kind in Asien unterwegs war. Ihr Mann war aus heiterem Himmel verstorben, und die Reise diente sozusagen als Trauerbewältigung. Da ich meine restliche Elternzeit noch mal zum Reisen nutzen wollte, kontaktierte ich sie kurzerhand. Mit einer Antwort hatte ich jedoch nicht gerechnet.

Ein paar Tage später war das Flugticket gebucht. Wir hatten uns auf Malaysia geeinigt. Außerdem wollten wir ein Auto mieten. So einfach und unkompliziert können Frauen manchmal sein.

Ich erkannte Madeline schon aus der Ferne, noch bevor ich durch die Glastür getreten war. Ihr dunkles, sanftmütiges Gesicht, die markante, krausige Kurzhaarfrisur und diese riesigen, warmen Rehaugen. Mit fuchtelnden Armen winkte sie mir grinsend zu, und auch ich strahlte übers ganze Gesicht. Wir schlossen uns in die Arme. Zwei wildfremde Frauen, mit völlig unterschiedlichen Geschichten, die ab sofort sechs Wochen lang einen Roadtrip durch Malaysia machen wollten. Zwei Mamas und zwei Babys. Madeline holte uns mit unserem Auto ab. Ich hatte nur am Rande mitbekommen, dass sie vorhatte, ein größeres Auto zu mieten.

»Damit es für uns vier komfortabler ist«, war ihr Argument.

»Mach ruhig«, war meine Antwort. Ich hatte dabei nicht unbedingt an einen Minibus mit zwölf Sitzen gedacht. Aber auch gut. So hatten wir alle ausreichend Platz und konnten unbesorgt das ganze Gepäck reinstopfen.

Da es bereits spät war, fuhren wir erst mal in ein Hostel in Georgetown, wo wir die erste Nacht bleiben wollten, bevor es dann am nächsten Tag weitergehen sollte. Wohin? Keine Ahnung. Soweit reichte unsere gemeinsame Planung nicht. Klar war, dass wir in sechs Wochen den Bus am Flughafen in Kuala Lumpur abgeben mussten. Und bis dahin wollten wir so viel wie möglich von Malaysia sehen.

Grimmige Haie und ein gigantischer Napoleonfisch

In den ersten paar Tagen erlebten wir gleich so einiges: In Kuah verpassten wir ganz knapp die Autofähre auf die Insel Langkawi. Deswegen landeten wir völlig ungeplant am surreal wirkenden Tasoh Lake in der Nähe von Thailand. Dort lernten wir eine Großfamilie aus dem Jemen kennen, die uns zum Picknick einlud, mit köstlichen orientalischen Leckereien versorgte und uns ständig vor den monströsen Alligatoren im See warnte. Ich glaube, sie waren wirklich davon überzeugt, dass am Ufer des Gewässers Alligatoren lauerten, die womöglich auch noch Menschen verschlangen. Anschließend fuhren wir zum kunterbunten Markt nach Padang Besar und nutzten die Gelegenheit, um an der thailändischen Grenze im Duty-Free-Shop einzukaufen. Danach wartete eine lange, einsame Autofahrt von über 400 Kilometern auf uns, bis wir die Ostküste Malaysias endlich erreicht hatten und spät abends im kleinen Ort Tumpat strandeten. Nach ein paar Tempelbesuchen steuerten wir am nächsten Tag die Stadt Kota Bharu an, wo wir uns in einem großen Supermarkt mit ausreichend Windeln, Milchpulver, Feuchttüchern, Haferflocken und sonstigem eindeckten. Denn wir alle waren jetzt definitiv reif für die Insel! Die Babys sollten rumtollen und im Sand spielen, während wir Mamas nach Entspannung, Strand und Meer lechzten. Pulau Perhentian Kecil schien uns für dieses Vorhaben perfekt zu sein.

Wir parkten unseren weißen Bus am Hafen von Kuala Besut und hatten so gar keine Ahnung, ob wir ihn jemals heil wiedersehen würden. Aber die Vorfreude verdrängte unsere Bedenken, sobald das Speedboot übers kristallklare Meer losbretterte. Unsere Aufregung färbte sofort auf die Kinder ab. Auch sie schienen sich zu freuen, obwohl sie keinen blassen Schimmer hatten, wohin die Reise sie als nächstes führen würde. Auf den Perhentians angekommen, wussten wir sofort: Hier würden wir erst mal bleiben. Vorher mussten wir zwar noch den langen Weg vom Anlegesteg zur Unterkunft bewältigen, und das in der Mittagshitze am Strand mit Kindern, Gepäck, zwei Buggys und zwei Reisebetten. Aber Mütter können bekanntermaßen Heldenkräfte mobilisieren. Vor allem auf Reisen.

Wir waren da! In unserem kleinen Paradies. Völlig geschafft sackten wir vor unserer Unterkunft zusammen, breiteten für die Kinder unter einer Palme die Decke aus und streiften unsere Flipflops ab. Keine Minute später begrüßten uns bereits die neuen Nachbarn. Ich konnte im ersten Moment kaum meinen Augen trauen. Eigentlich hatte ich gedacht, dass wir auf unserer Malaysiareise keinen weiteren europäischen Eltern mit Kindern begegnen würden. Von wegen! Leonie aus Österreich stellte uns gleich ihre Familie vor, Ehemann Gerrit und ihren einjährigen Sohn Simon, der wie ein aufgescheuchtes Huhn hin und her lief, um irgendwelche Stöcker und Steine in Augenschein zu nehmen.

Leonie konnte meinen verdutzten Gesichtsausdruck gleich richtig deuten. »Zwei Bungalows weiter wohnt noch eine Familie mit zwei kleinen Töchtern.«

Wenig später kamen ordnungsgemäß auch unsere anderen Nachbarn zu uns, um sich vorzustellen. Ein älteres Paar aus den Niederlanden, das sich entschieden hatte, ab sofort seine Rente zu nutzen, um die Welt zu bereisen.

»Wenn nicht jetzt, wann dann?«, sagte Grietje und lachte laut.

Oh ja, dieser Spruch kam mir sehr bekannt vor.

Das sympathische Ehepaar machte uns mit den neuen Strandregeln vertraut: »Tagsüber kann jeder machen, wonach ihm beliebt. Aber pünktlich zur Dämmerung treffen wir uns alle hier, um gemeinsam auf den Sonnenuntergang anzustoßen«, verkündete Grietje.

Madeline und ich schauten uns an. Wir wussten beide, was die andere gerade dachte: Hier gefällt es uns. Diese Insel wird uns garantiert nicht so schnell los.

Grietjes Mann Hendrik mahnte uns zur Eile: »In 30 Minuten geht die Sonne unter, und bis dahin müssen wir noch Getränke besorgen.« Großzügig bot er gleich an, Bier holen zu gehen. Ohne unsere Reaktion abzuwarten, stapfte er mit großen, eiligen Schritten durch den Sand, als ob er eine wichtige Mission zu erledigen hatte.

Kurz bevor der feuerrote Ball im Südchinesischen Meer unterging, ließen wir die eisgekühlten Bierflaschen klirren.

»Lasst uns auf diesen kostbaren Moment trinken«, sagte Grietje. »Und darauf, dass wir es alle hierher auf diese wunderbare Insel geschafft haben.«

Während sich der Himmel in den buntesten Rottönen färbte und die Kinder bei Oma Grietje und Opa Hendrik auf dem Schoß ihr Unwesen trieben, fühlte ich mich unendlich dankbar. Das alles erleben zu dürfen war definitiv der perfekte Abschluss meiner Elternzeit.

Plötzlich unterbrach Gerrit meine Gedanken. »Übrigens, Mädels, habt ihr nicht Lust, dass wir uns morgen zusammen ein Boot mieten und schnorcheln gehen? Hier kannst du sogar mit Schildkröten, Gelbkopfmuränen und anderen Meeresbewohnern schwimmen.«

»Gemeinsam mit unseren Kindern?« Ich schaute ihn ungläubig an. »Geht das überhaupt?«

»Na klar!«, antwortete Gerrit.

***

Am nächsten Morgen, nachdem wir alle gemeinsam haufenweise *pancakes* verdrückt hatten, ging es gut gestärkt los. Hinaus aufs Meer, um mit der faszinierenden Unterwasserwelt auf Tuchfühlung zu gehen. Ich schnallte meinen Sohn im Maxi-Cosi an, und er schien die Bootsfahrt zu genießen. Zumindest quiekte er vor Freude. Rechtzeitig vor unserem ersten Stopp fiel er in einen komatösen Schlaf. Nun gut, mit einer frischen Brise um die Nase und dem gleichmäßigen Schaukeln des Bootes war dieser Ort nicht unbedingt der schlechteste, um ein Mittagsschläfchen zu halten.

Noch ein paar Anweisungen vom Kapitän, und ganz nebenbei erinnerte er uns daran, dass es hier auch Haie gab: »Ihr müsst aber keine Angst haben. Das sind nur Riffhaie. Die tun eigentlich nichts.«

Hatte er EIGENTLICH gesagt??? Mir war schon ziemlich mulmig zumute. Schließlich war ich ein gebranntes Kind, das mit Steven Spielbergs Film »Der weiße Hai« groß geworden ist – und jahrelang gebraucht hat, um zu begreifen, dass in einem Pool oder See nicht plötzlich ein monströser Hai mit einem weit aufgerissenen Maul rausspringen konnte.

Aber es half nichts. Mit Maske und Schnorchel sprang ich den anderen hinterher ins Wasser, und sofort war ich von der Vielfalt an Fischen und Korallen total überwältigt. Während mein Sohn an Bord sein wohlverdientes Mittagsschläfchen hielt, tauchte ich hinab in eine farbenfrohe Welt. Um mich herum die verschiedensten Fischarten: Skorpionfische, Stachelrochen, Clownfische, Seepferdchen und viele andere Meeresbewohner kreuzten meinen Unterwasserweg. Oder besser gesagt, ich *ihren*. Immer wieder tauchte ich auf, um zu prüfen, ob mein Sohn mittlerweile wach war. Aber der Kapitän streckte bloß seinen Daumen in die Luft und grinste. Augenscheinlich war alles okay. Und ich konnte weiterhin durch die pittoreske Meereswelt mit ihren buntesten, schillerndsten Farben schwimmen.

Beim nächsten Stopp hatte ich die drohende Hai-Gefahr schon längst vergessen. Da mein Sohn immer noch schlief und ich völlig gebannt von den Korallen und ihren leuchtenden Bewohnern war, entfernte ich mich immer weiter vom Boot. Ich genoss die Freiheit unter Wasser, die ihrem ganz eigenen Rhythmus folgte, und merkte gar nicht, dass um mich herum weit und breit keine Menschenseele mehr war. Ich war völlig eins mit dem Hier und Jetzt, als plötzlich, einen knappen Meter unter mir, ein Hai vorbeischwamm. Aus dem Nichts heraus kam noch ein anderer. Klar und deutlich konnte ich seinen grimmigen Gesichtsausdruck erkennen. Er gewährte mir noch einen Blick auf seine spitzen Zähne, und schon war er wieder verschwunden. Genauso schnell, wie er gekommen war. Mein Puls stieg ins Unermessliche. Ich war mir dessen bewusst, dass erfahrene Tauchsportler über meine Panikattacke nur lachen würden, dennoch hatte ich erst mal genug gesehen. Ich tauchte auf und erkannte in der Ferne unser Boot. So schnell ich konnte, schwamm ich zurück.

Sobald ich in die Nähe von Menschen kam, löste sich meine Anspannung. Und als ich an Bord wieder sicheren Boden unter meinen Füßen spürte, fing ich sofort euphorisch an zu erzählen.

»Ich habe da hinten zwei Haie gesehen, die waren mindestens *sooo* groß!«, sprudelte es aus mir heraus. Ich deutete mit meinen Händen eine beachtliche Größe an und konnte so gar nicht einschätzen, ob ich gerade maßlos übertrieb oder nicht. Mit einem anerkennenden Nicken schauten mich gebannt mehrere Augenpaare an. Ich konnte selbst kaum glauben, was ich gerade erlebt hatte. Dieser Moment war einfach unbeschreiblich und würde mich noch viele Jahre tief in meinem Herzen begleiten. In jenem Augenblick ahnte ich noch nicht, dass kurze Zeit später dieses Erlebnis noch getoppt werden sollte.

***

Drei Tage danach machten wir eine zweite Schnorcheltour. Als Gerrit an Bord auf die schlafenden Kinder aufpasste, damit Leonie und ich schnorcheln konnten, tauchte unter uns ein gigantischer Napoleonfisch auf. Ich schätzte seine Länge auf mindestens zwei Meter und das Gewicht auf weit über 150 Kilo. Diesmal war ich mir sicher, dass ich keineswegs übertrieb. Voller Respekt schauten Leonie und ich uns gegenseitig an und rissen dabei ganz weit die Augen auf. Ich wagte kaum, zu atmen beim Anblick dieses riesigen Fisches. Völlig unbeirrt passierte der Napoleonfisch uns zwei Mädels. Er würdigte uns eines neugierigen Blickes, und ich konnte dabei ganz klar seine markante, wulstige, abgeschrägte Oberlippe erkennen, die ihn – zugegeben – nicht zum hübschesten Meeresbewohner machte. Trotz seiner beeindruckenden Größe war er mir um einiges sympathischer als die windigen Riffhaie vor ein paar Tagen.

Der gute alte Stevie Wonder

Nur faul rumliegen kann manchmal ganz schön anstrengend sein. Das fand zumindest Gerrit. Während wir drei Mamas blendend mit der Herausforderung Nichtstun klarkamen, wurde Gerrit immer nervöser. Er hielt es nicht mehr aus. Er wollte ein wenig Action haben – und so überredete er uns Frauen, dass wir am späten Nachmittag eine Dschungelwanderung bis zum nächsten Dorf unternehmen sollten.

Puh, das waren mindestens fünf Kilometer über Stock und Stein mit einigen beachtlichen Steigungen und noch dazu mit Kind in der Trage.

»Ja, grandiose Idee, oder?« Gerrit war begeistert von seinem Vorschlag. Nachvollziehbar, schließlich war er Österreicher und Bergsteiger. Leider konnte er so gar nicht verstehen, dass wir Frauen seine Begeisterung nicht sofort teilten.

Ein paar Stunden später standen wir trotzdem bereit. Die Kinder waren in der Trage angeschnallt, genügend Essensproviant für die Kleinen und ausreichend Wasser war gepackt, und der Akku der Kamera war zu 100 Prozent aufgeladen. Es konnte dementsprechend losgehen.

»Weißt du, wo wir lang müssen?«, fragte ich Gerrit.

»Irgendwo am Wasser entlang. Das werden wir schon finden«, antwortete Gerrit pragmatisch.

Nun gut, er ging beschwingt vor, und wir Mamas mit den Kindern ächzten hinterher. Wir waren keine fünf Minuten unterwegs, und schon waren alle nassgeschwitzt. Mir war klar, dass diese Wanderung kein leichtfüßiger Spaziergang werden würde. Deswegen versuchte ich, nicht daran zu denken, wie viele Kilometer uns noch bevorstanden, sondern konzentrierte mich eher auf das stetige Vorwärtskommen. Einfach losmarschieren. Einen Schritt nach dem anderen. Irgendwann würden wir in der Village schon ankommen. Jetzt war eher der Weg das Ziel.

Und wahrhaftig gab es auf unserem Weg durch den Dschungel so einiges zu entdecken. Lustige Eichhörnchen, stolze Echsen und sogar ein riesiger Waran kreuzten unseren Weg. Oder besser gesagt, wir mal wieder *ihren*. In den Baumwipfeln konnten wir Affen erblicken, von einigen Ästen hingen Fledermäuse herab, und um unsere Köpfe flogen die unterschiedlichsten Vögel. Zwischendurch kamen wir an kleinen Häusern vorbei, deren Einwohner uns neugierig musterten. Zugegeben: Der Anblick, den wir boten, war sicherlich ein wenig gewöhnungsbedürftig. Ein Papa und drei Mamas im Entenmarsch mit jeweils einem Baby vor dem Bauch? Kannst du dir das vorstellen? Und noch dazu Europäer? Wir mussten selbst ein wenig schmunzeln angesichts der verdutzten Blicke der Einwohner.

Wir liefen und liefen. Und als die Anzahl der bunten Holzhäuser am Wegesrand zunahm, wussten wir, dass die Zivilisation nicht mehr weit war. Als wir Perhentians Village nach einem ordentlichen Fußmarsch durch den Dschungel erreichten, wurden wir schnell zu einer großen Dorfattraktion. Von überall kamen Kinder mit ihren Fahrrädern herbeigesaust, die Erwachsenen grüßten uns neugierig, und schüchterne kleine Mädchen mit Kopftüchern betrachteten uns mit ihren großen dunklen Augen. Wir waren mitten im lokalen Dorfleben angekommen, und plötzlich schienen die ganzen künstlichen Bungalowanlagen, Strandliegen und Bars auf der anderen Seite der Insel so fern zu sein.

Wir schlenderten durchs Dorf, vorbei an einer riesigen Moschee direkt am Wasser, schauten bei einem Fußballspiel zu, kauften uns an einem Kiosk eine eisgekühlte Cola und nutzten die Gelegenheit, um auf dem lokalen Markt Obst einzukaufen. Am liebsten wäre ich gleich dortgeblieben, doch Gerrit erinnerte uns an unsere Pflichten. Schließlich ging bald die Sonne unter, und wir mussten rechtzeitig zum Sundowner zurück sein. Grietje und Hendrik warteten sicherlich schon auf uns. So entschieden wir, ein Wassertaxi zurückzunehmen, und ließen uns direkt vor unserem Bungalow absetzen.

***

Egal, wie schön es manchmal ist und wie wohl man sich fühlt, irgendwann hat jede Zeit ihr Ende. Schließlich wollten Madeline und ich noch mehr von Malaysia sehen. Leonie und Gerrit versuchten tatkräftig, uns umzustimmen, als wir ihnen am nächsten Tag von unserem anstehenden Aufbruch erzählten.

»Bleibt! Wenigstens noch ein paar Tage. Das ist doch so toll hier, und wir sind mittlerweile wie eine große Familie mit den Kindern, Oma Grietje und Opa Hendrik«, sagte Leonie in einem fast schon flehenden Ton.

Ja, das stimmte, aber unser Entschluss stand fest. Nach einer Woche auf Perhentian Kecil war unsere Zeit gekommen.

Zufälligerweise war am Abend in unserer Unterkunft eine große Karaoke-Party geplant. Ein krönender Abschluss unseres idyllischen Insellebens – da waren wir drei Mamas uns einig. Und dank der beachtlichen Reichweite des Babyphons konnten Leonie, Madeline und ich ein wenig mit den singfreudigen Malaien feiern, während unsere Babys im Bungalow den Schlaf der Gerechten schliefen. Anfänglich traute ich mich nicht mitzusingen, da ich vom lieben Gott nicht unbedingt die beste Singstimme geschenkt bekommen habe. Aber als ich feststellte, dass die Einheimischen mindestens genauso schief sangen wie ich, war es mir auch egal. Unbeschwert grölten wir alle ins Mikrofon und sangen aus vollem Herzen zu Stevie Wonder: »*I just called to say I loove you, I just called to say how much I caaare, I just called to say I looove yooou and I mean it from the bottom of my heeeaaart ...*«

Wir waren uns nicht einig

Die Dschungelwanderung auf den Perhentians war nichts im Vergleich zu dem, was uns in den Cameron Highlands, dem Garten Malaysias, erwartete. Als wir in der hügeligen, saftig grünen Landschaft ankamen, war klar, dass wir hier tun müssten, was alle andere auch machten. Tee trinken, Erdbeeren essen und natürlich wandern. Madeline und ich waren uns einig, dass wir uns keiner geführten Tour anschließen würden. Wir wollten lieber auf eigene Faust ein wenig die Landschaft erkunden. Als wir morgens beim Frühstück unsere Tagespläne schmiedeten, hatten wir so gar keine Ahnung, was uns tatsächlich noch erwarten würde.

Angestrengt studierte Madeline den Reiseführer, was sie normalerweise nie tat. Dann klappte sie das dicke Buch zu und sagte: »Ich weiß jetzt Bescheid.«

»Okay. Und wohin geht es ganz genau?«, erkundigte ich mich.

»Wir laufen einfach los. Der Rest ergibt sich von selbst.«

Klingt nach einem guten Plan, der hätte auch von mir sein können, dachte ich ein wenig amüsiert. Doch das Lachen sollte mir schon sehr bald vergehen.

Kurze Zeit später waren wir bereit. Mit den Kindern in der Trage und voll motiviert marschierten wir los. Erst Richtung Straße, dann an der nächsten Weggabelung rechts hoch, weiter geradeaus, links ... Und dann?

»Keine Ahnung«, meinte Madeline. »Irgendwann wird schon ein Schild kommen.«

Den Reiseführer hatten wir in der Unterkunft gelassen, schließlich waren wir ja bereits schwer bepackt. Na gut, weiter geht's.

Etwa 30 Minuten später fingen wir mit dem Stöhnen an. Erst ich. Dann Madeline. Dabei war es bis jetzt nur ein leichter Spaziergang gewesen. Nach einer kurzen strategischen Beratschlagung ging es weiter. Mittlerweile waren die Kinder in der Trage eingeschlafen. Was hätte ich darum gegeben, jetzt mit meinem Sohn tauschen zu können. Aber klagen brachte uns auch nicht weiter. Schließlich hatten wir uns beide aus freien Stücken für diese Wanderung entschieden.

Irgendwann kamen wir endlich am langersehnten Schild an: Trail 10. Alles klar! Wir waren wieder auf der Spur.

»Jetzt kann es losgehen!«, meinte Madeline.

Aber wir sind doch schon seit über einer Stunde unterwegs, dachte ich zähneknirschend.

Wir liefen und liefen. Um uns herum war keine Menschenseele, nur dichtes Gestrüpp, durch das uns ein kleiner Trampelpfad führte, immer weiter bergauf. Plötzlich fing es an, sehr steil zu werden und furchtbar heiß. Waren die Cameron Highlands nicht eigentlich für ihre angenehmen, kühlen Temperaturen bekannt? Ich war jedenfalls extrem nass geschwitzt, und Madeline vor mir sah auch ganz schön mitgenommen aus.

»Sag mal, sind wir denn mal bald am Gipfel angekommen?«, fragte ich völlig aus der Puste und mit einem hochroten Gesicht.

Madeline schaute mich mit ihren dunklen Rehaugen ein wenig skeptisch an. »Du, ich glaube, das wird noch steiler«, antwortete sie etwas kleinlaut.

Oje! Ich kann nicht mehr, hämmerte es die ganze Zeit in meinem Kopf, als ich erkannte, dass Madeline recht hatte. Der Pfad vor uns wurde immer schmaler und steiler. Wir kletterten weiter. Einen Schritt nach dem anderen. Es war zu spät, um umzukehren, da waren wir uns einig. Wir waren uns allerdings nicht einig, wer *um Himmels willen* diese verrückte Idee mit der blöden Wanderung gehabt hatte. Ich versuchte, mich zu entsinnen: Kam der entscheidende Impuls von mir? Oder war es doch Madeline gewesen, die uns zu diesem kräftezehrenden Schlamassel verleitet hatte?

Kurze Wasserpause. Wir schauten uns um. Wir waren mitten im Dschungel irgendwo in der Wildnis Malaysias und hatten beide keine Ahnung, wie lange wir noch laufen müssten. Am liebsten hätte ich ein Taxi gerufen, Madeline ging es genauso. Doch weit und breit war keine Menschenseele. Wir setzten unsere Wanderung also auf dem kleinen Lehmweg fort. Am nächsten Hang wurde es extrem schlammig, was uns hier und da einen sehr gekonnten Ausfallschritt abverlangte. Wir reichten uns die Hände, versuchten uns gegenseitig zu stützen. Trotzdem wurde unsere Wanderung phasenweise zu einer ordentlichen Schlitterpartie. Wir kämpften uns weiter voran, bückten uns, um tief herabhängenden Ästen auszuweichen, stiegen über umgefallene Bäume oder riesige Wurzeln, und ab und an mussten wir eine Trittleiter aus Holz und verrostetem Metall hinaufklettern. Zum Glück war daneben ein Seil befestigt, welches als Geländer diente. Doch allmählich fing das Dickicht aus Bäumen und Pflanzen vor uns an, sich zu lichten. Wir näherten uns dem Berggipfel. Es konnte nicht mehr viel fehlen. Bald hatten wir es geschafft.

Oben angekommen, schauten Madeline und ich uns atemlos an.

»*Yes, we can! High five!*«

Wir klatschten beide ab und genossen den herrlichen Ausblick. Um uns herum nichts als Wald und Berge. Meine euphorische Gefühlsduselei wurde allerdings plötzlich von einem ernüchternden Gedanken unterbrochen. Besagt eine alte Bergsteigerweisheit nicht, dass du den Berg erst besiegt hast, wenn du auch den Abstieg geschafft hast?

Und in der Tat forderte uns der Abstieg noch so einige Anstrengungen ab. Es fing an, in den Oberschenkeln ordentlich zu zwicken, mein Rücken schmerzte, und der Muskelkater in den Waden war bereits deutlich zu spüren. Ich war mir sicher, dass ich mich am nächsten Tag nicht mehr würde bewegen können.

Irgendwann nach unserer sechsstündigen Wanderung kamen wir wieder im Dorf Tanah Rata an. Wir hatten es geschafft, wir hatten den Berg tatsächlich besiegt und mobilisierten unsere aller-, allerletzten Kräfte, um es ins nächste Restaurant zu schaffen. Beim Inder angekommen, aßen wir uns kreuz und quer durch die Karte. Die Kellner vom Sri Bichang nickten uns anerkennend zu beim Anblick der riesigen Portionen, die wir verputzten. Wir hatten so einen Bärenhunger, dass wir schon bei der Vorspeise überlegten, was es zum Nachtisch geben sollte.

Nach unserem Fünf-Gänge-Menü lehnten wir uns todmüde, aber super glücklich zurück und prosteten uns mit einem Mango-Lassi zu: »Auf uns! Auf unsere Wanderung!« – wer von uns beiden auch immer diese verrückte Idee gehabt hatte.

Die neugierige Putzfrau

Unser gemeinsamer Roadtrip durch Malaysia verlief leider viel zu schnell. Nach dem kräftezehrenden Erlebnis in den Cameron Highlands gönnten wir uns Entspannung auf der Insel Tioman, wo wir den vergeblichen Kampf gegen die Sandfliegen am Strand aufgaben und uns in die Hängematten zurückzogen. Bis auf ein paar riesige fliegende Kakerlaken in unserer Hütte und dem nächtlichen Besuch einer Katze in meinem Bett – ich hielt sie zunächst für einen Affen – verlief alles relativ ruhig.

In der nächsten Stadt in Johor Bahru entschied ich mich, allein mit meinem Sohn einen Tagesausflug nach Singapur zu machen, während Madeline im Hotel blieb und sich als Tagesziel setzte, die Wäsche zu waschen.

Als ich abends aus der Megacity mit den zahlreichen prunkvollen Louis-Vuitton- und Chanel-Läden ins beschauliche Johor Bahru zurückgekommen war, ließen wir beim Abendessen auf dem quirligen Nachtmarkt den Tag Revue passieren. Madeline erzählte mir von ihrem amüsanten Gespräch mit der Reinigungsfrau im Hotel.

»Wie habt ihr das denn gemacht?«, hatte diese wissen wollen.

»Was denn genau?«

»Na ja, das mit den Kindern?«

Zuerst hatte Madeline so gar nicht verstanden, was die kleine neugierige Frau mit Kopftuch von ihr wollte. Bis sie dann endlich aussprach, was zuvor mit allergrößter Wahrscheinlichkeit die meisten Malaien, denen wir auf unserer Reise begegnet waren, gedacht hatten.

»Ihr seid doch lesbisch und habt zwei Babys. Wie habt ihr das denn gemacht?«

Madeline und ich schauten uns ganz tief in die Augen und prusteten gleichzeitig laut los. Die Leute auf dem Nachtmarkt schauten uns ziemlich komisch an, weil wir uns vor Lachen nicht mehr einkriegen konnten. Wir beide wären nie im Leben auf den Gedanken gekommen, dass uns die Leute für lesbisch halten könnten. Aber verständlich: zwei Mamas und zwei Babys. Und noch dazu beide Frauen mit kurzen Haaren! Wir konnten den Malaien ihre Fantasie gar nicht verübeln. Höchstwahrscheinlich hätten wir an ihrer Stelle dasselbe vermutet. Umso mehr waren wir überrascht, wie freundlich und hilfsbereit uns auf unserer Reise die meisten Menschen im muslimischen Malaysia doch begegnet waren.

Zuvor hatte ich von vielen Reisenden gehört gehabt, dass sich vor allem die malaiischen Männer an der Ostküste sehr schwer mit westlichen Frauen täten, sie sogar teilweise ignorierten und kein Wort mit ihnen wechselten. Unsere persönlichen Erfahrungen waren da ganz anders. Die Menschen waren uns gegenüber meistens sehr aufgeschlossen, offen und hilfsbereit. Lag es nun daran, dass uns die Malaien für Lesben hielten? Oder eher, weil wir mit zwei niedlichen westeuropäischen blonden Babys unterwegs waren, die uns beiden jedes Mal die Show stahlen? Oder vielleicht, weil wir vier allgemein mit unserem weißen Bus einen ungewohnten Anblick boten? Uns war klar, dass wir keine eindeutige Antwort auf unsere Fragen finden würden.

***

Es musste ja so kommen! Der Abschied am Flughafen in Kuala Lumpur verlief sehr tränenreich. Wir hatten gerade unseren treuen Fahrgefährten, den weißen Bus, bei der Autovermietung abgegeben und das ganze Gepäck sortiert, als mir bereits die Tränen aus den Augen schossen. Dabei hatte ich mir felsenfest vorgenommen, nicht zu weinen. Aber wie taff ich nach außen hin auch manchmal wirken mag – wenn es um Abschied geht, bin ich sehr, sehr nah am Wasser gebaut und werde schnell zur absoluten Heulsuse, die sich noch dazu über sich selbst ärgert, weil sie gerade so sentimental ist.

Ich war nicht mehr in der Lage, einen vollständigen Satz rauszubekommen. Stattdessen machten wir zu viert noch ein kurzes Gruppenkuscheln. Wir mussten auch keine großen Worte mehr wechseln. Madeline und ich waren uns einig: Wir hatten gemeinsam einen unvergesslichen Trip erlebt, der manchmal auch ganz schön *crazy* war. Ich drehte mich um und stieg ins Auto. Der Besitzer der Autovermietung hatte mir angeboten, mich zum anderen Terminal zu fahren, von wo aus die Inlandsflüge gingen. Ich hatte mich ganz spontan entschieden, die letzten fünf Tage mit meinem Sohn allein auf der Insel Langkawi zu verbringen. Ein hervorragender Abschluss der spektakulären Reise und zugleich meiner Elternzeit. Denn in ein paar Tagen würde ich bereits am Schreibtisch in meinem alten Büro sitzen. Und während ich die letzten Stunden am Strand damit verbrachte, mich zu fragen, wie ich ab jetzt wieder mit 25 Tagen Urlaub im Jahr zurechtkommen sollte, beobachtete ich, wie mein fast einjähriger Sohn gerade seinen ersten Meilenstein machte: Er richtete sich freihändig auf, schwankte auf seinen kleinen Beinen ein wenig hin und her, jauchzte vor Freude, klatschte in die Hände, ging zwei wackelige, zaghafte Schritte und plumpste wieder zu Boden.

2. KAPITEL

Kreuz und quer durch Europa, Juni–Oktober 2016

Eine Reise ist ein vortreffliches Heilmittel für verworrene Zustände.

(Franz Grillparzer)

Portugal: Das Unmögliche ist tatsächlich wahr geworden

Der Sommer 2016 war für mich sehr verworren. Zumindest emotional. Denn alles kam ganz anders, als ursprünglich geplant. Kaum aus Malaysia zurück erwartete mich bereits die erste Hiobsbotschaft. Ich hatte gerade die Eingewöhnung mit meinem Sohn bei der Tagesmutter erfolgreich hinter mich gebracht und scharrte bereits mit den Hufen, weil es in ein paar Tagen wieder in meinem Beruf weitergehen sollte, als plötzlich ein Anruf meine gesamte Planung durchkreuzte. Mein Chef war dran.

»Gabriela, ich muss dir leider mitteilen, dass wir uns entschieden haben, uns von dir zu trennen ... Deine Kündigung ist gestern Abend mit der Post rausgegangen«, sagte er in einem sachlichen Ton.

Ich schluckte. Obwohl mir die Bedeutung dieser Worte selbstverständlich bekannt war, musste ich den Inhalt erst mal begreifen. Hatte er gerade TATSÄCHLICH Kündigung gesagt? Allmählich sah ich vor meinem inneren Auge, wie sich ein unsagbar tiefes Loch auftat und mein Leben, das ich mir jahrelang Stück für Stück aufgebaut hatte, wie ein Kartenhaus in sich zusammenfiel und in die Tiefe stürzte. Ohne Ankündigung. Ohne Pauken und Trompeten. Und während ich jeder einzelnen Karte zusah, wie sie still und klammheimlich in diesem unsagbar tiefen Loch verschwand, fühlte ich, wie mein Puls heftig gegens Handy pochte.

Ein paar Tage später hatte ich die Nachricht einigermaßen verdaut. Zwar hatte sie ordentlich an meinem Selbstvertrauen genagt, aber es musste ja weitergehen. Und ich hatte auch schon eine Idee, wie. Mein Ex-Chef und ich hatten uns geeinigt, dass meine Kündigungsfrist aus Kulanz verlängert wird und ich ab sofort freigestellt war. Zu meinem vollen Gehalt. Das verschaffte mir natürlich ein gutes zeitliches und auch finanzielles Polster, um mich in Ruhe zu bewerben und zur Überbrückung meine Selbstständigkeit aufzubauen. Ich war positiv gestimmt und der festen Überzeugung, dass ich mit meinen Erfahrungen und meiner Expertise sehr schnell einen neuen Job finden würde. Zum Glück ahnte ich zu jenem Zeitpunkt noch nicht, dass ich mit meiner Annahme gänzlich danebenlag. Das hätte zweifelsohne meine anfängliche Motivation kläglich dahinschwinden lassen. Jetzt fühlte ich mich allerdings noch voller Tatendrang und Euphorie, weil ich fest daran glaubte, dass für mich bald an einer anderen Stelle eine neue Tür aufgehen würde.

Ich schrieb Bewerbungen, baute mir ein gutes Netzwerk in meiner Branche auf, erstellte eine eigene Homepage, erledigte ab und zu mal kleine Projekte für unterschiedliche Kunden und arbeitete wie eine Wilde an meinem Blog.

In meinem Kopf schwirrten noch die unterschiedlichsten Ideen, Konzepte und Strategien, als unsere Tagesmutter mich eines Morgens an der Türschwelle mit der Nachricht empfing, dass sie operiert werden musste und für sechs Wochen ausfiel.

***

Ich musste raus. Anderswo zu sein war für mich leichter. Kurzerhand mietete ich für zwei Wochen ein WG-Zimmer in Lissabon. Da war ich wieder, in der Stadt meiner Erasmus-Semester, und teilte mir mit meinem Sohn und fünf Studenten aus den unterschiedlichsten Ländern eine Wohnung. Ich schlenderte durch die kleinen Gassen, entdeckte immer wieder Ecken, die ich noch nicht kannte, und schwelgte in Erinnerungen an meine eigene Studentenzeit in dieser Stadt.

Nach zwei Wochen kam auch mein Mann nach Portugal. Mit meinem Sohn holte ich ihn vom Flughafen ab, gemeinsam stiegen wir ins Auto und fuhren einfach los. Erst in die tiefe Einöde des Alentejos, wo wir bei sympathischen Orangenbauern wohnten, die uns von der ersten Minute an in ihrem Familienkreis aufnahmen. Danach ging es weiter nach Évora, Tomar, Coimbra, Aveiro und in die malerische Landschaft im Douro-Tal. Und während wir gemächlich durchs Land reisten, wurden wir Zeugen eines unvergesslichen portugiesischen Sommermärchens. Es waren die Wochen der Fußball-Europameisterschaft, in denen die Nationalmannschaft Portugals das Unmögliche wahrmachte, auch wenn zuvor keiner so recht an einen Sieg dieser kleinen Nation am Rande Europas – die zudem noch nie eine Fußballmeisterschaft gewonnen hatte – glauben wollte. Portugal kämpfte. Von einem Spiel zum nächsten. Gegen Ungarn, Österreich, Island, Wales. Und während ein ganzes Land den Atem anhielt, durften wir hautnah all die portugiesischen Emotionen zwischen himmelhochjauchzend und zu Tode betrübt miterleben.

Pünktlich zum Finale gegen Frankreich erreichten wir die Stadt Porto. Um 18 Uhr waren die Straßen bereits brechend voll. Freudig erregt schwangen die Portugiesen ihre rot-grünen Fahnen. Hier und da ertönte ein motivierendes *Portugal alé*. Kleine Kinder liefen mit stolz geschwellter Brust und ihrem Nationalhelden Cristiano Ronaldo auf dem Shirt durch die Gassen. Alle spürten es, dieses Knistern in der Luft. Diese bedeutungsvolle, historische Atomsphäre, die zwischen völliger Euphorie und ängstlichem Bangen pendelte. Auch wir liefen nervös durch die Straßen und fieberten voller Eifer dem Spiel entgegen. Mit einem flauen Gefühl im Bauch schafften wir es dennoch, zu Abend zu essen, und hofften anschließend darauf, dass unser Sohn im Buggy einschlafen würde, damit wir in Ruhe das Finale anschauen konnten.

Doch an Schlaf war nicht zu denken. Die energiegeladene Stimmung in den Straßen Portos färbte auch auf meinen Sohn ab. Er war hellwach. Keine Spur von Müdigkeit in seinem Gesicht. So schwenkte auch er freudig erregt die portugiesische Fahne und brummte dazu irgendwelche melodiösen Laute. Nun gut, wir gaben nicht auf, vielleicht würde er irgendwann müde werden. So schoben wir den Buggy übers holperige Kopfsteinpflaster von einer Leinwand zur nächsten, drängten uns an hitzigen Menschenmassen vorbei, um am nächsten Bildschirm ein paar Spielszenen zu verfolgen.

Zu Beginn des Spieles wurde an jeder Ecke noch gelacht, getrunken und gefeiert. Doch schon kurze Zeit später stand jedem Portugiesen die Anspannung buchstäblich ins Gesicht geschrieben. Die Mimik erstarrte. Die anfängliche Euphorie war spurlos verschwunden. Stattdessen hatte die endlose Phase des Zitterns begonnen. Ein wehklagendes Raunen zog durch die Gassen Portos, als plötzlich Cristiano Ronaldo nach einem Foul mit schmerzverzerrtem Gesicht zu Boden fiel. Er verließ das Feld. Panik kam auf. *War das das frühzeitige Ende?* Wenig später kehrte Cristiano mit einer Bandage zurück ins Spiel. Kurzzeitig entspannten sich die Gesichtszüge der Portugiesen. Hoffnung keimte auf und zerschlug im Nu: Cristiano stürzte erneut, blieb auf dem Rasen sitzen und weinte bitterlich vor Schmerz und Enttäuschung. Und während er seine Kapitänsbinde an seinen Teamkollegen abgab und dieser sie mutig entgegennahm, weinte eine ganze Nation stumm mit ihrem portugiesischen Fußballhelden.

Das Spiel ging weiter. Ohne Cristiano. Und die Stimmung wurde von Minute zu Minute erdrückender. Keiner wagte, es auszusprechen, doch es spukte in den kollektiven Köpfen: Es schien so, als ob das Schicksal besiegelt war. Doch die Seleção Portuguesa gab nicht auf. Und obwohl das französische Team phasenweise deutlich überlegen war, hatte es doch eine Vielzahl an Chancen vergeben. Mit Ach und Krach retteten sich die Portugiesen in die Verlängerung. Und ... dann ... ENDLICH! In der 109. Minute nahm der kurz vorher eingewechselte Eder den Ball an. Er lief mutig los. JETZT ODER NIE! Voller Entschlossenheit schoss er aus 20 Metern Entfernung aufs Tor. Und tatsächlich versenkte er den Ball im Netz. Frenetischer Jubel erfüllte die Straßen Portugals. Freudetaumelnd lag sich eine ganze Nation in den Armen. Hüpfte, tanzte und schrie. Die Hoffnung war nach Portugal zurückgekehrt, erfüllte die Menschen, sprach ihnen Mut zu. Die nächsten Minuten fühlten sich wie endlose Stunden an. Frankreich versuchte zu kontern. Vergebens. Irgendwann fingen die Menschen auf den Straßen an, die Sekunden runterzuzählen. Sie wagten nicht, zu atmen, bis endlich der erlösende Abpfiff ertönte. Cristiano und seine Mannschaft lagen sich weinend in den Armen und die restliche Nation ebenso. »Campeão«, schrien sie unisono. Meister. *Portugal é campeão!*

Das Unmögliche war tatsächlich wahr geworden. Das sollte gebührend gefeiert werden. Mit der größten Party in der portugiesischen Geschichte. Und meine Familie und ich durften diesen historischen Moment hautnah miterleben. Was für ein unsagbar großes Glück. Ich war zum richtigen Zeitpunkt am richtigen Ort gewesen. Und ich hatte etwas erkannt, was die vergangenen Monate nicht mehr in meinem Kopf präsent gewesen war. Es ist nicht schlimm, wenn man zu Boden geht, vielmehr kommt es darauf an, dass man den Mut nicht verliert und weiterkämpft.

Am nächsten Morgen klingelte mein Handy. Etwas verkatert vom glorreichen Sieg ging ich ran. Die Personalchefin einer Firma, bei der ich mich ein paar Wochen zuvor beworben hatte, war dran und lud mich zu einem Vorstellungsgespräch ein. In drei Tagen.

Ich legte auf. Was für ein berauschender Abschluss. Am letzten Tag unserer Portugalreise fühlte ich mich so, als ob ich durch die Straßen Portos schweben würde. Ich war voller Elan, Zuversicht und Euphorie – und fest davon überzeugt, dass jetzt alles gut werden würde. Doch ich hatte mich geirrt. In den kommenden Wochen wurde nichts gut. Sondern nur noch schlimmer. Und somit ging meine persönliche Verworrenheit weiter.

Lettland & Estland: das schwermütige russische Lied

Ich saß auf einem Spielplatz in Riga und schaute meinem Sohn dabei zu, wie er mit einem lettischen Jungen eine Sandburg baute. Ich war unentschlossen. *Soll ich oder soll ich nicht?* Ich fasste mir ein Herz und griff zum Handy. Einige Tage zuvor hatte ich mein erstes vielversprechendes Vorstellungsgespräch gehabt. Ich hatte mein Glück kaum fassen können. Genau bei der Firma wollte ich schon immer arbeiten. Das Gespräch war super gelaufen. Die Personalchefin war entweder sehr gut gelaunt oder total von mir überzeugt. Wir unterhielten uns zwei Stunden. Fast hätte man den Eindruck bekommen können, dass ihr Entschluss bereits feststand.

»Frau Urban, es hat uns so gut mit Ihnen gefallen«, verabschiedete sie sich euphorisch von mir und drückte dabei mehrere Sekunden lang meine Hand. »Ich rufe Sie am Montag an. Wann geht Ihr Flieger nach Riga noch mal?«

»Um 11 Uhr«, antwortete ich.

»Perfekt, ich rufe Sie um 10 Uhr an. Dann besprechen wir alles weitere.«

Ich wartete vergebens. Die Personalchefin rief weder am Montag um 10 Uhr noch am darauffolgenden Tag an. Mittlerweile war es Mittwoch, und ich hielt dieses Warten nicht mehr aus. Also griff ich zum Handy und rief in Deutschland an. Das Telefonat war sehr knapp und bündig. Sie hatten sich nicht für mich entschieden. Ich legte auf. Und schaute weiter meinem Sohn beim Spielen zu. Nicht die Fassung verlieren, pochte es in meinem Kopf. Doch für mich war gerade eine Welt zusammengebrochen. Ich war mir so sicher gewesen, dass ich diesen Job bekommen würde. Mein Gefühl hatte mich jedoch getäuscht. Wie gut, dass ich eine Sonnenbrille aufhatte, so konnte keiner sehen, wie sich meine Augen mit Tränen füllten vor lauter Enttäuschung.

Rückblickend betrachtet, bin ich mir sicher, dass es mir in jenem Moment sehr weitergeholfen hätte, wenn ich gewusst hätte, dass die besagte Firma ein paar Monate später Insolvenz anmelden würde. Aber davon hatte ich an jenem Sommertag in Riga natürlich noch keine Ahnung. Bedrückt packte ich die Spielsachen zusammen. Wir gingen am Freiheitsdenkmal vorbei, zurück in die Altstadt. Als wir am Schwarzhäupterhaus am Rathausmarkt ankamen, war mein Sohn im Buggy eingeschlafen. Ich hatte jetzt also ein bisschen Zeit für mich. Ich setzte mich auf eine Bank, und in der Ferne sang ein älterer Herr ein schwermütiges russisches Lied. Diese traurigen, melancholischen Töne passten perfekt zu meiner Stimmung. Welchen Fehler hatte ich beim Vorstellungsgespräch gemacht? Woran lag es, dass sie sich nicht für mich entschieden hatten? In meinem Kopf kreisten immer wieder dieselben Fragen, obwohl ich wusste, dass ich auf diese nie eine Antwort erhalten würde.

Benommen von den ganzen Selbstzweifeln stand ich auf und ging zu dem älteren Herrn, der immerfort sang. Ich lauschte seiner tiefen Bassstimme, die so klar und gefasst wirkte, und fühlte mich von ihr völlig ergriffen. Ich holte einen Geldschein aus meiner Hosentasche, warf diesen in seinen antiken Koffer und drehte mich um. Gerade in dem Moment, als ich losgehen wollte, hörte ich den älteren Herrn »*may the sun shine on your way*« sagen. Verdutzt drehte ich mich wieder um. Solche Worte hatte ich von ihm nicht erwartet. Wie ein kleines Mädchen stammelte ich leise »*thank you*« und schaute ihn dabei fragend an. Hatte er gesehen, dass es mir gerade nicht gut ging? Zumindest wirkten seine Worte besänftigend auf mich. Ich ging los und hörte wenige Momente später, wie der ältere Herr ein neues Lied anstimmte und mit seiner tiefen, gefassten Bassstimme »Somewhere Over the Rainbow« sang. *Wie kitschig*, dachte ich. Aber das Lied passte gerade wie die Faust aufs Auge.

Zwei Tage später sah meine Welt schon wieder anders aus. Mein Sohn und ich schlenderten durch die wunderschöne Altstadt Tallinns, und die mittelalterliche Atmosphäre, die ein wenig märchenhaft anmutete, gab mir neuen Mut. Es hatte halt nicht sein sollen! Zufälligerweise entdeckte ich am gleichen Abend eine neue Stellenanzeige, die wie für mich gemacht war. *Bingo*, dachte ich, und ein paar Tage später hatte ich tatsächlich die nächste Einladung zum Bewerbungsgespräch.

Spanien: dieser ewige Kampf gegen Windmühlen

Kaum war die Tagesmutter wieder einsatzfähig, meldete sie sich erneut krank. Es hatte Komplikationen gegeben. Die nächsten Wochen musste ich meinen Sohn wieder allein betreuen, also buchte ich den nächsten Flug, diesmal nach Madrid. Ich mietete mir ein WG-Zimmer bei einem Argentinier, Gabriel. Er war Musiker und Dichter und hatte vielleicht deswegen den beliebten Stadtteil Las Letras als seine neue Heimat gewählt. In diesem Stadtviertel haben bereits große Schriftsteller des Spanischen Goldenen Zeitalters wie Lope de Vega, Francisco de Quevedo und Miguel de Cervantes gelebt. Ich musste an mein Romanistikstudium mit Schwerpunkt Literaturwissenschaft denken. Die ganze Studienzeit über hatte mich der gute alte Cervantes verfolgt. Immer wieder hatten mich meine Professoren mit dem großen spanischen Epos »Don Quijote de la Mancha« konfrontiert. Und ganz ehrlich, ich hatte damals so gar keinen Bock auf diesen tragisch-komischen Don Quijote, der komplett in seiner eigenen Welt lebte und von den anderen Romanfiguren ausgelacht wurde. Konnten sie mich nicht endlich in Ruhe lassen mit diesem verstaubten, öden tausendseitigen Buch aus dem 15. Jahrhundert?

Gabriel und ich waren nicht nur Namensvetter, sondern wir teilten noch einige andere Gemeinsamkeiten. Ich kannte seine Heimat Argentinien recht gut, und wir liebten die argentinische Belletristik. Dementsprechend hatten wir uns viel zu erzählen, während mein Sohn fröhlich auf der Couch in der viel zu heißen Altbauwohnung hoch und runter kletterte.

Anschließend war es Zeit, die Straßen von Madrid zu erobern. Die Stadt, die uns für die nächsten zwei Wochen gehören sollte. Gemeinsam mit meinem Kind steuerte ich den ersten Spielplatz an. Nur 100 Meter von unserer Haustür entfernt war der wunderschöne Santa-Ana-Platz. Drumherum zahlreiche Cafés, Tapas-Bars, die Cervecería Alemana, wo sich sogar schon Hemingway rumgetrieben hatte, und in der Mitte ein toller Spielplatz. *Hier werden wir die nächsten Tage öfters sein*, dachte ich, während ich mein Handy hervorholte, um meine Mails zu checken. Mein Sohn rutschte gerade die Rutsche herunter, als mir in meinem Postfach eine Nachricht von der Firma ins Auge fiel, bei der ich kurz zuvor zum Bewerbungsgespräch eingeladen war.

»Liebe Gabriela,

es hat uns total gut mit dir gefallen, und deine Expertise und Leidenschaft für deinen Job hat uns begeistert. Gerne würden wir dich in einem zweiten Termin noch besser kennenlernen.«

Sí!, dachte ich und dann: *Mist!* Der zweite Termin sollte ausgerechnet auf den Tag unseres Abfluges fallen. Aber das war sicherlich nicht so schlimm, tröstete ich mich. Überschwänglich schrieb ich zurück, dass ich mich sehr freute und ob auch ein anderer Termin denkbar wäre. Alternativ bot ich an, dass ich notfalls auch einen früheren Rückflug buchen könnte.

Mit tänzelnden Schritten schob ich den Buggy die Fußgängerzone hinauf bis zum majestätischen Plaza Mayor. Wow, was für ein Platz! Die lebenslustige Einstellung der Spanier wirkte ansteckend auf mich. Ich fühlte mich voller Lebensfreude und Entdeckerlust und war glücklich, diesen verworrenen Sommer mitten in Madrid erleben zu dürfen. Abends, als mein Sohn bereits in seinem Bett schlief, gönnte ich mir zur Feier des Tages ein Gläschen Wein. Und während Gabriel im Nachbarzimmer auf seiner Gitarre spielte und liebevoll seine Heimat Argentinien besang, saß ich auf meinem klitzekleinen Balkon und beobachte die lebensbejahenden Madrileños, die draußen auf den Straßen feierten. Ich genoss meinen Wein und fühlte mich beschwingt. Endlich hatte ich wieder das Gefühl von Zuversicht.

***

Um der urbanen Hitze zu entkommen, zogen mein Sohn und ich uns am nächsten Tag in den schattigen Retiro Park zurück. Wir flanierten über die Prachtstraße Gran Via, besuchten den königlichen Palacio Real und ließen den Tag auf dem lebhaften Plaza Santa Ana vor unserer Haustür ausklingen. Ich wollte Madrid natürlich nicht verlassen, ohne eins der bedeutenden Kunstmuseen zu besuchen. So versuchte ich mein Glück zuerst im Museo del Prado, dessen Kunstschätze zu den größten und wertvollsten weltweit gehören. Doch meinem Sohn war an dem Tag nicht unbedingt nach der Kunst aus über fünf Jahrhunderten zumute, daran ließ er keinen Zweifel. Nach 30 Minuten musste ich die ambitionierte Kunstmission abbrechen und das beeindruckende neoklassizistische Gebäude mit einem kreischenden Kind verlassen.

Zwei Tage später versuchte ich es erneut im Museo Reina Sofía. Und siehe da, meinen Sohn schienen die ganzen Picassos, Dalís und Mirós besser zu gefallen. Bevor ich den großen Saal mit Picassos »Guernica« betrat, war er eingeschlafen, und ich konnte in stiller Demut das brachiale Werk auf mich wirken lassen. Beim Betrachten dieses Gemäldes merkte ich erneut eine gewisse Unruhe in mir aufsteigen. Ich habe auf meine Mail an die Firma, bei der ich mein Bewerbungsgespräch gehabt hatte, noch keine Antwort bekommen.

An unserem letzten Tag in Madrid nahm ich meinen ganzen Mut zusammen und rief bei der Firma an. Ich schaute meinem Sohn beim Spielen zu, während vor meinem inneren Auge erneut eine Tür zugeschlagen wurde. Freundlich, aber gewaltvoll.

»Es tut mir leid, dass ich mich bei dir nicht gemeldet habe, aber mittlerweile haben wir ...«

Die Worte waren ausgesprochen. Ich irrte durch die Straßen von Madrid und fühlte mich ganz elend. Klein und nichtsnutzig. Plötzlich entdeckte ich Parallelen zu Don Quijote. Nun verfolgte mich sein Schöpfer – der gute alte Miguel Cervantes – also auch hier in Madrid. Mit seinem irrwitzigen Helden, der denkt, dass er ein großer Ritter sei und gegen Windmühlen kämpfe, weil er sie für feindliche Riesen hält. In diesem Moment empfand ich großes Mitleid mit dem armseligen Don Quijote und fühlte mich selbst, als ob ich gegen gigantische Windmühlen ankämpfen würde und mir nicht eingestehen wollte, dass mein Kampf zum Scheitern verurteilt war.

Vorm Museo Thyssen-Bornemisza erwachte ich aus meiner Lethargie. Ich schaute zu meinem Sohn im Buggy, der tief und fest schlief, und überlegte, ob ich die Gelegenheit nutzen und mir auch dieses Kunstmuseum anschauen sollte. Kurze Panik kam in mir auf. *Was passiert, wenn du es nicht schaffst, einen Job zu finden?* Musst du dich dann arbeitslos melden? Droht dir der finanzielle Ruin? Und was ist mit der Tagesmutter? Wird sie wieder gesund? Existenzängste kamen in mir auf. Ich war mir unsicher, ob es wirklich schlau war, das Eintrittsgeld für das nächste Museum auszugeben. Sollte ich meine Ersparnisse nicht besser nach bestem Wissen und Gewissen zusammenhalten und wie meinen Augapfel hüten? Ich schob meine Vernunft und Zweifel beiseite und entschied mich für die Kunst.

Mit all den van Goghs, Rubens, Monets, Kandinskys, Chagalls, Lichtensteins und natürlich auch Dalís und Picassos auf den apricotfarbenen Wänden konnte ich auf einmal viel besser denken. Ich schlenderte durch die italienische und deutsche Renaissance, vorbei am Impressionismus, Expressionismus und russischem Konstruktivismus, ließ mich betören von Avantgarde und Surrealismus und landete schlussendlich bei der Pop Art. Ein Boulevard an beeindruckenden Kunstwerken, der mich meine Probleme für ein paar Stunden vergessen ließ.

Ein Künstler schaffte es dabei ganz besonders, meine Aufmerksamkeit zu gewinnen. Der französische Maler Paul Gauguin, der in der heutigen Zeit vor allem für seine Gemälde aus der Südsee bekannt ist. Leuchtende Farben, üppige Pflanzenwelten und müßiggängerische, leicht bekleidete

Menschen. Ich las etwas über seine Vita und erfuhr, dass er infolge eines Börsenkrachs seine Anstellung verlor, dies zum Anlass nahm, seinen biederen Bankberuf ganz aufzugeben, und sich gegen alle Widrigkeiten entschied, sein restliches Leben der Malerei zu widmen. Aus finanzieller Sicht eher eine fatale Entscheidung, zumindest zu seinen Lebzeiten. Denn bis zu seinem Tod wurde sein künstlerisches Schaffen von massiven Geldsorgen überschattet. Ich musste schmunzeln. Immerhin ist er seiner Berufung gefolgt und hat seine große Passion gelebt. Diesen Reichtum dürfen nicht viele Menschen erleben.

***

Am letzten Abend in Madrid ging ich zum Plaza de España. Menschen unterhielten sich lautstark, tranken Bier, amüsierten sich, Kinder rannten kreuz und quer, und aus der Ferne ertönte ein schallerndes Lachen. Ich ließ die Atmosphäre Madrids noch einmal auf mich wirken. Klammerte mich an der Szenerie fest. Als ob ich jedes kleine Detail noch sehr lange in meiner Erinnerung behalten wollte. Ich ließ meinen Blick schweifen und hielt inne bei dem großen Monument in der Mitte des Platzes, das dem großen spanischen Nationaldichter Miguel de Cervantes gewidmet ist. Da war er wieder, thronte da ganz selbstgefällig und blickte herunter auf seine zwei verworrenen Romanfiguren, den Möchtegernritter Don Quijote auf seinem Pferd und den treuen Sancho Panza auf seinem Esel, der seinem Herrn nur folgt, weil der ihm eine Insel versprochen hatte.

Wie war es noch mal mit dem Kampf gegen die Windmühlen? Trotz aller Widrigkeiten lässt sich Don Quijote nicht beirren und verfolgt aus vollster Überzeugung seinen eigenen Weg ... Anerkennend schaute ich hinauf zu dem guten alten Cervantes und nickte ihm zu – überzeugt, dass ich jetzt nach all den vielen, vielen Jahren endlich die Botschaft seines Werkes verstanden hatte.

Bulgarien: das zahnlose Lachen

Während der deutsche Sommer sich seinem Ende zuneigte, suchte ich im Internet verzweifelt nach einem preiswerten Flug. Mein altbewährtes Heilmittel, um ein paar Wochen zu überbrücken. Denn die Tagesmutter war erneut krank.

Nach wenigen Minuten wurde ich fündig. In 48 Stunden sollte es nach Bulgarien gehen, von dort aus nach Griechenland und wieder zurück nach Sofia. Die nächsten drei Wochen waren also gerettet. Ich klappte zufrieden den Laptop zu und rief meinen Mann an, um ihm von meinen Plänen zu erzählen. Er wusste, wie schwer es mir zu Hause fiel, einen klaren Kopf zu bewahren, und hatte sich mittlerweile an meine sehr spontanen Reisen gewöhnt. Mit einem leichten Zähneknirschen gab er mir seinen Segen.

Völlig unvorbereitet kamen mein Sohn und ich spät nachts in Sofia an. Ich hatte mich vorab kaum über Bulgarien informiert und gar keine Ahnung, was mich auf dieser Reise erwarten würde. Kurz bevor der Flieger in Hamburg startete, buchte ich noch schnell ein günstiges Zimmer in einem Hostel. Ein paar Stunden später öffnete uns Tatiana die Tür. Sie erzählte mir, dass sie selbst aus der Ukraine kam und gemeinsam mit ihrem russischen Freund Ivan erst kürzlich dieses Hostel eröffnet hatte. Während sie meine Personalien in einem dicken Buch auf der ersten Seite notierte, schaute ich mich um und dachte: *Oje, wo bin ich denn gelandet?* Die Unterkunft war schäbig und in keinem guten Zustand.

Am nächsten Tag wurde mein erster Eindruck verstärkt. Das gemeinschaftliche Badezimmer war eine Katastrophe, und auf dem Flur begegneten mir hauptsächlich Männer aus Kasachstan, Armenien und Aserbaidschan, die zum Arbeiten nach Bulgarien gekommen waren. Ich überlegte, ob ich mir für die nächsten Tage eine andere Unterkunft suchen sollte, aber Tatiana unterbrach meine Gedanken. Sie lud mich auf einen Kaffee auf dem gemeinschaftlichen Hof ein und hatte extra für meinen Sohn vom

Markt frisches Obst und Brot mitgebracht. Ivan war auch schon da und fing sofort an, komische Fratzen zu machen. Mein Sohn konnte sich vor Lachen kaum einkriegen. Er hatte sichtlich Spaß mit dem großen russischen Mann, der partout kein Wort Englisch sprach. In der aller-, allerhintersten Ecke in meinem Gehirn kramte ich nach ein paar russischen Sprachbrocken. Schließlich hatte ich auf dem Gymnasium ein paar Jahre Russisch als dritte Fremdsprache gehabt. Ivans Gesicht strahlte sofort bei meinem ersten *спасибо*, dabei hatte ich mich doch nur bedankt. Mit einem breiten Grinsen fing er an, ohne Punkt und Komma irgendetwas auf Russisch zu erzählen. Bis auf ein paar Wörter verstand ich gar nichts. Aber dennoch fand ich Ivan mit seinen überproportional großen Händen ganz sympathisch. Ich entschied mich, im Hostel zu bleiben.

Tatiana brachte mir einen Kaffee und fing an, von der Ukraine zu schwärmen. Von der wunderschönen Stadt Kiew am Fluss Dnepr, deren Menschen gerade eine sehr schwere Zeit durchmachten. Das war auch der Grund, warum Tatiana sich entschlossen hatte, ihre geliebte Heimat zu verlassen. Wenn die politische Krise vorbei ist, wollte sie zurückkehren. Aber das wird sicherlich noch viele Jahre dauern, sagte sie bedauernd. Ich gestand ihr, dass ich von ihrem Land so gar kein Bild hatte und eigentlich ausschließlich an die Nuklearkatastrophe von Tschernobyl und die blutigen Proteste auf dem Maidan denken musste. Tatiana schüttelte den Kopf.

»Fällt dir denn zur Ukraine nicht irgendetwas Positives ein?«, fragte sie mich hoffnungsvoll.

Ich musste angestrengt nachdenken. »Aber natürlich! Die Klitschko-Brüder«, erwiderte ich freudestrahlend. Im darauffolgenden Moment kam ich mir jedoch extrem ungebildet vor, weil ich über die Ukraine praktisch gar nichts wusste.

Tatiana hatte meine Verlegenheit bemerkt. Sie lachte und meinte: »Dann wird es dringend Zeit, dass du mein Heimatland besuchst.«

Ich erwischte mich bei dem Gedanken, dass ich mir gar nicht so sicher war, ob ich wirklich Lust hatte, in die Ukraine zu reisen.

Als ob Tatiana meine Gedanken gelesen hätte, fragte sie in einem freundlichen, fordernden Ton: »Versprichst du es mir? Versprichst du mir, dass du bald in die Ukraine reisen wirst, um dich selbst davon zu überzeugen, dass mein Land weitaus mehr zu bieten hat, als Tschernobyl, den Maidan oder die Klitschko-Brüder?«

Ja, wieso eigentlich nicht, dachte ich. Aber jetzt musste ich erst mal ein ganz anderes Land erkunden. Bulgarien.

***

Am Abend saßen wir in einer großen Runde erneut im gemeinschaftlichen Hof und ließen den Tag Revue passieren. Tatiana, Ivan, Mahmud, der junge Chi, der in seiner Heimat China sein Medizinstudium abgebrochen hatte, und einige andere. Ivan stellte in die Mitte des Tisches eine große Flasche Rakia.

»Bulgarischer Traubenschnaps«, erklärte er trocken und schenkte mir dabei großzügig ein. Kaum hatte ich mein Glas ausgetrunken, füllte er ganz nach den Regeln der russisch-bulgarischen Gastfreundschaft bereits das nächste ein. Obwohl mein Sohn nebenan tief und fest schlief, wusste ich, dass nach dem zweiten Glas Rakia für mich Schluss war, wenn ich in den nächsten Tag ohne pochende Kopfschmerzen starten wollte. Dennoch beteiligte ich mich weiter am regen Gespräch. Sie waren alle aus den unterschiedlichsten Gründen nach Sofia gekommen und hatten ihre ganz eigenen Geschichten, die unterschiedlicher nicht hätten sein können.

Chi hatte zu Hause gegen die traditionellen Konventionen des chinesischen Staates und seiner konservativen Eltern rebelliert. Er wollte seinen eigenen Weg bestimmen, hatte den Rucksack gepackt und suchte auf unbestimmte Zeit sein Glück in Europa. »Zumindest solange mein Geld ausreicht«, erklärte er uns. Auf seiner Reise wollte er jedoch Städte wie Prag und Budapest bewusst auslassen.

»Warum?« Tatiana und ich schauten ihn verdutzt an.

»Weil diese Städte zu romantisch sind«, war seine Antwort. Allein könne er sie nicht ertragen. Er wollte diese Städte lieber irgendwann mal mit seiner zukünftigen Freundin besuchen …

Wie auf Kommando prusteten Tatiana und ich gleichzeitig los und lachten laut. Das war der skurrilste Grund, den ich je gehört hatte, aber ich fand den Gedanken auch sehr herzerwärmend. Ich stellte mir vor, wie Chi viele Jahre später als gestandener Mann gemeinsam mit seiner Frau und seinen Kindern aus China in diese Großstädte reisen und dabei voller Melancholie an seine verworrenen Wanderjahre kreuz und quer durch Europa abseits der romantischen Hotspots denken würde.

Mit voranschreitender Stunde wurden die Gespräche immer lustiger. Mahmud erzählte stolz von seinen drei Frauen in Kasachstan, die alle ganz sehnsüchtig auf ihn warteten, und Ivan begann ein russisches Trinklied zu singen, welches die Stimmung des Abends auf den Höhepunkt katapultierte. Kurz bevor ich mich ins Bett verabschiedete, fragte mich Tatiana noch nach meinen weiteren Plänen in Bulgarien. Keine Ahnung. Ich zuckte mit den Schultern.

»Fahr doch für ein paar Tage nach Plowdiw«, sagte sie.

Plowdiw? Ich musste gestehen, dass ich noch nie zuvor von dieser Stadt gehört hatte. Im Bett nahm ich schnell mein Handy zur Hand und googelte nach ein paar Impressionen. Ich las, dass Plowdiw Kulturhauptstadt 2019 werden sollte, und die Bilder, die ich im Internet fand, überzeugten mich sofort. *Alles klar!* Morgen ging es also nach Plowdiw. In die älteste Stadt Europas.

***

Sie hatte es geschafft. Die Stadt Plowdiw am Ufer des Flusses Maritsa hatte mich von der ersten Minute an sofort in ihren Bann gezogen. Diese entspannte südländische Atmosphäre, das mediterrane Klima, die malerische Altstadt mit ihren wuseligen, verwinkelten Gassen, die vielen griechisch-römischen Ausgrabungsstätten in der unmittelbaren Nähe von Moscheen und anderen orientalischen Bauten, architektonische Bausünden aus der sowjetischen Zeit und der Ausblick auf die umliegenden Berge. Ich war absolut fasziniert und konnte immer noch kaum glauben, dass ich noch nie von dieser Stadt gehört hatte. *Ich Geografiebanause!* Umso glücklicher war ich, dass ich durch Zufall und aufgrund meiner prekären Situation zu Hause diese Stadt entdeckt hatte. Unter normalen Umständen wäre ich niemals hierhergefahren.

Ich kaufte meinem Sohn und mir einen frisch gepressten Saft, und wir setzten uns auf eine Treppe, um die tief stehende herbstliche Sonne zu genießen. Ein alter Mann kam vorbei und hielt bei uns an. Mit einem zahnlosen Lachen grinste er und fing an, irgendetwas auf Bulgarisch zu erzählen. Freundlich lächelte ich zurück, versuchte aber nach einer Weile, ihm zu zeigen, dass ich ihn nicht verstehen konnte. Das schien den alten Mann allerdings nicht zu stören. Unbeirrt und fröhlich fuhr er in seiner Erzählung fort. Ich wurde immer verunsicherter. Doch plötzlich übernahm mein anderthalbjähriger Sohn neben mir sprichwörtlich das Ruder und stimmte mit seinen brabbelnden Lauten ins Gespräch ein. Ich hatte fast den Eindruck, als ob dieser alte Mann und mein kleiner Sohn sich richtig unterhalten würden. Beide erzählten vor sich her, gestikulierten wild und freuten sich des Lebens. Und obwohl sie beide natürlich nicht dieselbe Sprache sprachen, schienen sie sich zu verstehen. Der bulgarische Mann lachte aus vollem Herzen, und auch mein Sohn lachte herzlich mit. Ich beobachtete dieses Geschehen als Außenstehende – und plötzlich wurde mir ganz warm. Ich hatte mitten im Zentrum von Plowdiw unerwartet eine Lektion gelernt. Es gibt Situationen im Leben, da kommt es nicht darauf an, dass du den Inhalt wirklich verstehst, sondern viel mehr darauf, dass du unbefangen und ohne Scheu reagierst. Ich trank meinen Orangensaft aus und verabschiedete mich herzlich vom alten bulgarischen Mann, dessen zahnloses, unbefangenes Lachen ich garantiert nicht so schnell vergessen würde.

Griechenland: der Hakuna-Matata-Verkäufer und der griechische Philosoph

Einmal im Leben sollte jeder mal nach Athen reisen, die Stadt der großen griechischen Philosophen, wo die große Antike und die gebeutelte Gegenwart aufeinandertreffen. Für mich war schon immer klar, dass ich irgendwann die Akropolis mit eigenen Augen sehen wollte. Der verworrene Sommer 2016, der mich notgedrungen kreuz und quer durch Europa führte, bot mir hierfür die perfekte Gelegenheit. Nach Bulgarien ging es also in die Geburtsstätte von Sokrates, Platon und anderen großen Denkern. In die Stadt, die auch der Schauplatz von vielen individuellen Tragödien des kleinen Mannes war. Die wahren Leidtragenden der internationalen Finanzkrise mussten jeden Tag aufs Neue um ihre Existenz kämpfen.

Ich streunte durch die Straßen dieser geschichtsträchtigen Stadt und sah die vielen Menschen auf zusammengefalteten Kartons sitzen, die auf eine kleine Geldspende oder etwas zu Essen hofften. Irgendwie den Tag zu überstehen war ihre Devise. Ich ging in den erstbesten Supermarkt und kaufte ein paar Lebensmittel. Beim Anblick der Preise verdeutlichte sich mir die Not der Griechen. Grundnahrungsmittel kosteten teilweise das drei- oder vierfache im Vergleich zu unseren deutschen Preisen. Wie können die Menschen das hier nur bewerkstelligen, obwohl sie in der Regel deutlich weniger verdienten als wir in Deutschland – wenn sie überhaupt einen Job hatten?

Mir wurde bewusst, wie reich ich eigentlich war. Damit meinte ich nicht nur meine finanziellen Rücklagen, die ich systematisch über viele Jahre hinweg zurückgelegt hatte, sondern auch die Freiheit, die ich hatte, um meinen eigenen Weg zu gehen. Zweifelsohne plagten mich zu

Hause große Zukunftsängste, und ich hatte überhaupt keine Ahnung, wie es bei mir in beruflicher Hinsicht weitergehen sollte. Dennoch hatte ich die Gewissheit, dass es irgendwann in meinem Leben wieder bergauf gehen würde. Diese Menschen auf der Straße hatten diese Gewissheit nicht.

***

Das lebendige und vor allem geschäftige Viertel um den Monastiráki-Platz lag vor uns. Auf seiner Mitte stand die Kirche Monastirion, und man hatte einen herrlichen Blick auf die Akropolis, die hoch oben über der Stadt thronte. Wir waren im historischen Herzen Athens angekommen und wurden gleich zum Opfer auserkoren von den schlauen und listigen Verkäufern, die auf der Jagd nach kaufkräftigen Touristen waren. Keine Minute stand ich auf dem Platz, als sich der erste Verkäufer an mich heranpirschte. Ein Afrikaner begrüßte mich freundlich lächelnd mit einem überschwänglichen »*Hakuna Matata*«. Ich wusste, dass sich auch in Afrika keiner mit diesen Worten begrüßen würde, doch schneller, als ich reagieren konnte, band der Mann meinem Sohn ein angeblich selbst geflochtenes Armband ums Handgelenk.

»Das wird dein Kind beschützen und ihm großes Glück bringen«, sagte er.

Oh, Mann! Ich ärgerte mich und musste gleichzeitig ein wenig über seine Listigkeit lachen. Mir war klar, dass die Touristenfalle längst zugeschnappt hatte und ich aus dieser Nummer nicht mehr herauskam. Zumal der Knoten des Armbands so fest war, dass man das angeblich handgemachte Schmuckstück nur noch mithilfe einer Schere entfernen konnte. Der Verkäufer grinste mich sympathisch an. Er wusste, dass ich ihm nicht böse sein konnte.

»Okay, wie viel möchtest du für das Armband haben?«, fragte ich ihn resigniert.

»So viel dir das Armband wert ist«, war seine Antwort.

Ganz schön clever, dieser Kerl! Genau die richtige Antwort für ein lukratives Geschäft. Ich gab mich geschlagen. *Was kostet die Welt?!* Ich drückte ihm fünf Euro in die Hand. Er grinste mich zufrieden an und rief mir noch ein charmantes »*Hakuna Matata*« hinterher. Ich konnte seine Gedanken ganz deutlich lesen: *Was für eine leichte Beute, diese Mutti!*

Exakt zwei Minuten später mokierte sich mein Sohn lauthals über seinen neuen Talisman am Handgelenk. Er hatte voll keinen Bock auf den afrikanischen Glücksbringer. Ich musste mit ihm ins nächste Geschäft gehen und nach einer Schere fragen. Danach war er zufrieden. Zähneknirschend dachte ich an meine zerronnenen fünf Euro. Ich wollte schon zum nächsten Mülleimer laufen, um das durchgeschnittene Armband wegzuwerfen. Doch kurz vor der Tonne hielt ich inne. Ich musste an das breite Grinsen des Verkäufers denken. Sein keckes »*Hakuna Matata*«, mit dem er mich für dumm verkauft hatte, hallte mir noch in den Ohren. Kurzerhand verstaute ich das Armband in meiner Handtasche. Mal schauen, ob der afrikanische Glücksbringer aus Athen mir Glück bringen würde.

∗∗∗

Bereits tausendmal auf Bildern gesehen, und doch war es ein sehr erhebendes Gefühl, als ich vor ihr stand. Die Akropolis ist der höchster Punkt Athens, die Wiege der Demokratie und sagenumwobene Festungsanlage der Antike – und der Weg dorthin gestaltete sich als ziemlich *atem-raubend*. Die kürzeste Route führte unten an der Agora, dem antiken Marktplatz, vorbei und eine kleine Gasse hinauf in die mythenreiche Welt. Bereits nach ein paar Minuten wurde mir bewusst, dass mein Vorhaben ziemlich kräftezehrend werden würde. Schon nach wenigen Metern musste ich den Buggy zusammenklappen, meinen Sohn auf den Arm nehmen und die vielen, vielen Stufen zum höchsten Punkt der Stadt hinaufschnauben. Während ich den Buggy mit einer Hand hinterherschliff, verfluchte ich meine reiselustigen Ideen, die mich schon so oft an die Grenzen meiner physischen Kondition gebracht hatten. Mein Sohn wiederum fand das Abenteuer höchst amüsant. Freudig zappelte er wie ein Fisch auf meinem Arm und erschwerte mir somit das Tragen umso mehr. Schweißgebadet musste ich an die Legende des Boten Pheidippides denken, der nach der gewonnen Schlacht bei Marathon die frohe Kund ins 40 Kilometer entfernte Athen bringen sollte und am Ziel vor Erschöpfung tödlich zusammenbrach. Dabei hatte ich gerade erst ein paar Hundert Meter hinter mich gebracht. Nun gut, wer die Akropolis mit einem gehfaulen Kleinkind erleben wollte, musste halt ordentlich schwitzen.

Am Eingang zur Akropolis gab ich den Buggy ab und lieh mir eine Trage für mein Kind aus. Das war wesentlich komfortabler, und ich hatte so auch endlich die Hände frei zum Fotografieren. Nur noch ein paar sehr steile Meter, die mich von Sokrates, Platon und anderen großen Künstlern und Denkern trennten. Ein großer Schluck aus der Wasserflasche – ein paarmal kräftig Schnauben – und plötzlich stand ich vor dem weltberühmten Dionysostheater, der Geburtsstätte des Dramas, wo einst die Stücke von Sophokles, Aischylos und Euripides uraufgeführt wurden. Was für ein Gefühl! Mit meinem Kind auf dem Rücken schlängelte ich mich an Hunderten wissbegierigen Touristen vorbei, tauchte immer tiefer in die antike Welt ein und kroch dabei noch höher zum Parthenon, dem wichtigsten Tempel. Leider wurde meine geschichtstrunkene Stimmung ein wenig gestört. Nicht unbedingt von den vielen Touristen, die sich mit mir um die antiken Bauwerke drängten, sondern von den zahlreichen Kränen und Baugerüsten. Ich hatte zuvor irgendwo gelesen, dass die Griechen bereits seit über 20 Jahren mit den Renovierungsarbeiten an der Akropolis beschäftigt waren. Als ich mich umschaute, wurde mir klar, dass ein Ende noch lange nicht in Sicht war. Ungläubig schüttelte ich den Kopf. Wie war es möglich, dass die alten Griechen die Akropolis innerhalb von neun Jahren erschaffen konnten und die heutigen Griechen seit über 20 Jahren immer noch nicht ihre Renovierungsarbeiten vollbracht hatten?

***

Den letzten Abend in Athen nutze ich, um mir zahlreiche kleine Details einzuprägen, um ein Stück Griechenland in meiner Erinnerung mit nach Hause zu nehmen. Es war kühl geworden und deutlich zu spüren, dass der Herbst auch hier in Athen im Anmarsch war. Mittlerweile war der Oktober fast rum. Ich schlenderte durch die belebten Gassen, vorbei an vollen Tavernen und Straßenmusikern. Ich war verwundert, wie ausgelassen die Stimmung hier trotz Pleiten, Krediten und Schulden war. Ich setzte mich in ein gemütliches Lokal, um eine Kleinigkeit zu essen. Ein älterer griechischer Mann mit verwachsenen Augenbrauen und Nickelbrille im Gandhi-Stil prostete mir freundlich mit seinem leeren Glas zu. Kurze Zeit später setzte er sich zu meinem Sohn und mir an den Tisch. Dimítris war sein Name. Wir fingen an zu plaudern. Natürlich über die Finanzkrise und das gebeutelte Griechenland. Als ich ihn fragte, wie es denn sein konnte, dass trotz wachsender Armut die Lokale voll mit Einheimischen waren, lachte er.

»Das ist ein Stück unserer griechischen Identität. Das kann uns weder unser Präsident Tsipras noch der strenge Wolfgang aus Deutschland nehmen«, erklärte er mir freudig.

Er musste wohl Schäuble meinen, dachte ich.

»Zu Hause wollen uns unsere Frauen nicht. Deswegen ziehen wir die Gesellschaft auf den Straßen vor. Am Tag gönnen wir uns in geselliger Runde einen Kaffee und halten uns krampfhaft an der Tasse fest, weil wir uns mehr nicht leisten können. Und abends gibt es dann ein, zwei oder mehrere Ouzos. Je nachdem, was der Geldbeutel hergibt. Ohne Ouzo ist das Leben für uns Griechen doch nur halb so viel wert. Und allein zu

Hause zu sitzen ist für uns unvorstellbar. Das kommt ja schon fast dem Tod nahe.«

Ich fand seine Erklärung plausibel und entschloss mich, ihn auf einen Ouzo einzuladen. Zum Schluss unseres Gespräches fragte ich ihn, wie er die Zukunft Griechenlands sehen würde.

Er schaute mir tief in die Augen und sagte: »Jede Krise, möge sie noch so dramatisch sein, kann auch ihre guten Seiten haben. Sie kann das Fundament für einen Neuanfang bieten.«

3. KAPITEL

Es liegt eine Art Magie über dem Fortgehen, um dann völlig verändert zurückzukehren. (Kate Douglas Wiggins)

Der Scherbenhaufen kann mich mal

Ich schreckte hoch. Benommen vom Schlaf, musste ich mich erst mal sammeln. Ich hörte das monotone Geräusch einer brummenden Klimaanlage. Zu meiner Rechten lag mein Sohn in seinem Reisebett und schlief tief und fest. Es dauerte mehrere Sekunden, bis ich es wieder wusste: Wir waren gestern in Phnom Penh angekommen. Mein Sohn und ich hatten uns nach dem Frühstück noch mal hingelegt. Der Jetlag war diesmal ganz schön heftig. Nun war es 15 Uhr. Wir hatten über fünf Stunden geschlafen – mitten am Tag. Aber vor uns lagen zwei Monate Asien, da konnte man es am Anfang der Reise auch ruhig angehen lassen. Ich lauschte der Musik von der Rezeption. Wir waren aus Versehen in einem Partyhostel gelandet, aber das war für mich okay. Alle Mitarbeiter waren extrem freundlich, wir hatten sogar einen kleinen Pool, und die Pancakes zum Frühstück waren einfach großartig.

Ich kuschelte mich noch mal ins kühlende Bettlaken und dachte an zu Hause. An meinen Scherbenhaufen, den ich einfach zurückgelassen hatte. In den vergangenen Wochen war viel geschehen. Ich hatte mich bei einer großen internationalen Firma für die Position eines Digitalen Marketing-Managers beworben. Als der Anruf kam, konnte ich mein Glück kaum fassen.

»Montag um 10 Uhr. Passt es Ihnen?«, fragte die Mitarbeiterin.

Jaaa! Auf jeden Fall. Ich legte auf und dachte, *boah, das wäre der absolute Knaller.* Wenn du diesen Job bekommst, dann hast du es geschafft und bist endlich weit oben auf deiner Karriereleiter angekommen.

Meine Arbeit war mir persönlich immer sehr wichtig gewesen. Ich habe sie immer mit nach Hause genommen, habe ihr selten ein freies Wochenende gegönnt. Sie war immer da, an meiner Seite, und verfolgte mich auf Schritt und Tritt. Denn ich wollte etwas erreichen und war bereit, für meine Karriere alles zu geben. Während meiner Schwangerschaft arbeitete ich noch härter als zuvor, denn ich wollte bei meinem Chef einen guten Eindruck hinterlassen und noch so viel schaffen, bevor ich mich in den Mutterschutz verabschiedete. An meinem letzten Tag weinte ich bitterlich, denn ich konnte mir nicht vorstellen, auf einmal raus zu sein. Nicht mehr ins Büro zu müssen. Ich sehnte mir den Tag herbei, an dem meine Elternzeit vorbei war – und ich ENDLICH wieder an meinem alten Schreibtisch im Büro sitzen durfte. Doch dieser Tag sollte nie kommen. Mein damaliger Chef hatte andere Pläne, und ich kam in diesen nicht mehr vor.

Es kribbelte heftig in meinem Bauch, als ich im Empfangsraum meines potenziellen neuen Arbeitgebers saß. Es fühlte sich so an, als ob mein Neuanfang zum Greifen nah wäre. Enthusiastisch ging ich ins Bewerbungsgespräch. Ich wusste, was ich kann, und wollte meine Gegenüber davon überzeugen. Bei der detaillierten Beschreibung der Position und den dazugehörigen Aufgaben dachte ich noch: *Hammer! Bingo! Sehr cool!* Allerdings verabschiedete sich meine anfängliche Euphorie sehr schnell. Zunehmend nahm ich nur noch Gesprächsfetzen wahr.

»... 40-Stunden-Woche ... mehrere Auslandreisen im Monat ... bei uns kann der Bürotag auch mal bis 20 oder 22 Uhr gehen ...«

Ich wusste, dass meine Suche an dieser Stelle zu Ende war. Die geforderten Opfer waren für mich als Mutter einfach zu hoch, wenn ich am Leben meines Kindes noch teilhaben wollte. Ich versuchte, mir während des Bewerbungsgespräches nichts anmerken zu lassen. In brenzligen Situationen die Ruhe zu wahren war schon immer meine Stärke gewesen. Mit einem kräftigen Händedruck verabschiedete ich mich – und ging völlig niedergeschlagen nach Hause. Ich wusste, dass ich meinen Traum von einer großen Karriere begraben müsste. Als Mama in meiner Branche war das schlichtweg nicht möglich. Schlagartig wurde mir klar, dass ich mich jetzt beruflich neu erfinden müsste. Dass ich meine Definition vom Karriereglück verändern müsste. *Aber wie?* Das wusste ich noch nicht – und der Weg zur Lösung war noch sehr, sehr weit.

Abends schrieb ich einen sehr persönlichen Artikel für meinen Blog. *Der Tag, an dem ich merkte, dass meine große Karriere vorbei ist ...* Ich haderte lange mit mir, ob ich diesen Artikel wirklich veröffentlichen sollte. Schließlich war er sehr persönlich. Und ich posaunte in die ganze Welt hinaus, dass mir gekündigt worden war, wofür ich mich immer noch sehr schämte. Aber ich konnte nicht anders. Ich drückte den Button. *Veröffentlichen.* Nicht ahnend, dass ich mit diesem Artikel eine große Lawine auslösen würde. Ein paar Minuten später bekam ich schon die ersten Reaktionen. In den darauffolgenden Tagen konnte ich mich vor Kommentaren und Mails nicht mehr retten. Mehrere große Online-Magazine nahmen Bezug auf meinen Artikel, und ich kam aus dem Staunen nicht heraus, wer alles meinen Artikel gelesen hatte. Plötzlich meldeten sich sowohl alte Bekannte wie auch Hunderte von Müttern, denen es ähnlich ergangen war. Durch den Artikel konnte ich sogar neue Aufträge generieren. Ich schöpfte wieder Mut. Das positive Feedback gab mir die notwendige Kraft und emotionale Stabilität. Ich war bereit, weiterzugehen, um meinen Weg zu finden. Allerdings war ich damals im Kopf noch nicht so weit, alles auf die Selbstständigkeit zu setzen. Die zermürbende Angst vor den ganzen *Wenns* und *Abers* war zu jenem Zeitpunkt einfach viel zu groß. Ich war nicht bereit, die Handbremse in meinem Kopf zu lösen. Stattdessen verfolgte ich nach wie vor den Plan, einen festen Job zu finden – meinetwegen auch mit großen Einschränkungen –, und bis dahin wollte ich mich als Freelancer über Wasser halten.

Ich war absolut überzeugt von meinem Plan und hatte bereits viele Ideen, wie ich meine Tätigkeit als Freelancer weiter ausbauen könnte. Beschwingt holte ich eines Nachmittages meinen Sohn ab. Als mir die Tagesmutter jedoch die Tür öffnete, wusste ich sofort Bescheid. Ich konnte die schlechten Nachrichten bereits in ihren Augen lesen.

»Gabriela, es tut mir so leid, aber ich muss unseren Vertrag fristlos kündigen. Ich schaffe es aus gesundheitlichen Gründen nicht mehr«, sagte sie mit Tränen in der Stimme. Ich konnte sie sehr gut verstehen. Der Verlauf ihrer Krankheit war schlimmer, als zuvor angenommen. Ich drückte sie ganz fest und wünschte ihr viel Glück. Das würde sie brauchen.

Ab jetzt hatte ich keinen Betreuungsplatz mehr – und ohne Betreuung auch keine Aussicht auf einen festen Job. So einfach war die Gleichung. Verzweifelt rief ich mehrere Kindergärten an, bei denen ich mich bereits frühzeitig in der Schwangerschaft angemeldet hatte, doch die Antwort war immer dieselbe: kein Platz. Ich wurde panisch. Stand ich jetzt vor meinem existenziellen Ruin? Schließlich waren mein Mann und ich davon abhängig, dass wir beide Geld verdienten. Beim fünften Anruf konnte ich nicht anders – die Tränen flossen in Strömen, und ich schluchzte viel mehr, als dass ich einen vernünftigen Satz herausbekommen hätte. Die Leiterin hatte spürbar Mitleid und versprach mir, sich darum zu kümmern. Ein paar Tage später bekam ich die erlösende Nachricht: Wir bekämen einen Platz, allerdings voraussichtlich erst Ende März. ENDLICH war er da, mein glitzernder Hoffnungsschimmer am fernen, fernen Horizont, auf den ich so lange gewartet hatte. Ein Problem war jetzt zumindest gelöst – ich würde nur 4,5 Monate überbrücken müssen.

Mein Mann war definitiv *not amused*, als ich ihm erzählte, dass ich wieder wegwollte. Auf der einen Seite fiel es ihm schwer, so lange auf sein Kind zu verzichten, auf der anderen Seite konnte er mich verstehen. Was für ein Dilemma! Wir einigten uns darauf, dass wir uns kurz vor Weihnachten irgendwo treffen würden, um gemeinsam ein paar Wochen Familienurlaub zu machen.

»Wie wäre es mit Sri Lanka?«, schlug ich ihm vor.

Mein Mann nickte, der Entschluss stand fest. Vorher würden mein Sohn und ich nach Kambodscha reisen. Ich drehte meinem Scherbenhaufen den Rücken zu, ließ ihn allein zurück, schulterte den Rucksack, verriegelte die Tür und flog nach Asien.

***

Ich hatte geahnt, dass mir Kambodscha gefallen würde. Mein Bauchgefühl hatte es mir zuvor gesagt. Allerdings wusste ich nicht, dass ich mich so sehr in dieses Land verlieben würde. Von der ersten Minute an – als wir den gut gekühlten Flughafen hinter uns ließen und ins tropisch-schwüle Phnom Penh hinaustraten – empfand ich ein wohliges Gefühl. Wie eine seichte Umarmung, die vom chaotischen Abendverkehr kaum gestört werden konnte. Ich fühlte mich pudelwohl, und dieses Gefühl wurde von Minute zu Minute stärker.

Als mein Sohn und ich uns langsam vom Jetlag-Koma in unserem Party-Hostel erholt hatten, waren wir beide hungrig und voller Tatendrang. Wir nahmen ein Tuk Tuk und ließen uns am Westufer des Tonle Saps absetzen. An der Flusspromenade tobte das Leben. Der Abend hatte begonnen, und mit ihm kam eine angenehme Luftströmung auf, die die Menschen ein wenig von der drückenden Hitze tagsüber aufatmen ließ. Am Straßenrand bauten Verkäufer ihre Essensstände auf, Pärchen flanierten, und überall liefen quietschfidele Kinder rum. Erst schauten wir bei einem Fußballspiel zu, holten uns dann was zu essen und begaben uns anschließend auf die Suche nach einem Spielplatz. Es dauerte nicht lange, da kamen schon die ersten neugierigen Kambodschaner auf uns zu, um meinen Sohn in Augenschein zu nehmen. Oje, ich musste mich erst wieder daran gewöhnen, dass mein Kind in diesen Ländern zum absoluten Mittelpunkt wurde. Er genoss jedoch sichtlich die Aufmerksamkeit. Irgendwann gesellte sich ein kleines Mädchen zu uns. Ich schätzte ihr Alter auf fünf Jahre. Wir hatten zuvor bei ihrer Mutter am Straßenrand Mangos gekauft. Zuerst beschnupperten sich beide Kinder etwas schüchtern, doch schon sehr bald war klar, dass sie sich mochten. Alle Indizien sprachen für eine Freundschaft. Sie hatte eine Tüte Popcorn mitgebracht, die mein Sohn mit großem Interesse zur Kenntnis nahm. Und mein Sohn hatte wiederrum einen Fußball dabei, den auch das Mädchen nicht unspannend fand. Wenig später rannten beide Händchen haltend umher und freuten sich ihres Lebens. Mein Mutterherz schmolz dahin. Von einer Bank aus sah ich zu, wie sie sich versteckten, laut jauchzend den Fußball hin und her kickten und sie ihn mit Popcorn fütterte. Ich merkte, dass mein kleines Kind größer geworden war. Mittlerweile war er ein Jahr und sieben Monate alt. Er hatte sich verändert. Er war nicht mehr das kleine Baby, das von der Trage aus seine Umwelt wahrnahm. Er fing an, selbstständig zu interagieren, seine eigenen Begegnungen auf Reisen zu machen. Ich ließ ihn gewähren und hielt mich im Hintergrund. Er hatte seinen Spaß. Und ich hatte meinen Spaß, ihn dabei zu beobachten. Wie er abends händchenhaltend durch die Straßen Phnom Penhs lief, mit einem Mädchen, das mindestens drei Jahre älter war als er. Ich war überwältigt von diesem süßen Bild und dem unsagbaren Glücksgefühl, das mich in diesem Moment überkommen hatte.

Leichtigkeit in Flipflops

Mir war speiübel. Es würde nicht mehr lange dauern, bis ich mich übergeben würde. Immer wenn es heftig schaukelte, wurde mir schlecht und deswegen waren für mich vor allem Fahrten im Speedboot der blanke Horror. Jedes Mal schwor ich mir, nie wieder eins zu betreten. Meistens erinnerte ich mich jedoch erst wieder an mein Vorhaben, wenn ich bereits in einem Speedboot saß, auf dem Weg zu irgendeiner Insel.

Diesmal war ich auf dem Weg nach Koh Rong Samloem. Der Himmel hatte sich bereits tiefschwarz gefärbt, als wir in Sihanoukville ins Speedboot gestiegen waren. Ein Gewitter zog auf. Eigentlich hatte ich vorgehabt, mit einer Fähre auf die Insel zu fahren.

»*No problem*«, war die Antwort des Verkäufers gewesen, als ich mein Shuttle-Ticket gebucht hatte. Am Hafen angekommen, hieß es dann aber, dass die nächste Fähre erst in vier Stunden fahren würde. Damit war die Entscheidung getroffen.

Das Speedboot verließ den Hafen und bretterte wuchtig los. Hohe Wellen schlugen gegen die kleinen Fenster. Mir kam es vor, als ob wir in einer kleinen Nussschale säßen und das aufbrausende Meer sein launisches Spielchen mit uns spielte. Der Kapitän gab Vollgas und nahm eine Welle nach der nächsten. Wie in einer Achterbahn, nur schlimmer – so fühlte sich zumindest mein Magen an. Mitleidig schauten mich die Passagiere an Bord an. Mir war klar, dass sich meine Gesichtsfarbe binnen Minuten besorgniserregend verändert hatte. Trotz Reiseübelkeitstablette. Meinen Sohn hatte ich in der Trage angeschnallt, damit er mir nicht weglaufen konnte. Auch er schien sich Sorgen um mich zu machen.

»Maaama«, sagte er ganz zaghaft. Als ich mich zur Seite drehte und in eine Tüte spuckte.

»Mama geht es gut, mir ist nur ein klein wenig schlecht«, sagte ich zu ihm in beruhigendem Ton und wischte mir dabei den Mund ab. Er konnte die Situation nicht so recht deuten. Wie auch. Ich machte drei Kreuze, dass er die Reiseübelkeit nicht von mir geerbt hatte. Im Gegenteil: Ihm schien das heftige Schaukeln zu gefallen. Zumindest schlief er kurze Zeit später ein. So konnte ich versuchen, mich zu entspannen und meine Übelkeit wegzuatmen.

Das gelang mir eher schlecht als recht. Ich blickte auf meine Uhr. Wir waren gerade mal 15 Minuten unterwegs, und mir kam es bereits wie Stunden vor. Die Übelkeit wurde immer schlimmer. Ich fluchte vor mich hin: »Deine blöde Reiselust. Kannst du nicht einfach zu Hause bleiben? *Wie alle anderen normalen Muttis auch?* Bist du nicht langsam zu alt für diese ganze *Backpacker-Scheiße?* Wieso kannst du nicht einfach mal einen stinknormalen Pauschalurlaub machen?« Aber ich wusste, dass mein Unmut bald vergehen würde, spätestens wenn ich am puderweißen Sandstrand vor meinem Bungalow sitze. Also nur die Ruhe bewahren. Fokussieren. Und tief ein- und ausatmen. Das hast du doch schließlich bei der Geburt auch hinbekommen …

Das gute an solchen Horror-Bootsfahrten ist, dass sie irgendwann tatsächlich ein Ende haben. Auch wenn ich das Gefühl hatte, dass Tage vergangen waren. Doch irgendwann kamen die langersehnten Worte. *Koh Rong Samloem.* Wir waren angekommen. Dem Mitarbeiter vom Speedboot war nicht entgangen, wie schlecht es mir ging. Er half mir vom Sitz und sagte, dass ich mich nicht um mein Gepäck kümmern müsse. Er würde es für mich an Land tragen. Ich hätte vor Freude in die Luft springen können, wenn mir nicht immer noch so elend schlecht gewesen wäre. Ich taumelte den Steg entlang und war heilfroh, als ich endlich den langersehnten festen Boden unter meinen Füßen spürte. Ich würde jetzt definitiv erst mal keinen Fuß mehr in ein Boot setzen. Zumindest für die nächsten drei, vier Tage. Denn mir war klar, dass ich die Insel ja in absehbarer Zeit wieder verlassen musste.

Allmählich wurde ich Herr meiner Sinne. Ich schaute mich verdutzt um. *Wo waren wir?* Ich hatte extra das Orchid Resort direkt am Anlegesteg gebucht gehabt, damit ich mit meinem Kind und dem ganzen Gepäck nur ein paar Meter durch den Sand laufen musste. Doch wir waren irgendwo in einem Dorf angekommen. Keine Unterkunft und kein puderweißer Traumstrand weit und breit.

»*No, no*«, sagte der Mitarbeiter vom Speedboot. »*Too windy. Too many waves.*«

Himmel, Arsch und Zwirn! Ich fluchte innerlich. Aber das half mir jetzt auch nicht weiter. Der Mitarbeiter redete besänftigend auf mich ein. »*Only 20 minutes to walk.*«

Waaasss??!!! Wie sollte ich das denn schaffen? Ich hätte ihn am liebsten angebrüllt. Aber er konnte ja nichts für meine Misere. Und mich aufzuregen brachte mich in dieser Situation auch nicht weiter. Also Augen zu und durch. Oder besser gesagt, vorwärts. Ich behielt meinen Sohn in der Trage, schulterte meinen großen Rucksack, nahm meinen kleinen Rucksack und das Reisebett in die eine Hand und in die andere den zusammengeklappten Buggy. Es konnte losgehen. Bereits nach fünf Schritten ächzte ich. Schnaubte. Und ging weiter. Nach einem unendlich langen Fußmarsch führte plötzlich ein kleiner Weg hoch hinauf, entlang an einem sehr schmalen Felsen. Wie sollte ich das jetzt wieder schaffen? Ein falscher Schritt und ich würde gemeinsam mit meinem Sohn und dem ganzen Gepäck den Felsen runterstürzen. Aufgrund meiner panischen Höhenangst, die schon bei ein paar harmlosen Metern begann, malte ich mir in meinen Gedanken gerade das schlimmste Szenario aus, als plötzlich aus dem Nichts heraus zwei Russinnen herbeigeeilt kamen, um mir zu helfen. Sie nahmen den Buggy und das Reisebett, reichten mir die Hand, halfen mir am Felsen entlang, und ich war ihnen so unendlich dankbar.

Den Felsen hatte ich hinter mich gebracht, aber ich war noch lange nicht am Ziel. Und ich konnte einfach nicht mehr. Ich schleppte mich zum nächsten großen Hotel und fragte an der Rezeption, ob sie meine Unterkunft anrufen könnten, damit die mich abholen. Nicht möglich. Warum, verstand ich nicht. Ich ging weiter und kam an einer einfachen Hütte vorbei, wo ich fragte, wie weit es noch bis zum Orchid Resort sei.

»*20 minutes*«, war die Antwort.

Das konnte doch nicht wahr sein! Ich war doch mindestens schon seit 20 Minuten unterwegs. *Oje, diese asiatischen Zeitangaben machten mich fix und fertig. Die Familie schien ein wenig Mitleid mit mir zu haben. Zumindest rief die Mutter irgendetwas zur Nachbarhütte, es wurde laut diskutiert, zwei andere Frauen kamen hinzu und diskutierten mit, bis auf einmal alle zufrieden in meine Richtung nickten.

»*Wait, wait*«, sagten sie. Ich wusste zwar nicht, was sie von mir wollten, aber eine kleine Verschnaufpause konnte jetzt auch nicht schaden. Ich befreite mich von meinem ganzen Gepäck und plumpste wie ein schwerfälliger Sack in den Sand. Am liebsten wäre ich nie wieder aufgestanden. Aber genau in dem Moment, in dem ich das dachte, kam ein junger Mann auf mich zu.

»*Help, help*«, meinten die Frauen – und eh ich mein Glück fassen konnte, hatte der Kambodschaner auch schon den Rucksack, Buggy und das Reisebett genommen und ging los. In manchen Momenten kann das große Glück so simpel sein. Und wahrhaftig: Ich fühlte mich über-, überglücklich. Schon fast etwas leichtfüßig watschelte ich mit meinem Kind in der Trage und dem kleinen Rucksack hinterher.

***

Ich hatte es geschafft! Während mein Sohn im puderweißen Sand direkt vor unserem Bungalow mit Eimer und Schaufel spielte, schaute ich aufs Meer hinaus. Ich lauschte dem gleichmäßigen Wellengang und fühlte in mir eine vollkommene Ruhe und Zufriedenheit. Die Horror-Speedboot-Fahrt und den beschwerlichen Weg hatte ich längst vergessen. Und auch die Selbstzweifel, ob ich nicht für die ganze Backpacker-Scheiße zu alt sei.

Ich schaute runter zu meinen Flipflops, die mich bereits in viele, viele Länder getragen hatten. Durch die ich jetzt den warmen, feinen Sand an meinen Füßen spüren konnte. *Kann es sein, dass sich das Leben in Flipflops wesentlich leichter anfühlt?*, fragte ich mich amüsiert. Ich erinnerte mich an das triste, nass-graue Novemberwetter in Deutschland – und an meine Winter-Boots, denen ich gemeinsam mit meinem Scherbenhaufen zu Hause den Rücken zugedreht hatte. Ein kalter Schauer überkam mich, den ich ganz schnell wieder abstreifte, indem ich meine Füße noch tiefer in den warmen Sand vergrub. Zweifelsohne war mir das Leben in Flipflops um einiges lieber. Denn es fühlte sich nicht nur leichter, sondern auch um ein Vielfaches spannender an.

Mit dem Bamboo Train durch die Wildnis Kambodschas

Es gibt Orte auf der Welt, die so schön sind, dass man nicht anders kann, als sie ins Herz zu schließen. Mit denen man sich sofort verbunden fühlt. An denen man ankommt und am liebsten für immer bleiben würde. Ich hatte keine Ahnung, dass mich genau so ein Ort in der zweitgrößten Stadt Kambodschas erwarten würde. Auf den ersten Blick war Battambang absolut keine Schönheit. Grau, heiß und wuselig. Wie viele andere asiatische Städte auch. Und doch dauerte es nicht lang – und ich war Hals über Kopf verliebt in diesen Ort und vor allem in seine Menschen, die meine Kambodscha-Reise zu einem unvergesslichen Erlebnis machten.

Ich war mir nicht ganz sicher, ob ich eher die Unterkunft direkt im Zentrum von Battambang buchen sollte oder doch lieber die etwas außerhalb und dafür mit Pool. Ich überlegte hin und her. Dann fiel die Wahl auf den Pool. Bei den heißen Temperaturen und vor allem mit einem Kleinkind zusammen, kann ein Pool nicht schaden. Dabei ahnte ich nicht, dass mich im Ramchang Guesthouse noch etwas viel Beeindruckenderes erwarten würde: Menschen, die meinen Sohn und mich sofort wie eine Familie in ihrem Kreis aufnahmen.

Bei unserer Ankunft wurden wir von einem sehr alten Mann begrüßt. Ich schätzte sein Alter auf mindestens 80 Jahre. Er hatte freundliche Gesichtszüge und strahlend blau-grüne Augen, die mich sofort faszinierten. Er sprach kein Wort Englisch, aber mit Händen und Füßen konnten wir uns verständigen. Er zeigte uns das Zimmer. Ich hatte vorab das günstigste gebucht. Ich fand es zwar ziemlich dunkel, aber durchaus okay. Für 17 Dollar die Nacht konnte ich nicht meckern. Anschließend wollte ich den Pool sehen, schließlich war die lang ersehnte Abkühlung der Grund, warum wir in diesem Guesthouse gelandet waren. Der alte Mann führte mich durch einen langen dunklen Gang zum Pool, und ich konnte meinen Augen kaum trauen. Man erkannte sofort, dass dieser Teil des Hauses komplett neu war. Neugierig ließ ich mir ein Zimmer direkt am Pool zeigen, das ganz schön luxuriös wirkte im Vergleich zu den Zimmern, in denen wir sonst immer schliefen. Ich zögerte. Komfort oder den Geldbeutel schonen? Ich entschied mich ausnahmsweise für den Komfort.

Als ich unser neues Zimmer mit dem riesigen Himmelbett und dem großzügigen Badezimmer bezog und mich freute, dass ich es nur zehn Meter bis zum Pool hatte, war mein Sohn auch schon verschwunden. Der alte Mann hatte ihn mitgenommen. Er wollte ihm etwas zeigen, so viel hatte ich verstanden. Ich genoss diesen kurzen Augenblick, den ich nur für mich hatte. In dem ich nicht mit allen Sinnen auf mein Kind aufpassen musste, was, zugegeben, ganz schön anstrengend sein konnte. Nachdem ich in aller Ruhe im Pool meine Runden gedreht hatte, begab ich mich auf die Suche nach meinem Sohn. Er spielte gemeinsam mit dem alten Mann auf einem antiken Bambusxylofon. Konzentriert hielten beide die langen Holzschlägel in der Hand und trafen behutsam die hölzernen Klangstäbe. Dumpfe, klangvolle Töne erschallten, fast schon eine sonore Melodie. Ich setzte mich auf den Boden und schaute ehrfürchtig zu, wie der alte Mann mein kleines Kind in die große Kunst des Xylofonspielens einführte.

***

Laut meinem Reiseführer hatte die Umgebung Battambangs viele Sehenswürdigkeiten zu bieten. Ich buchte bei einem Tuk-Tuk-Fahrer eine ganz ordinäre Tour, die wohl die meisten Touristen in Kambodscha unternahmen. Eins der größten Highlights erwartete uns gleich am Anfang. Die Fahrt mit dem Bamboo Train. Das Wort *train* schien mir in diesem Zusammenhang ein wenig übertrieben. Denn der Wagen des sogenannten Zuges bestand aus zwei Achsen und einer einfachen Plattform aus Bambusbalken. Das war's. Angetrieben wurde die ganze Konstruktion durch einen 6-PS-Motor, der das Fahrzeug angeblich auf 40 Kilometer die Stunde beschleunigen konnte. Ursprünglich hatten diese Züge den Einheimischen, die sich die teure Eisenbahn nicht leisten konnten, als günstige Transportmöglichkeit gedient. Doch mittlerweile rangierte der kambodschanische Staat die Eisenbahnen immer mehr aus. Der Bamboo Train war als Touristenattraktion vorerst geblieben.

Mein Sohn jauchzte vor Freude, als wir mit dem Bamboo Train durchs dichte Gestrüpp bretterten, entlang an wilden Flüssen, einsamen Dörfern und saftigen Feldern. Es ruckelte und polterte kräftig. Definitiv besser als die spektakulärste Achterbahnfahrt im Heidepark. Der Bamboo Train krächzte und ächzte – und mit einem ohrenbetäubenden schrillen Bremsgeräusch kam er plötzlich zum Stehen.

»Was ist los?«, fragte ich verwundert.

Nichts Außergewöhnliches: Wir hatten bloß Gegenverkehr. Und da die Schienen eingleisig durch die Wildnis verliefen, musste kurzerhand ein Zug abgebaut werden, um den Weg freizumachen. Was für ein Kraftakt! Von nun an kamen diese Unterbrechungen häufig vor. Dann diskutierten die jeweiligen Fahrer der aufeinandertreffenden Züge laut miteinander, um zu klären, wer die Schienen räumen musste. War der Disput geklärt, stand einer von den Fahrern auf, baute in Windeseile seinen Zug ab, der andere passierte, und eh man sich's versah, war der Zug wiederaufgebaut. Es konnte weitergehen auf dem Bamboo Train, der die Maximalgeschwindigkeit von 40 Kilometern die Stunden sicherlich um einiges überschritt. Zumindest so lange, bis uns der nächste Zug entgegenkam.

Als wir zurück im alten Bahnhof von Battambang ankamen, wartete unserer Tuk-Tuk-Fahrer bereits auf uns. Schließlich hatten wir heute noch viel vor. Wir fuhren übers Land, besuchten verschiedene Farmen und Pagoden, überquerten die Golden Gate (auch hier schien mir der Name ein wenig übertrieben zu sein, aber die Einwohner waren mächtig stolz auf ihre neue Hängebrücke) und bummelten durch ein muslimisches Fischerdorf. Ich bat den Tuk-Tuk-Fahrer, hier eine kleine Pause einzulegen, damit mein Sohn in Ruhe etwas essen konnte. Es dauerte keine Minute – ich hatte mich gerade am herrlichen Ausblick auf den Fluss Sangke erfreut –, als schon die ersten neugierigen Kinder kamen. Zweifelsohne war mein Sohn die absolute Attraktion für sie. Denn so ein kleines blondes Geschöpf kam sicherlich nicht oft in ihrem Dorf vorbeigefahren. Zuerst waren sie noch ganz schüchtern und starrten meinen Sohn mit großen Augen an. Wie im Lauffeuer verbreitete sich die Nachricht, dass ein kleiner europäischer Junge am Flussufer war. Aus den umliegenden Hütten kamen immer mehr Menschen herbeigeeilt. Und innerhalb von ein paar Minuten schien sich das ganze Dorf um unser Tuk Tuk versammelt zu haben. Mittlerweile waren auch Erwachsene hinzugekommen, die mindestens genauso neugierig wie die Kinder waren. Zuerst etwas unbeteiligt knabberte mein Sohn weiter an seinem Brot rum. Er schien aber selbst neugierig zu sein, was all die Menschen um ihn herum wollten. Plötzlich winkte er zögerlich den kleinen Mädchen im Kopftuch zu. Alle brachen daraufhin in ein schallerndes Gelächter aus. Das Eis war gebrochen. Sie winkten meinem Kind fröhlich zu und wollten es berühren. Ich ließ sie gewähren. Denn meinem Sohn schien die Situation offenkundig zu gefallen.

Aus der Ferne kam eine alte Frau zu uns gelaufen. Noch völlig außer Atem brachte sie mindestens drei Kilo Bananen. Ich versuchte, ihr zu erklären, dass das viel zu viele für uns waren. Zwecklos. Vehement bestand sie darauf, dass wir ihr Geschenk annahmen. Ich bedankte mich überschwänglich und wollte mich revanchieren. In Deutschland hatte ich zuvor in einer Spendenaktion auf meinem Blog Kinderzahnbürsten gesammelt. Insgesamt waren weit über 500 Stück zusammengekommen, die ich alle mit nach Kambodscha geschleppt hatte. Ich verteilte die Zahnbürsten an die umstehenden Kinder, und auch die eine oder andere erwachsene Person bekam eine ab. *Kann ja nicht schaden*, dachte ich mir im Stillen. Sie freuten sich, sprangen umher und fingen an zu tanzen. Unsere Begegnung artete zu einer fröhlichen Dorf-Party aus. Als wir dann anfingen, uns zu verabschiedeten, kam ein alter Mann zu uns. Er hatte bis jetzt das Geschehen aus der Ferne beobachtet. Er hob die Hände über meinen Kopf und den meines Sohns und murmelte ein paar monotone Laute. Ich hatte das Gefühl, dass er uns seinen Segen mit auf den Weg geben wollte. Ich nahm ihn sehr gerne an.

Der beste Türöffner

Das Leben in Battambang gefiel mir so gut, dass ich entschied, statt nur drei Tage, wie ursprünglich geplant, eine ganze Woche zu bleiben. Ich war noch nicht bereit, diesen Ort zu verlassen. Ich wollte mehr sehen, erleben und entdecken. In Battambang entwickelten wir fast schon so etwas wie einen routinierten Tagesablauf. Morgens nach dem Frühstück ging es erst mal auf eine ausgedehnte Planschrunde in den Pool, danach verabschiedete sich mein Sohn in sein Mittagsschläfchen, was mir die Gelegenheit bot, effizient einige Aufträge von Kunden abzuarbeiten. Nach dem Mittagessen ging es auf Erkundungstour und abends schlenderten wir durchs nächtliche Battambang, aßen auf dem Nachtmarkt, gingen auf den Spielplatz, fütterten die Fische im Park The Garden of San Dech Sar Kheng. Und bevor es wieder nach Hause ging, gab es einen sensationell leckeren Avocado-Shake auf dem Markt. Die Verkäuferin kannte uns bereits und schien jeden Abend auf uns zu warten, damit sie meinem Sohn eine Banane schenken konnte. Den Abend ließen wir dann in unserem Guesthouse ausklingen. Meistens kamen die Nachbarskinder vorbei, um mit meinem Sohn zu spielen. Oder der alte Mann entführte ihn, um seine Musikstunden am Bambusxylofon fortzusetzen.

Am dritten Tag gingen mir die Ideen aus, was wir uns in der Umgebung noch anschauen sollten. Laut »Lonely Planet« hatten wir bereits alle nennenswerten Sehenswürdigkeiten abgehakt und waren dementsprechend durch mit Battambang. Das Einzige, was wir noch nicht gesehen hatten, war die nahegelegene Krokodilfarm. Ich war ein bisschen skeptisch, ob ich mir die wirklich anschauen wollte. *Aber besser als Langeweile*, dachte ich, und so entschied ich mich für einen Besuch. Ich fragte den alten Mann mit den strahlend blau-grünen Augen an der Rezeption, ob er einen Tuk-Tuk-Fahrer kennen würde. Er nickte heftig. Kurze Zeit später stand Rithisak vor mir. Ich schätze ihn auf 40 Jahre. Er stellte sich mir vor, und meine Hoffnung, dass er wenigstens ein paar Worte Englisch könnte, damit die Verständigung ein wenig einfacher vonstatten lief, zerschlug sich im selben Moment.

»*Yes, yes, English*«, stammelte er. Damit waren seine Englischkenntnisse gänzlich ausgeschöpft.

Er zückte eine Karte. Ich zeigte ihm, dass ich zur Krokodilfarm wollte. Bis dahin kommunizierten wir noch ganz erfolgreich. Danach versuchte ich, ihm zu erklären, dass ich Lust hatte, noch etwas anderes zu sehen, und fragte ihn, ob er eine Idee hätte, was wir uns noch anschauen könnten. Mein Versuch scheiterte kläglich. Ich schaute ihn an und sah ganz deutlich das riesige Fragezeichen in Rithisaks freundlichem Gesicht. Er hatte gar keine Ahnung, was ich von ihm wollte, nickte aber enthusiastisch und wies auf sein Tuk Tuk, dass wir einsteigen sollten. Nun gut. Mal schauen, was uns erwarten würde.

Die Krokodilfarm war alles andere als spektakulär. Und ich fand die riesigen Kreaturen, die sich massenweise völlig erstarrt in der Sonne wälzten und kaum eine Regung zeigten, doch sehr angsteinflößend. Sie waren mir nicht geheuer, und der wackeligen Konstruktion ohne Geländer, nur zwei Meter über den riesigen offenen Mäulern der Meute, wollte ich auch nicht so recht trauen. Somit war unser Besuch schnell und bündig abgehakt. Ich wollte schon gehen, aber mein Sohn war anderweitig beschäftigt. Er spielte gemeinsam mit Rithisak und den Kindern der Besitzerin am Brunnen. Ich beobachtete sie, wie sie gemeinsam völlig fasziniert Wasser schöpften, sich gegenseitig nassspritzen und zur großen Freude anschließend zum Wasserschlauch griffen. Sie hatten Spaß. Rithisak offensichtlich auch. So setzte ich mich hin, plauderte mit der Besitzerin über Krokodile, Gott und die Welt und schaute den Kindern und dem Tuk-Tuk-Fahrer beim Spielen zu.

Zwei Stunden später brachen wir wieder auf. Schließlich wollte ich ja noch etwas anderes sehen. Doch es blieb immer noch zu klären, was genau. Rithisak schaute mich freudestrahlend und gleichzeitig ziemlich überfordert an. Um ihn aus der Verlegenheit zu retten, schlug ich vor, dass wir uns Pagoden anschauen könnten. Tempel gab es ja hier in der Umgebung von Battambang genug.

Oh ja! »Many pagodas«, sagte er zufrieden und startete sein Tuk Tuk.

Wir besuchten gemeinsam eine buddhistische Pagode und eine zweite. Bei der dritten versuchte Rithisak mir zu verstehen zu geben, dass ich ruhig allein gehen könnte. Er würde mit meinem Sohn draußen bleiben und spielen. Ich schaute zu beiden rüber und sah, dass sie mittlerweile gute Freunde waren. Ich ließ sie zurück und nutzte die Gelegenheit, um voller Ehrfurcht die einzelnen Details des Tempels auf mich wirken zu lassen. Dabei spitzte ich aufmerksam die Ohren, um zu hören, ob vielleicht mein Sohn nach mir rief. Schließlich musste es ja für ihn ein bisschen komisch sein, dass Mama nicht da war. Für mich fühlte es sich zumindest extrem merkwürdig an. Doch mein Sohn hatte mich kein

Stück vermisst. Das merkte ich sofort, als ich nach ein paar Minuten unruhig die Pagode verließ, um die beiden zu suchen. Gleich sah ich, dass mein Sohn beschäftigt und hoch konzentriert war. Denn das Fußballspiel war gerade voll im Gange. Es hatten sich mehrere Kinder, ein Junge im Rollstuhl und sogar einige junge Mönche in schulterfreien orangen Kutten versammelt. Abwechselnd kickten sie den Ball zu meinem Sohn rüber. Er jauchzte vor Freude, nahm den Ball in beide Hände und lief mit ihm weg. Offensichtlich war er mit den Regeln des Fußballspielens noch nicht so vertraut. Das schien die anderen Spieler nicht zu stören. Sie lachten laut. Und setzten das Fußballtraining geduldig mit ihm fort.

Irgendwann hatte er genug gespielt. Ganz außer Atem griff er die Hand von Rithisak und bedeutete ihm, dass er jetzt zurück zum Tuk Tuk wollte. Rithisak verstand sofort. Es konnte weitergehen. Doch Rithisak hatte wohl keine Lust mehr auf langweilige Pagoden. Stattdessen fuhr er mit uns übers Land, hielt mal hier oder da an oder stoppte beim Haus von irgendwelchen Leuten, die er kannte. Und Rithisak schien *sehr, sehr viele* Leute zu kennen, die ganz neugierig zum Tuk Tuk herbeigeeilt kamen, uns in Augenschein nahmen oder gar in ihr Haus einluden. Rithisak schien richtig stolz auf seine beiden exotischen blonden Beifahrer zu sein, die er unbedingt all seinen Bekannten vorstellen wollte. Somit war das Programm für die restlichen Tage gesichert. Anstatt irgendwelche Sehenswürdigkeiten oder Pagoden aufzusuchen, verbrachten wir unsere gemeinsamen Nachmittage mit Besuchen von Rithisaks Familie oder Freunden, die uns alle herzlich und voller Stolz empfingen. Kaum aus dem Tuk Tuk ausgestiegen, kam schon das Familienoberhaupt zu uns herbeigeeilt, um meinem Sohn Küken, Katzenbabys, Welpen oder irgendwelche anderen Tiere zu zeigen. Die Kinder des Hauses warteten sehnsüchtig darauf, dass sie endlich auch mit meinem Sohn spielen durften und die Frauen versorgten uns mit reichlich Essen und Getränken und packten sogar Proviant für die Weiterfahrt ein, damit wir die nächsten zwei Stunden auch ja nicht verhungerten. Was für ein Programm! Mir ging ständig aufs Neue das Herz auf, mit welcher

Herzlichkeit uns die Menschen begegneten und wie gastfreundlich sie uns in ihren einfachen Hütten aufnahmen. Ich war gerührt. Und mir war klar, dass ich diese Erfahrungen ohne meinen kleinen Reisebegleiter nie erlebt hätte. Denn der kleine blonde Schopf war definitiv der beste Türöffner zu den Einheimischen – und ließ in Sekundenschnelle jegliche Barrieren überwinden.

***

Immer wenn es am schönsten ist, vergeht die Zeit wie im Flug. Am liebsten wäre ich noch viel, viel länger in Battambang geblieben. Der Ort, mit dem ich mich sofort verbunden gefühlt hatte, in den ich mich Hals über Kopf verliebte und wo ich wunderbare Menschen kennenlernen durfte. Einer dieser wunderbaren Menschen war definitiv Rithisak. Der Tuk-Tuk-Fahrer, der kaum ein Wort Englisch sprach, der sich aber so liebevoll um uns kümmerte und uns einlud, seine Welt kennenzulernen. Authentisch und ungeschönt. So wie kaum ein anderer Tourist sie zu sehen bekam.

An unserem letzten Abend bat ich Rithisak, am Schalter der Busgesellschaft vorbeizufahren. Die Zeit war gekommen, um unsere Weiterfahrt zu organisieren. Am nächsten Tag wollte ich nach Siem Reap zu den majestätischen Tempeln von Angkor Wat. Rithisak war traurig. Ich hatte das Gefühl, dass er uns nicht ziehen lassen wollte. Ich kaufte ein Ticket und fragte ihn, ob er uns am nächsten Tag morgens zum Bahnhof bringen würde.

Natürlich! Fast schon entrüstet schaute er mich an – wie könnte ich es denn nur wagen, so eine lächerliche Frage zu stellen.

Der nächsten Morgen war besonders traurig. Alle im Guesthouse kamen, um sich von uns zu verabschieden. Der alte Mann mit den strahlend blau-grünen Augen schien ebenfalls sehr bedrückt zu sein. Ohne etwas zu sagen, bückte er sich zu meinem Sohn runter, umarmte ihn ganz fest und streichelte liebevoll seinen Kopf. Sein Blick war voller Wehmut. Rithisak erwartete uns bereits in seinem Tuk Tuk. Aus den Nachbarhäusern kamen andere Kinder angerannt, um sich ebenfalls von uns zu verabschieden. Alle winkten uns zu. Rithisak bedeutete uns, dass wir uns beeilen sollten, schließlich mussten wir den Bus kriegen. Er startete den Motor und fuhr los. Mein Sohn und ich blickten zurück und winkten all den Menschen zu, die uns so herzlich aufgenommen hatten. Ich fühlte einen dicken Kloß in meinem Hals und war froh, dass ich eine Sonnenbrille aufhatte. So konnte keiner erkennen, dass sich meine Augen mit Tränen füllten.

Doch der schlimmste Abschied stand mir noch bevor. Von unserem geliebten Tuk-Tuk-Fahrer. Rithisak half mir, den Rucksack im Gepäckraum zu verstauen. Ich drückte ihm fünf Dollar in die Hand. Er wollte sie nicht. »*No, no*«, sagte er bestimmend. Ich bestand darauf. Bei ihm war dieses Geld sicherlich besser aufgehoben als bei mir. Zum Abschied umarmte ich ihn ganz fest. Er schaute mich perplex an. So eine Verabschiedung war er in seinem Kulturkreis nicht gewohnt. Das war mir egal. Ich hatte das Bedürfnis, ihn noch mal ganz fest zu drücken. Den Menschen, der ab jetzt einen ganz besonderen Platz in meinem Herzen hatte.

Noch Monate später schauten mein Sohn und ich uns wehmütig Fotos von den wundervollen Tagen in Battambang an. Freudestrahlend zeigte dann mein Sohn immer auf Rithisak und sagte mit einem glückseligen Kinderlachen »Tisak, Tisak«. Trotz seines jungen Alters konnte er sich noch an ihn erinnern. Es schien so, als ob Rithisak es auch bei meinem Sohn geschafft hatte, einen ganz besonderen Platz in seinem Herzen einzunehmen.

In den Fußstapfen von Angelina Jolie

Willkommen in Angkor Wat, dem größten Sakralbau der Welt. Einer mystischen Tempelanlage mit mehr als tausend Gebäuden auf über 400 Quadratkilometern mitten im dichten Dschungel. Das majestätische

Reich der einstigen Khmer, welches von glanzvollen Zeiten erzählt. Würdevoll. Imposant. Heroisch. Pietätvoll. Ehrfürchtig. Wo laut dem hinduistischen und buddhistischen Glauben einst die Götter residierten.

In der Tat fiel es mir sehr schwer, die Ehrfurcht gebietende Spiritualität zu greifen, die Angkor Wat umgab. Ich war jedoch sicherlich nicht die Einzige, die mit diesem Problem zu kämpfen hatte. Denn mit mir kämpften sich Tausende andere ihren Weg zum sakralen Monument. In dessen Mauern lebte einst ein majestätischer Hofstaat, der in seiner Blütezeit mehr als 20.000 Menschen umfasste. Heute lockt Angkor Wat jährlich über zwei Millionen Touristen aus der ganzen Welt an.

Wie von einer Lawine wurde ich vom Besucherstrom an der Brücke über den Wassergraben mitgerissen. *Jetzt bloß nicht ohne Vorwarnung stehen bleiben, damit du nicht von der chinesischen Reisegruppe hinter dir überrannt wirst,* dachte ich. Diese bahnte sich im eiligen Gleichschritt ihren Weg, ohne Rücksicht auf Verluste. Schließlich war das Tageprogramm prall gefüllt mit göttlichen Hotspots, die alle minutiös abgearbeitet werden mussten. Also kurz stehen bleiben – ein ehrwürdiges *ohhhhh* von sich geben – mehrmals auf den automatischen Auslöser der Spiegelreflexkamera drücken. Noch ein schnelles freudestrahlendes Selfie, das in der nächsten Pause mit Hunderten Daheimgebliebenen in den sozialen Netzwerken geteilt würde, und in Windeseile ging es weiter.

Fast schon fließend schwamm ich mit der undurchdringlichen Menschenmasse mit. Vor mir ein nicht enden wollendes Meer an skurrilen Sonnenhüten, schrillen Schirmen und starren Selfiesticks. Die buddhistischen Mönche mit ihren orangen Gewändern, die am Brückenrand andächtig aufs Wasser blickten, wirkten schon fast ein wenig fehl am Platz im Angesicht der Tausenden Touristen, die an ihnen vorbeihuschten und in einem toten Winkel ganz verstohlen ein Foto von ihnen knipsten. Hatten sich die Mönche an dieses touristische Spektakel bereits gewöhnt? Waren sie in der Lage, die Spiritualität, die das sagenumwobene Angkor

Wat bereits seit vielen Jahrhunderten umgab, zu greifen? Zu verinnerlichen? Ich tat mich nach wie vor sehr schwer damit, schaffte es nicht, einen Zugang zu diesem heroischen Imperium der einstigen Khmer zu finden, und in diese mystische Welt abzutauchen. Und immer wieder, wenn es mir nur ansatzweise gelang, die Tausenden Schaulustigen um mich herum auszublenden, wurde ich erneut in die Realität zurückgezerrt von einem der Hunderten Verkäufer, die lauthals ihre kitschigen Kühlschrankmagnete, T-Shirts mit leuchtendem Angkor-Wat-Aufdruck, neonfarbigen Buddha-Statuen oder grotesken Miniaturtempel den Touristen aufdrängten. Der chinesischen Reisegruppe hinter mir schienen die Souvenirs jedoch zu gefallen. Sie blieben stehen. Das war für mich die perfekte Gelegenheit, mir einen deutlichen Vorsprung zu verschaffen und sie endgültig abzuwimmeln.

Allmählich hatte ich mich an die Menschenmassen gewöhnt. Und das abermalige Schlangestehen, um in Sekundenschnelle ein Foto knipsen zu dürfen, empfand ich ebenfalls nicht mehr als sonderbar. Als nächstes stand der berühmte Ta-Phrom-Tempel auf dem Programm, bei dem ich die ganze Zeit an Angelina Jolie denken musste. Wie gerne wäre ich jetzt in die großen Fußstapfen der Schauspielerin getreten, die dem imposanten Gebäude, das halb vom Dschungel und von kräftigen Baumwurzeln verschlungen wird, Weltruhm gebracht hat. Oh, was hätte ich darum gegeben, in die Rolle von Lara Croft schlüpfen zu dürfen, um im knappen Tanktop und einer viel zu engen Hose ganz allein durch die sonnendurchfluteten Gänge laufen zu können. Vorbei an symbolträchtigen Schmetterlingsschwärmen und kichernden Kindern, die mir den Weg weisen ... Nun gut. Das Leben ist kein Hollywood-Film. Und der Gedanke, dass Angelina bei den Dreharbeiten sicherlich von einem hundertköpfigen Team begleitet worden war, tröste mich ein wenig über die verpasste Gelegenheit hinweg.

***

Die nahegelegene Stadt Siem Reap – auch »das Tor zu Angkor Wat« genannt – gleicht an vielen Stellen einer riesigen Partymeile. Sozusagen der Ballermann von Kambodscha, wo sich täglich Tausende von geschichtsinteressierten, partyhungrigen Touristen treffen, um zu feiern, den günstigen Alkohol literweise fließen zu lassen und zu ohrenbetäubenden Bässen zu tanzen. An diese Seite Kambodschas musste ich mich erst mal gewöhnen. Ich schob den Buggy durch die populäre Pub Street und kam aus dem Staunen nicht mehr heraus. Eine Bar reihte sich an die andere. Fast schon wie an der heimischen Reeperbahn. Feierwütige Engländerinnen mit bauchfreien Oberteilen, grölende Spanier und völlig besoffene Koreaner kamen mir entgegen. Sicherlich wunderten sie sich ein wenig über mich. Fragten sich, was denn die Mutti mit ihrem Kleinkind hier wollte. Aber viel Zeit zum Innehalten blieb ihnen nicht. Schließlich wartete im Pub schon die nächste legendäre Party auf sie. Ein wenig niedergeschlagen entfernte ich mich vom Zentrum Siem Reaps. Ich wusste nicht genau, was ich von dieser Stadt halten sollte, die die letzte Station auf meiner Kambodscha-Reise war. Denn in ein paar Tagen verließen wir bereits das Land, um in ein neues Abenteuer aufzubrechen. Bis dahin wollte ich noch möglichst viel vom authentischen Leben kennenlernen. Aber hier in Siem Reap?

Eine Kambodschanerin mit einem Baby auf dem Arm kam mir entgegen. Mitleiderregend zog sie mich am Arm. Sie hatte eine leere Milchflasche in der Hand. Im weinerlichen, schluchzenden Ton bettelte sie mich an, dass ich Milchpulver für ihr Baby kaufe.

»Es hat großen Hunger«, meinte sie weinend. Das Baby starrte mich mit großen, traurigen Augen an. Es spielte brav das ganze verlogene Spiel mit.

Zum Glück hatte ich vorher im Reiseführer von dieser Touristenfalle gelesen, ansonsten wäre ich sofort darauf reingefallen und verzweifelt mit der Frau in den nächsten Laden gerannt, um für ihr Baby Milchpulver zum dreifachen Ladenpreis zu kaufen. In dem tiefen Glauben, dass ich etwas Gutes getan hätte, wäre ich dann zufrieden nach Hause gegangen. Und kaum wäre ich um die nächste Ecke verschwunden gewesen, wäre die Mutter auch schon wieder zurück zum Laden gerannt, um das Milchpulver zurückzugeben. Als Belohnung für dieses ausgeklügelte Spiel hätte sie die Hälfte von dem Geld bekommen, das für das überteuerte Milchpulver bezahlt worden wäre, und den anderen Teil hätte der Verkäufer behalten.

Oje! Siem Reap und ich würden wohl keine Freunde mehr werden. Bedrückt und hungrig ging ich durch die Straßen, auf der Suche nach einem Restaurant, das eventuell nicht so auf Massentourismus ausgelegt war. Meine Suche glich der Suche nach der sprichwörtlichen Nadel im Heuhaufen. Wäre ich allein unterwegs gewesen, wäre ich wohl höchstwahrscheinlich in den Hungerstreik getreten, da ich absolut keine Lust auf die touristische Fressmeile hatte. Doch mein Sohn wollte davon nichts wissen. Er forderte Essen. Noch etwas niedergeschlagen von der ganzen künstlichen Atmosphäre um mich herum, ging ich weiter, als plötzlich ein Kambodschaner mir mit einem breiten Lachen zuwinkte: »*Good food!*« Er wollte mich auf sein Restaurant aufmerksam machen. Etwas skeptisch warf ich einen Blick hinein. Keine Menschenseele. Ich schaute mir kurz die Karte an, die aus drei Gerichten bestand. Das Angebot war zumindest übersichtlich. Trotz meiner Skepsis, entschied ich aus Mangel an Alternativen, zu bleiben. Mein Plan war, schnell etwas zu essen, um dann flink ins Hotel zu flüchten.

Der Besitzer strahlte übers ganze Gesicht, als er realisierte, dass wir tatsächlich auch etwas essen wollten. Etwas wichtigtuerisch nickte er seiner Frau zu, dass sie sich bereit machen sollte, um in ihrer einfachen Garküche gleich ein festliches Menü für uns zu kochen. Und noch eh ich mich's versehen konnte, stapelte er bereits vier Plastikstühle übereinander. Der perfekte Kinderstuhl! Ich kam mir in diesem Moment wie der absolute Idiot vor. Seit Wochen kämpfte ich mit dem Problem, dass die Stühle für meinen Sohn zu niedrig waren und er nicht richtig am Tisch essen konnte. Ich versuchte krampfhaft, mit irgendwelchen Kissen oder Unterlagen zu improvisieren. Und dabei war die Lösung im Grunde so einfach. Ich nickte dem Besitzer anerkennend zu. Für seinen lösungsorientierten Pragmatismus hatte er sich soeben meinen vollen Respekt verdient. Ich fing an, ihn zu mögen. Wir bestellten zweimal *fried rice*. Und während wir auf unser Essen warteten, versuchte der Besitzer ein paar englische Worte mit mir zur wechseln. Er war sichtlich bemüht darum, dass wir uns wohlfühlten. Verständlicherweise. Denn reich wurde er mit seinem einfachen Restaurant, das ziemlich abseits vom touristischen Geschehen lag, sicherlich nicht.

Wir unterhielten uns, und er konnte seine Entzückung für meinen Sohn kaum im Zaume halten und erzählte mir euphorisch, dass er auch drei Kinder hätte. Kurze Zeit später kamen diese auch herein. Etwas verlegen aber mit großen neugierigen Augen musterten sie uns und konnten kaum den Blick abwenden. Mir war klar, dass sie es auf meinen Sohn abgesehen hatten. Doch ihr Vater mahnte sie streng zur Zurückhaltung. Sie sollten uns in Ruhe essen lassen. Nachdem mein Sohn mit dem Essen fertig war, wollten die Kinder vom stillen Warten nichts mehr wissen. Wie von einer Tarantel gestochen, rannten alle drei los und nahmen seine Hand. Sie wollten ihm etwas zeigen. Kurze Zeit später drehten sie die Musik ganz laut auf und spielten Kinderdisko. Ganz ehrlich, dieses Bild werde ich mein Leben lang nicht mehr vergessen: wie die vier Kinder laut quiekend in kleinen hüpfenden, Lasso-schwingenden Schritten zu *Gangnam Style* tanzten oder zu Jennifer Lopez' *On the Floor* unbedarft ihre Hüften schwangen und sich dabei ständig totlachten. Ein Bild für die Götter! Mein Entschluss stand fest. Die verbleibenden Tage in Siem Reap würde ich nur noch hier essen. Ich war durch mit der Pub Street und all den anderen Sehenswürdigkeiten Siem Reaps, die man laut »Lonely Planet« gesehen haben muss.

Die Kinderdisko entwickelte sich zu einem effektiven Besuchermagnet. Denn plötzlich verirrten sich noch mehr hungrige Touristen ins

Restaurant, völlig entzückt von den tanzenden Kindern, die sich von den Schaulustigen keineswegs beirren ließen.

Auch an den darauffolgenden Abenden spielten die Kinder voller Inbrunst Disko und immer mehr Menschen aßen im Restaurant. Der Besitzer war mächtig stolz. Er sagte zu mir, dass ich ihm Glück brächte, denn so viele Gäste habe er schon lange nicht mehr gehabt. An unserem letzten Abend gab er noch mal alles. Ohne zu fragen, servierte er uns drei verschiedene randvoll gefüllte Teller. Mein Sohn stocherte etwas lustlos aber pflichtbewusst in seinem Essen rum, um dann endlich wieder mit den Kindern spielen zu dürfen. Und als der Abschied nahte, wurde die Musik noch etwas lauter aufgedreht. Was für eine berauschende Party, an die ich mich noch *sehr, sehr lange* zurückerinnern werde. Und was für ein toller Abschluss unserer Kambodscha-Reise. Als ich bezahlen wollte, wies der Besitzer mein Geld beleidigt zurück. Widerstand meinerseits war zwecklos. Es sei ihm eine Ehre gewesen, dass wir seine Gäste waren. Etwas wehmütig verabschiedeten wir uns alle. Die unterschiedlichsten Cousins und Tanten waren ebenfalls hinzugekommen und veranstalteten eine regelrechte Zeremonie zur Verabschiedung. Ich musste dem Besitzer hoch und heilig versprechen, dass wir eines Tages nach Siem Reap zurückkämen, um ihn zu besuchen. Ich gab ihm mein Ehrenwort und nahm mir fest vor, dieses irgendwann auch einzulösen. Denn ab sofort war für mich in Siem Reap das größte Highlight nicht zwingend die imposanten Tempel von Angkor Wat, sondern vielmehr diese einfache Garküche mit dem freudestrahlenden Besitzer, seiner entzückenden Frau und seinen herzallerliebsten Kindern.

Ich ging zurück zu unserem Hotel. Es war spät geworden. Höchste Zeit, schlafen zu gehen. Denn morgen mussten wir bereits in aller Herrgottsfrühe aufbrechen. Unser Flieger nach Kuala Lumpur ging bereits um sieben Uhr, und anschließend ging es weiter nach Sri Lanka. In freudiger Erregung konnte ich die Nacht über kaum schlafen. Zu viele Bilder verfolgten mich – von all unseren Erlebnissen hier in Kambodscha und den vielen herzlichen Menschen, denen wir begegnen durften. Aus der Ferne schallte immer wieder der Refrain »*Oppa Gangnam Style ... hey sexy lady*« in meinen Ohren. Gedankenfetzen schwirrten in meinem Kopf. Füllten mich mit Zufriedenheit und Glückseligkeit. Wahrhaftig, ich hatte ein wunderbares Land in all seinen vielseitigen, ungeschönten Facetten entdeckt, das viele Touristen in dieser Weise sicherlich nicht vorfanden. Ich drehte mich zu meinem schnarchenden Sohn, dem ich größtenteils all diese Erlebnisse zu verdanken hatte.

4. KAPITEL

Sri Lanka, Dezember 2016–Januar 2017

Der Alltag besteht aus vielen Wundern. Wir nehmen uns nur viel zu selten die Zeit, diese auch tatsächlich zu sehen.

Love it or leave it

Wir taten uns sehr schwer miteinander, Sri Lanka und ich. Ich wusste nicht, ob es daran lag, dass ich mich zuvor so sehr in Kambodscha verliebt hatte, oder ob es tatsächlich an Sri Lanka lag. Wie so oft im Leben lag die Wahrheit wohl irgendwo in der Mitte. Doch diese Mitte zu finden stellte für mich eine große Herausforderung dar. Am Anfang unserer Reise suchte ich fortwährend. Ich wollte endlich im Land ankommen, mich wohlfühlen und einen Zugang zum Land und seinen Leuten finden. Aber ich fand ihn nicht – und wurde zunehmend immer frustrierter. Unser erster Tag im touristischen Negombo, wo ein Luxusresort neben dem anderen stand und die Verkäufer in puncto Aufdringlichkeit sehr gute Arbeit leisteten, war noch durchaus okay. Aber alles, was danach kam, schien immer schlimmer und schlimmer zu werden ...

Nach einem sehr langen Flug von Kambodscha mit einem neunstündigen Zwischenstopp in Kuala Lumpur waren mein Sohn und ich spät in der Nacht gelandet. Zwar müde, aber voller Vorfreude. Sri Lanka stand bereits seit Jahren auf meiner Reise-Bucket-List, sozusagen als Entschädigung dafür, dass ich mich bis dato noch nicht nach Indien getraut hatte, obwohl ich für dieses kontrastreiche Land immer eine große Faszination gespürt hatte. Aber mir sagte mein Bauchgefühl, dass ich für Indien noch nicht so recht bereit war. Deswegen wollte ich es erst mal mit der kleinen Schwester ausprobieren, mit Sri Lanka, *der ehrenwerten Perle des Indischen Ozeans.*

Ich war so neugierig auf diese indisch-angehauchte Perle und freute mich nach Südostasien auf eine völlig neue Kultur, menschenleere Strände, wilde Tiere, malerische Landschaften, sagenhafte Schluchten und viele andere lokale Wunder. Als ich mitten in der Nacht in unserer neuen Unterkunft ankam, begrüßte mich der freundliche Besitzer mit dem landestypischen Gruß »*Ayubowan*«. Dabei faltete er seine Hände auf Herzhöhe zusammen. Im gleichen Atemzug erklärte er mir, dass dieser singhalesische Willkommensgruß nicht bloß »Guten Tag« hieße, sondern wortwörtlich übersetzt »Ich wünsche dir ein langes und glückliches Leben« bedeutete. Das gefiel mir, ich war Feuer und Flamme für dieses Land – und ahnte dabei nicht, dass diese Flamme vorübergehend erlöschen würde.

Am nächsten Tag war es dann soweit: Wir holten meinen Mann ab. Nach vier Wochen konnte sich die ganze Familie am Flughafen von Negombo endlich wieder in die Arme schließen. *Ein toller Moment, den wir in der Form nie erlebt hätten, wenn ich mich nicht entschieden hätte, allein zu verreisen,* dachte ich, als ich die kräftige Umarmung von meinem Mann und das freudige Zappeln meines Sohnes spürte. Anschließend wollten wir alle sofort an den Strand, um endlich das schöne Sri Lanka zu genießen.

Während mein Mann in die hohen Wellen sprang und mein Sohn im Sand mit seinen Backformen spielte, wurde ich sofort von zahlreichen Verkäufern umzingelt. Wegschauen half mir auch nicht. Zielstrebig kamen sie zu mir und wollten mich partout dazu bewegen, etwas zu kaufen. »*Good price. Only for you my friend*«. Ich erkannte schnell, dass ein freundliches *no thanks* nicht ausreichend war. Hartnäckig versuchten sie weiter, mich von der guten Qualität und Einzigartigkeit ihrer Ware zu überzeugen. Beim fünften Verkäufer hatte ich dann den Dreh raus. Ich stellte mich einfach dumm und tat so, als ob ich keiner Sprache mächtig wäre. Und siehe da, meine Taktik ging auf. Nach ein paar aufdringlichen »Hey my friend, I have a present for you ... really cheap ... just for you« gaben sie auf und zogen unverrichteter Geschäfte fort. Ich empfand dieses Ignorieren als äußerst frustrierend, aber nun gut, wir waren halt in einer Touristenhochburg gelandet. Das würde sich dann sicherlich ab morgen ändern, wenn wir mit unserer Reise durchs *echte* Sri Lanka beginnen würden.

Wenig später erreichte mein Optimismus bei der Suche nach einer authentischen Essmöglichkeit den absoluten Tiefpunkt. Wir irrten umher und fanden nur völlig überteuerte Touri-Restaurants. Im Gegensatz zu mir war das meinem Mann völlig egal. Er freute sich auf ein leckeres Essen und ein eisgekühltes Bier. Koste es, was es wolle. In diesem Punkt waren wir beide halt sehr unterschiedlich, denn mich ärgerte es immer, wenn ich aus Mangel an Alternativen in solchen Restaurants landete. Nicht unbedingt aus Kostengründen, sondern vielmehr weil ich diese Lokalitäten als Touristenabzocken empfand. Aber mich zu ärgern brachte mich auch nicht weiter. Also kehrten wir in ein Restaurant direkt am Strand ein, wo wir uns den Ausblick mit vielen Neckermann-Pauschaltouristen teilten, aßen unser Essen, das uns alle nicht wirklich überzeugte, prosteten uns »auf einen wunderbaren, unvergesslichen Urlaub« zu und bezahlten zum Schluss eine Rechnung, die mehr als ein durchschnittliches Monatsgehalt in Sri Lanka betrug.

Jedoch mussten wir am nächsten Morgen für unseren Besuch im Luxusrestaurant noch einen wesentlich höheren Preis bezahlen: Mein Sohn und mein Mann hatten sich beide den Magen verstimmt. Wir schafften es gerade noch mit Ach und Krach zu unserer nächsten Unterkunft in Marawila, als mein Mann zusammenbrach. Er hatte Magenkrämpfe. Mein Sohn sah auch ganz schön mitgenommen aus. So verschwanden beide für die nächsten eineinhalb Tage in unserem Bungalow und kurierten sich unter äußerstem Wehklagen aus. Na ja, wenigstens verpassten sie nicht viel. Bis auf den großen Pool in einer eingezäunten Anlage und den völlig vermüllten Strand gab es nicht wirklich etwas zu entdecken.

***

Nach drei unspektakulären aber zumindest faulen Tagen am Pool konnte das große *spannende Abenteuer Sri Lanka* beginnen. Wir hatten uns entschieden, Weihnachten am Strand in Beruwela zu verbringen, und so brachen wir einen Tag vor Heiligabend auf. Wir rechneten, dass wir in knapp drei, wenn es schlecht lief, vielleicht in vier Stunden unser Reiseziel erreichen würden. Schließlich waren es ja nur 120 Kilometer bis nach Beruwela. Wir ahnten natürlich nicht, dass unsere Kalkulation völlig irrwitzig war. Denn nach zwei Stunden im Tuk Tuk bei glühender Hitze hatten wir gerade mal das 30 Kilometer entfernte Negombo erreicht. Doch unsere Reise-Tortur sollte noch um einiges schlimmer werden. Wie besprochen, setzte uns der Tuk-Tuk-Fahrer am Bahnhof ab, wo es mit dem Bus weiter nach Colombo gehen sollte. Und obwohl uns gerade mal 30 Kilometer von der Hauptstadt trennten, benötigten wir weitere vier Stunden. Die Busfahrt wurde zur Hölle. Zum Glück hatten wir einen Sitzplatz ergattert, denn ansonsten hätte mein Mann sicherlich nach einer halben Stunde fluchend den gnadenlos überfüllten Bus verlassen, um in ein klimatisiertes Taxi zu steigen. Das Problem wäre nur gewesen, dass er auch mit einem Taxi nicht schneller vorangekommen wäre. Denn der nicht enden wollende Verkehr nach Colombo stockte und bewegte sich nur mühselig Meter um Meter vorwärts. So blieben wir in weiser Voraussicht im Bus sitzen, wunderten uns bei jedem Stopp, wie viele Menschen sich in so einen brechend vollen Bus noch reinquetschen konnten, und beteten, dass die Höllenfahrt irgendwann ein Ende finden würde.

Völlig fix und fertig mit der Welt und kurz vor der ersten Ehekrise in unserem Familienurlaub waren wir endlich in Colombo angekommen. Der Busfahrer setzte uns irgendwo an einer Straße ab und deutete an, dass der Busbahnhof nicht weit wäre. Wir packten also unsere Sachen, setzen das Kind in den Buggy und bahnten uns den Weg durchs chaotische Colombo. Wir hatten nur ein Ziel. So schnell wie möglich aus dieser fürchterlichen Stadt raus – und endlich an den Strand. Allerdings benötigten wir noch weitere geschlagene zwei Stunden in einem noch viel volleren Bus, bis wir nur annähernd das tosende Chaos der Hauptstadt Sri Lankas hinter uns gelassen hatten.

Nach fast zwölf Stunden *on the road* waren wir endlich in unserem Weihnachtsdomizil angekommen. Jetzt konnte es also nur noch besser werden – war zumindest unsere Hoffnung. Aber die zerschlug sich sofort, als wir unsere Unterkunft betraten. *Einfach nur fürchterlich.* Niedergeschlagen gingen wir an den Strand, der unsere Enttäuschung nur noch vertiefte. Hier waren die Spuren des verheerenden Tsunamis im Jahr 2004 noch deutlich zu sehen. Auch viele Jahre später waren die ganzen Trümmer, die die schreckliche Katastrophe hinterlassen hatte, noch nicht beseitigt. Mein Mann und ich schauten uns völlig deprimiert an. »Übrigens, morgen ist Heiligabend«, erinnerten wir uns gegenseitig. Ohne es auszusprechen, hatten wir beide den gleichen Gedanken: *Wie traurig!*

Beim Abendessen schöpften wir wieder neuen Mut. Während unser Sohn bereits Freunde gefunden hatte und fröhlich mit zwei Kindern am Strand Fangen spielte, schmiedeten wir neue Pläne. Frei nach dem Motto und der guten alten Backpacker-Weisheit *Love it or leave it* beschlossen wir, am nächsten Morgen sofort diesen trostlosen Ort zu verlassen. Auch auf die Gefahr hin, dass wir in der Unterkunft unser Geld nicht wiederbekommen würden, das wir bereits für die nächsten drei Nächte bezahlt hatten.

Der Besitzer war sichtlich enttäuscht, als wir ihm von unseren Reiseplänen erzählten. Aber er gab uns ohne großartige Verhandlungen das Geld zurück. Optimistisch gestimmt, kuschelten wir uns alle gemeinsam ins Bett, versuchten dabei dem großflächigen Schimmel an den Wänden keine besondere Beachtung zu schenken und freuten uns auf den nächsten Tag.

Wunder geschehen immer wieder

Wo wollen wir jetzt hin?, fragten wir uns achselzuckend am nächsten Morgen. Wir hatten überhaupt keine Ahnung und ließen uns vom Reiseführer inspirieren. Spontan entschieden wir uns für Weligama und suchten im Internet nach einer passenden Unterkunft. Bei den Preisen stockte uns jedoch der Atem. Ganz einfache Unterkünfte zu horrenden Preisen. Sri Lanka machte es uns tatsächlich ganz schön schwer. Dabei wollten wir einfach nur ankommen, uns wohlfühlen – und ENDLICH Zugang zum Land und seinen Leuten finden. Davon waren wir allerdings gerade ganz weit entfernt.

Allmählich akzeptierten wir unsere suboptimale Ausgangslage und waren bereit, tief in die Tasche zu greifen, um unser Weihnachtsfest noch einigermaßen zu retten. Als wir eine Unterkunft direkt am Strand ins Auge gefasst hatten und ein paar Minuten später den Entschluss trafen, dass wir dieses völlig überteuerte Zimmer jetzt auch buchen wollten, war es auch schon wieder weg. *Ausverkauft!* Ratlos schauten mein Mann und ich uns an. *Egal! Wir fahren jetzt nach Weligama und irgendetwas werden wir schon finden*, war unser raffinierter Schlachtplan.

Zum Bahnhof ließen wir uns von einem Tuk-Tuk-Fahrer bringen, der aus unerklärlichen Gründen einen viel höheren Preis für die 15-minütige Fahrt aufrief, als ursprünglich abgesprochen, und kauften uns dann ein Zugticket.

»*Only 3rd class*«, meinte der Verkäufer am Schalter zu mir.

Waaasss? Ich soll mit meinem Kind und dem ganzen Gepäck in der nicht klimatisierten dritten Klasse fahren? Ich schaute ihn völlig ungläubig an.

»*Yes!*«, war seine freudestrahlende Antwort. Wir hatten also keine andere Wahl. Nun gut, das Abenteuer *Zug in der dritten Klasse in Sri Lanka fahren* würden wir jetzt auch noch überstehen. Mittlerweile war ich an dem Punkt angekommen, wo mir alles egal war und mich nichts mehr aus der Fassung bringen konnte.

Als der Zug allerdings langsam in den Bahnhof fuhr, musste ich verzweifelt erneut um Fassung ringen. Der einfahrende Zug war noch um einiges voller als der Bus am vorherigen Tag, und im Bahnhof brach ein panisches Chaos aus. Jeder war sich selbst der Nächste. So zumindest schien die Überlebensstrategie der Singhalesen zu sein. Als der Zug mit einem ohrenbetäubenden Krächzen zum Stehen kam, fing das große Massen-Quetschen an. *Wie sollen wir es bloß schaffen, in diesen proppenvollen Zug zu kommen?* Doch mir blieb keine Zeit zum Denken, denn von hinten wurden wir bereits in den Zug gequetscht. Etwas besorgt schaute ich noch zu meinem Mann rüber, der mit Rucksack und Koffer von der Menschenmasse immer weiter von uns abgedrängt wurde. Ich warf ihm noch einen letzten Blick zu und rief entschlossen: »Falls wir uns im Zug nicht wiederfinden, sehen wir uns in Weligama.« Und schon wurde ich gemeinsam mit meinem Sohn, den ich in der Trage hatte, von der Menschenflut in den Zug gedrängt.

Wunder geschehen immer wieder! Tatsächlich hatten es alle Menschen auf dem Bahnsteig auf mir unerklärliche Weise in den Zug geschafft. Dementsprechend schätzte ich die Wahrscheinlichkeit relativ groß ein, dass auch mein Mann dabei war und nicht auf den nächsten Zug, der in vier Stunden kommen würde, warten musste. Nach einigen bangen Minuten drängte sich mein Mann auch bereits zu uns. Ich muss zugeben, dass ich noch nie so froh war, ihn wiederzusehen. *Glück kann manchmal so einfach sein.* Auf wundersame Weise hatten wir es also alle geschafft. Ab jetzt konnte der Urlaub nur noch besser werden.

Und tatsächlich! Die Zugfahrt war viel angenehmer, als befürchtet. Beim nächsten Halt bekam ich mit meinem Sohn einen Sitzplatz sogar direkt am Fenster angeboten, und allmählich kam auch meine gute Laune zurück, die ich zuvor irgendwo zwischen Marawila und Beruwela auf den vollgestopften Straßen verloren hatte. Ich genoss den angenehmen Fahrtwind und beobachtete aus dem offenen Fenster die schöne Landschaft, die im gemächlichen Tempo an uns vorbeizog. Endlose Strände. Kleine Dörfer. Winkende Menschen. Und auch die Passagiere im Zug lächelten mich freundlich an. So langsam fing ich an, etwas aufzuatmen und mich an das chaotische Sri Lanka zu gewöhnen. Endlich bekamen wir ein anderes Gesicht von Sri Lanka zu sehen, das mir wesentlich besser gefiel als die trostlosen Touristenhochburgen.

Als wir dann drei Stunden später in Weligama ankamen, war ich fast ein wenig traurig, dass die Zugfahrt in der nicht klimatisieren dritten Klasse bereits zu Ende war. Ohne Probleme hätte ich noch mehrere Stunden weiterfahren können. Aber wir mussten auch mal ankommen. Doch vorher war noch ein Problem zu lösen, denn wir hatten immer noch keine Unterkunft. Und es war Heiligabend!

Von einem Tuk Tuk ließen wir uns zu einem Hotel fahren, das wir bereits vorher im Internet gesehen hatten. Auf den Fotos sah es nobel und schön aus. In der Realität war es eigentlich nur ein einfaches Surfer-Hostel. Dafür aber mit kleinem Pool und direkt am Strand. Der Manager nahm uns in Empfang, Alex aus Moskau, ein typischer Surfer Ende 20 mit ausgeblichenen Haaren. Alex studierte mehrere Minuten skeptisch die Zimmerbelegung und schüttelte immer wieder mit dem Kopf. Doch dann schien er die Lösung zu haben. Wenn wir bereit wären, dreimal umzuziehen und für eine Nacht jeweils über 100 Euro zu bezahlen, dürften wir bleiben. Ich musste erst mal schlucken. Nun gut, es war Weihnachten – und wir wollten endlich ankommen. Meinetwegen auch in einem völlig überteuerten Surfer-Party-Hostel, das definitiv nicht sein Geld wert war – und in dem wir am nächsten Tag sogar für ein Glas Milch für unser Kind zwei Euro extra bezahlen mussten, weil es im Frühstück nicht inbegriffen war.

***

Wir verbrachten trotz aller Widrigkeiten und Touristenabzocken ein schönes Weihnachtsfest. In Flipflops oder gar barfuß am Strand war immer noch besser als zu Hause in der Kälte und definitiv das schönste Weihnachtsgeschenk, das ich mir vorstellen konnte. Nach Weligama ging es weiter nach Tangalle, wo uns ein noch viel schönerer Strand erwartete. Endlose Weite, rauschende Brandung, malerische Landschaft – und endlich keine feierwütigen Surfer um uns herum. Spontan entschieden wir uns sogar, vier Nächte zu bleiben. Am Silvestermorgen waren wir immer noch unsicher, wo wir die Nacht verbringen sollten. Ins neue Jahr am Strand reinfeiern? Oder den faulen Strandtagen den Rücken zudrehen und endlich mit der actionreiche Phase unserer Reise beginnen? Wir entschieden uns fürs Abenteuer. Außerdem empfanden wir unsere fixe Idee, die Morgenstunden des neuen Jahres 2017 auf einer Safari zu begrüßen, als ziemlich brillant und einzigartig. *Abgemacht!* Unser nächstes Ziel war also der Udawalawe-Nationalpark im Landesinneren.

Eigentlich hatten wir vorgehabt, uns wieder mit lokalen Bussen zum nächsten Ort durchzukämpfen. Aber ein Tuk-Tuk-Fahrer bot an, uns für einen recht soliden Preis hinzufahren. Wir mussten gar nicht lange überlegen, zumal unser Sohn das Tuk-Tuk-Fahren so sehr liebte und es zudem wesentlich gemütlicher war. Also drängten wir uns zu dritt auf die schmale Hinterbank, der riesige Koffer meines Mannes diente uns als Kopfstütze, meinen Rucksack und den Buggy platzierte ich unter meinen Füßen, das Reisebett quetschte ich an meine Seite und meinen kleinen Rucksack auf meinen Schoß. Wir waren abfahrbereit. Der Tuk-Tuk-Fahrer staunte nicht schlecht über unsere logistischen Verstaufähigkeiten.

Als wir unser neues Zimmer betraten, rümpfte mein Mann ein wenig die Nase. Klein und etwas muffig. Dafür war der Besitzer herzallerliebst. Ich hatte die Schnauze voll von den ganzen touristischen Abzocken und buchte daher ein simples Homestay bei einer Familie. War ja schließlich eh nur für eine Nacht. Die Besitzer waren sehr bemüht und halfen uns bei der Organisation unserer Safari am nächsten Morgen weiter. In der Zwischenzeit schauten wir uns ein wenig in der Umgebung um, mein Sohn machte Bekanntschaft mit den neugierigen Nachbarskindern, und zur Dämmerung gingen wir ins nahegelegene Elefantenwaisenhaus, um bei der Fütterung zuzuschauen.

Als wir abends zurückkamen und uns auf unser Essen freuten, saßen bereits zwei Männer am Tisch, die ebenfalls hungrig warteten. Wir kamen sofort mit ihnen ins Gespräch. Sie waren Vater und Sohn und kamen aus Österreich. Ich staunte nicht schlecht. Ich schätze den Sohn auf etwa 30 Jahre und wunderte mich ein wenig, dass er in dem Alter noch mit seinem Vater reiste.

»Ja«, antwortete Stefan, »das haben wir schon immer gemacht. Mindestens einmal im Jahr versuchen wir, gemeinsam zu verreisen. Dann mieten wir uns ein Auto und fahren durch die unterschiedlichsten Länder.«

Meine Bewunderung wuchs stetig, von Geschichte zu Geschichte. Beide erzählten die wildesten Abenteuer von ihren Reisen durch Afrika, den Nahen Osten, Pakistan, Bangladesch und andere Länder. Gebannt lauschte ich ihnen und hoffte, dass sie nie wieder aufhören würden, zu erzählen. Besonders faszinierend fand ich natürlich den Fakt, dass Sohn und Vater gemeinsam die Welt entdeckten. Oh, wie sehr ich mir doch wünschte, dass auch mein Sohn und ich dieses gemeinsame Abenteuer in vielen Jahren weiterhin miteinander teilten. *Vielleicht sogar, wenn er bereits ein erwachsener und gestandener Mann ist?* Ich schaute zu meinem Sohn rüber, der zufrieden in einem Stuhl vor sich her schnarchte. Er war mittlerweile eingeschlafen. Das stundenlange Warten auf unser Silvestermenü schien ihm wohl doch ein wenig langatmig zu sein.

Spannender, fesselnder und interessanter hätte unsere Silvesternacht nicht sein können. Wir erzählten und erzählten. Und waren alle wie berauscht von den ganzen wundersamen Reisegeschichten, die in jener Nacht durch die tropische Luft Sri Lankas schwirrten. In weiser

Voraussicht hatten die beiden Österreicher beim Besitzer des Homestays mehrere Biere bestellt.

»Damit wir diesen besonderen Abend nicht auf dem Trockenen verbringen müssen«, sagte der Vater lachend.

An so etwas hatten mein Mann und ich gar nicht gedacht. Großzügig meinte Stefan, dass sie gerne den Biervorrat mit uns teilen würden. Allerdings hatte der Besitzer vergessen, die Biere auch rechtzeitig in den Kühlschrank zu stellen, und so wurden uns zum Essen – das etwa zwei Stunden später kam, als angekündigt – warme Biere serviert. Um 22 Uhr waren wir schließlich so müde, dass wir uns von den abenteuerlustigen Österreichern verabschiedeten. Es war Schlafenszeit. Schließlich erwartete uns ein spannender Neujahrsmorgen.

Würdevoll und majestätisch

Ein paar Stunden später klingelte der Wecker. Es war stockduster, mucksmäuschenstill und viel zu früh. Ich schaute auf mein Handy. 4:30 Uhr. In Deutschland war gerade Mitternacht. Die Menschenmassen in der Heimat hatten bereits runtergezählt und stießen an. Auf ein erfolgreiches neues Jahr 2017. Ich weckte meinen Mann. Wir mussten uns beeilen. Bereits in 15 Minuten würde uns der Jeep abholen.

Als wir etwas später am Eingang des Udawalawe-Nationalparks standen und auf den Einlass warteten, war ich ein wenig überrascht, wie viele andere Menschen auch die fixe, brillante und einzigartige Idee hatten, die ersten Morgenstunden des neuen Jahres mit einer Safari zu begrüßen. Hinter uns reihte sich ein Jeep nach dem anderen. Mit angelassenem Motor warteten alle ungeduldig auf das Startzeichen, dass es endlich losgehen könne. Ich stellte mir vor, wie groß der Andrang wohl an normalen Tagen sei. Und die Jeep-Massen im beliebten Yala-Nationalpark wollte ich mir erst gar nicht ausmalen.

Auf leisen Reifen fuhren wir durch eine weitläufig grasbewachsene Savannenlandschaft. In der Ferne zeichnete sich eine pittoreske Bergsilhouette ab. Die aufgehende Sonne kämpfte sich durch die tiefstehenden Wolken am Horizont, marmorierte den Himmel zunehmend mit den unterschiedlichsten Rottönen. Bis auf ein paar vereinzelte Motorengeräusche waren wir von einer unfassbaren Stille umhüllt. Mittlerweile hatten wir uns von den anderen Safari-Jeeps abgesetzt. Gebannt fokussierten sich unsere Augen auf der Suche nach den ersten Elefanten auf die umliegenden Gebüsche. Und plötzlich war es soweit. Es raschelte. Hinter dem dichten Gestrüpp hatte sich etwas bewegt. Unser Guide machte uns im flüsternden Ton darauf aufmerksam, und dann konnten wir tatsächlich das Wunder selbst sehen: Neben uns standen gleich mehrere Elefanten. Groß, erhaben und wunderschön. Wir kamen aus dem Staunen nicht heraus. So beeindruckend war der Moment, den Weg von freilaufenden Elefanten zu kreuzen. Kurze Zeit später erblickten wir eine Elefantenmutter mit ihrem kleinen tollpatschigen Nachwuchs, der ganz unkoordiniert durch die Gegend tapste und beim Versuch, Wasser zu trinken, erst mal in die Pfütze plumpste. Irgendwie erinnerte mich der Babyelefant an meinen Sohn – und ich fühlte mich ein wenig verbunden mit der Elefantenmutter, die besorgt und mühselig hinterherlief.

Wir fuhren weiter. Plötzlich bremste der Fahrer. Vor uns am Wegesrand stand ein riesiger Bulle, der uns aufmerksam musterte. Würdevoll. Überlegen. Majestätisch. Voller Respekt blickten wir zu ihm nach oben. Konnten direkt in seine Augen blicken. Sehen wie er blinzelte. Mit den Ohren wackelte. Und seinen Rüssel hob. Ich war zutiefst berührt. Vor Glück und Verwunderung.

Wir setzten unsere Safari fort und bekamen eine Menge andere Tiere zu sehen. Zahlreiche weitere Elefanten, Füchse, Sambahirsche, Schakale, Warane, Pfauen, Schlangen und die unterschiedlichsten Vögel. Das größte Highlight erwartete uns am großen Stausee Udawalawe, nach dem der Nationalpark auch benannt war. Zuerst war ich etwas enttäuscht, dass unser Fahrer ganz unbeteiligt an den Wasserbüffeln vorbeifuhr. Er selbst schien sie wohl, nicht besonders spannend zu finden. Stattdessen fuhr er an eine Stelle und zeigte uns Krokodile. Ich musste mich mächtig konzentrieren, bis ich die Augenpaare auf der spiegelglatten Wasseroberfläche ein paar Meter von uns entfernt ebenfalls erspähte. Da waren sie wieder. Diese angsteinflößenden Tiere, die völlig erstarrt und klammheimlich auf ihre nächste Beute warteten. Wohlwissend, dass sie den gnadenlosen Kampf im Tierreich nahezu immer gewannen. Ähnlich wie ein paar Wochen zuvor in Kambodscha waren sie mir nicht geheuer. Dementsprechend war ich nicht traurig, als wir weiterfuhren. Wir positionierten uns an einer anderen Stelle und starrten auf den Stausee. Ein paar Minuten später trabte eine ganze Elefantenherde an uns vorbei. Baden stand auf dem Programm. Im Gleichschritt liefen sie hintereinander zum Wasser. Tranken. Bespritzten sich selbst mit dem kühlen Nass. Ihre überragende Silhouette spiegelte sich auf der Wasseroberfläche. Vögel kamen hinzu, deren Zwitschern die unsagbare Stille füllte. Meine Gedanken mischten sich ein, verbündeten sich mit dem herrlichen Naturspektakel und erfüllten mich mit einer unvorstellbaren Ruhe. *Was für ein grandioser Neuanfang. Was für ein großartiger Start in ein neues Jahr.* Und während ich die Elefantenherde weiter bei ihrem verspielten Bad beobachtete, spürte ich, dass mir das Jahr 2017 einige wunderbare neue Türen öffnen würde.

Dieses panische, wundersame Chaos

In Haputale erwartete uns eine ganz andere Seite Sri Lankas. Grün. Kühl. Umgeben von Bergen und Teeplantagen. Und weit und breit keine Touristen. Endlich hatte ich das Gefühl, auch mal das wahre Sri Lanka kennenlernen zu dürfen, nach dem ich mich bereits seit unserer Ankunft auf der Insel gesehnt hatte. Neugierig wurden wir von den Einheimischen beäugt, während wir durch ihr Dorf schlenderten. Die Atmosphäre mitten in den Bergen faszinierte mich. Ich stellte mir vor, dass es so ähnlich auch in Nordindien aussehen könnte. *Oder auch in Nepal oder im Königreich Bhutan?* Meine Neugierde war geweckt, und ich stellte fest, dass es soeben alle drei Länder geschafft hatten, auf meiner imaginären Reiseliste um einige Plätze weiter nach oben zu rücken.

Den darauffolgenden Tag verbrachten wir mit kleinen Wanderungen durch die malerischen Teeplantagen, statteten in luftiger Höhe dem Denkmal von Sir Lipton einen Besuch ab und tranken genüsslich eine Tasse schwarzen Tee bei einem atemberaubenden Ausblick. Nachmittags sollte unsere Reise weitergehen. Nach Ella. Da der Zug allerdings über eine Stunde Verspätung hatte, blieb uns ausreichend Zeit, am Bahnhof von Haputale noch ordentlich Lokalkolorit auf uns wirken zu lassen. Mein Sohn setzte sich zu einem Singalesen und hörte mit ihm Musik, mein Mann rannte nervös hin und her und ich ging meiner absoluten Lieblingsbeschäftigung auf Reisen nach: Menschen beobachten und fotografieren.

Ich liebte es, auf Reisen mit offenen, staunenden Augen durch die Welt zu gehen und mich an den vielen Wundern dieser Welt zu erfreuen, die an jeder Ecke lauerten. Man musste sie nur entdecken, davon war ich überzeugt. Zu Hause blieb mir für die Entdeckung weder genügend Zeit noch Muße. Meistens rannte ich gehetzt und gedankenverstreut von einem Termin zum nächsten, ohne dabei meine Umwelt wahrzunehmen und nahezu blind für die kleinen wundersamen Dinge in unserem Alltag. Auf Reisen war das wiederum völlig anders. Da schien es mir so, als ob ich mit allen Sinnen die Welt aufnahm.

Ich wurde von einem lauten, lang gezogenen Hupen aus meinen Gedanken gerissen. Aus der Ferne kündigte sich der Zug an. Am Bahngleis brach das altbewährte panische, wundersame Chaos aus. Jeder war sich selbst wieder der Nächste. Denn alle wollten in den gnadenlos überfüllten Zug einsteigen. Diesmal musste ich jedoch nicht um Fassung ringen. Sri Lanka hatte bei mir mittlerweile deutliche Spuren hinterlassen. So wirkte die Menschenflut auf mich gar nicht mehr so bedrohlich wie zuvor am Bahnhof von Beruwela, und ich merkte, dass das ganze wuselige Durcheinander einem durchaus gut funktionierenden System folgte. Als der Zug zum Halten kam, stand ich zwar erneut vor dem großen Mysterium, wie um Himmels willen oder mit Buddhas Hilfe die ganzen Menschen es schaffen sollten, sich in die vollen Waggons zu stopfen, aber irgendwie würde es schon gelingen. Schließlich geschehen in Sri Lanka auf den Bahnhöfen tagtäglich Wunder. Diesmal rief mein Mann hinter mir entschlossen: »Ich steige in den anderen Waggon. Dieser ist zu voll. Wenn wir uns nicht im Zug treffen, dann sehen wir uns in Ella.« Ich sah ihn in der Menschenflut mit Koffer und Rucksack verschwinden. Ich musste schmunzeln. Mittlerweile waren wir ein gut eingespieltes *Sri-Lanka-Reise-Team*.

Die Fahrt nach Ella bot uns einen kleinen Vorgeschmack auf das größte Highlight Sri Lankas: die Zugfahrt durchs spektakuläre Hochland, die uns noch bevorstand. Als wir am Bahnhof in Ella ankamen, ließen wir erst mal die ganzen Reisenden an uns vorbeiziehen und versuchten anschließend am Schalter ein heißbegehrtes Ticket für die Zugfahrt von Ella nach Kandy zu ergattern, die teilweise schon lange im Voraus ausgebucht sind. Wir hatten Glück. In vier Tagen waren noch zwei Plätze in der dritten Klasse frei. Wir freuten uns, als ob Weihnachten und Ostern auf einen Tag fallen würden. Wie einen Goldschatz nahm ich unsere Zugtickets entgegen. Die Eintrittskarte zu einem neuen Abenteuer auf unserer Reise.

Die Tage in Ella vergingen wie im Flug. Trotz des touristischen Hotspots fühlten wir uns wohl und erkundeten die wunderschöne Umgebung. Da wir aufgrund unseres kleinen Reisebegleiters den Gipfel des Adam's Peak nicht erklimmen konnten – der eine beliebte Pilgerstätte sowohl für Buddhisten, Hinduisten, Moslems als auch Christen ist, die daran glauben, dass hier Buddha, Shiva, Adam oder wahlweise der Apostel Thomas höchstpersönlich seinen Fußabdruck hinterlassen haben soll – entschieden wir uns für die kleinere Variante. Little Adam's Peak. Der 45-minütige Aufstieg reichte mir vollkommen. Mit meinem Sohn in der Trage krächzte und schnaubte ich die letzten Stufen hoch, wurde aber mit einem tollen Panorama auf den gegenüberliegenden Ella's Rock belohnt.

Als wir dann vom Berg hinabstiegen, kamen wir an einem kleinen tamilischen Dorf vorbei. Die Tamilen sind eine ethnische Minderheit in Sri Lanka. Mir fiel ein, dass ich zufälligerweise an diesem Morgen noch ganz viele Kinderzahnbürsten eingepackt hatte, die von meiner großen Spendenaktion auf meinem Blog übriggeblieben waren. Ich bat meinen Mann, zu warten, und kletterte den Abhang ins Dorf hinunter, deren Bewohner vor allem vom Teepflücken lebten. Noch bevor ich unten im Dorf ankam, wurde mein sonderbarer Besuch bemerkt. Etwas ungläubig scharten sich immer mehr Menschen um mich herum. Mit fragenden Augen blickten sie mich an. Sie wussten nicht, was ich wollte. Ich wendete mich an den ältesten Mann in der Runde und packte aus meinem Rucksack die Zahnbürsten und noch ein paar alte Kinderklamotten von meinem Sohn aus. Ich übergab sie ihm, und er schaute mich mit einem freudigen Blick an und bedankte sich überschwänglich bei mir. Pflichtbewusst verteilte er an die Kinder die Zahnbürsten. Es brach mir das Herz, als immer mehr Kinder hinzukamen und für sie keine Zahnbürsten mehr übrig blieben. Traurig schauten sie mich an. Betroffen zeigte ich ihnen meinen leeren Rucksack. Wenn ich gekonnt hätte, wäre ich sofort in die nächste Drogerie gerannt und hätte noch viel, viel mehr Zahnbürsten und andere Dinge für diese Kinder gekauft. Die alte Erkenntnis, dass man bei Weitem nicht allen Menschen helfen kann, traf mich in diesem Moment sehr. Und doch stieg in mir das wohlige Gefühl auf, zu wissen, dass ich diesen armen Menschen wenigstens ein klein wenig Freude schenken durfte.

Der alte Mann bat mich, zu bleiben. Er wollte mich zum Essen einladen. Mit Händen und Füßen versuchte ich ihm zu erklären, dass da oben mein Mann und Sohn auf mich warteten. Er begleitete mich noch bis nach oben. Und verabschiedete sich mit »*Vanakkam*« von mir. Dabei faltete er seine Hände auf Herzhöhe. Ich fragte mich, ob diese tamilische Verabschiedung vielleicht der singhalesischen Bedeutung nahekam. *Ayubowan. Ich wünsche dir ein langes und glückliches Leben.* Ich verabschiedete mich von dem alten Mann ebenfalls mit einem »*Vanakkam*« und faltete dabei meine Hände auf Herzhöhe. Ich mochte diese Geste, die mir um einiges tiefgründiger und angemessener erschien, als sich mit einem Händeschütteln von jemandem zu verabschieden oder einem nüchternen, belanglosen »Auf Wiedersehen« ...

***

Ein paar Tage später ging unsere Reise weiter. Nervös hielt ich unsere Zugtickets in der Hand und konnte es kaum erwarten, dass die spektakuläre Fahrt durchs Hochland beginnen würde. Wir waren natürlich nicht allein. So fieberten mehrere Hunderte Menschen auf dem Bahnsteig gemeinsam mit uns dem großen Ereignis entgegen. Nur mit einer halbstündigen Verspätung kam dann auch der blaue Zug langsam angetuckert, ein Überbleibsel aus der Zeit der Engländer. Da wir mittlerweile richtige Sri-Lanka-Profis waren, ließen wir uns von der ausbrechenden Panik an den Gleisen nicht mehr aus der Ruhe bringen. Wir bildeten uns ein, dass wir das Spiel durchschaut hatten, und ließen uns seelenruhig von der Menschenmasse in den Zug treiben.

Als wir unsere Plätze in der dritten Klasse erreichten, waren wir glücklich, nicht in der ersten Klasse zu fahren. Denn im Gegensatz zum klimatisierten Luxusabteil konnte man hier die Fenster komplett öffnen. So versperrten uns keine Scheiben die Sicht auf die spektakuläre Landschaft, die sich uns bei einem gemächlichem Tempo darbot. Vorbei an wunderschöner Natur, malerischen Teeplantagen, kleinen beschaulichen Dörfern, majestätischen Tempeln und Einheimischen, die freudestrahlend dem Zug und seinen Passagieren hinterher winkten. Für sie schien der Zug, der zweimal täglich an ihren Häusern vorbeituckerte, immer noch eine

113

große Besonderheit zu sein. Und dass, obwohl die Engländer diese Bahnstrecke während der Kolonialzeit errichtet hatten, um den gepflückten Tee aus dem Hochland an die Küste zu transportieren.

Doch nicht nur der wunderbare Ausblick auf die saftig-grüne Landschaft verschönerte uns die sechsstündige Zugfahrt. Auch das lebendige Treiben in der dritten Klasse nahm eine gewisse Dynamik auf. Passagiere standen an den offenen Türen. Es wurde viel gelacht und sogar gesungen. Kinder rannten hin und her. Ständig stiegen Verkäufer mit den unterschiedlichsten kulinarischen Köstlichkeiten ein und wieder aus. An den Bahnhöfen wurden durch die offenen Fenster die verschiedensten Speisen und Getränke gereicht, und auch von den singhalesischen Familien bekam man Lebensmittel angeboten. Wer also vergessen hatte, sich mit ausreichend Proviant für die Fahrt einzudecken, musste keineswegs Angst haben, zu verhungern.

Ich wurde schon fast ein wenig traurig als der Schaffner die nächste Station ankündigte: Kandy. Wir waren am Ziel angekommen, stiegen aus, und wehmütig blickte ich zurück. Dies war unsere letzte Zugfahrt in Sri Lanka. Ich hätte es selbst zuvor kaum gedacht, dass ich mich in Sri Lanka vor allem in das Zugfahren in der nicht klimatisierten dritten Klasse verlieben würde. Wie sehr ich doch dieses panische, wundersame Chaos hier auf den Bahnhöfen vermissen würde.

Meine Liebe auf den zweiten Blick

Da waren wir wieder. Am Ende unserer Reise und da, wo unsere Reise begonnen hatte: im touristischen Negombo. Und kaum waren wir aus dem Bus gestiegen, präsentierte sich uns Sri Lanka erneut von seiner schwierigen Seite. Der Tuk-Tuk-Fahrer wollte mal wieder mehr Geld als vereinbart, und als wir in unserer Unterkunft ankamen, wartete auch schon das nächste Problem. Bei der Buchung hatte es Schwierigkeiten gegeben. Statt drei Nächte könnten wir nur eine Nacht bleiben, müssten dann in ein anderes Hotel umziehen und könnten die letzte Nacht wiederkommen. Ich war definitiv *not amused* und musterte etwas genauer die Unterkunft. Sie war zwar ganz schön und liebevoll gestaltet, aber definitiv keine 100 Euro die Nacht wert. *Oh Mann*, wie sehr mir doch diese Touristenabzocken in Sri Lanka auf die Nerven gingen. Mein Mann und ich hielten Krisensitzung. Ich wollte hier weg, denn für so viele Umständlichkeiten war ich echt nicht bereit, so eine große Summe Geld zu bezahlen. Ich wollte etwas anderes suchen. Aber die Suche gestalte sich zäh und erfolglos. Entweder waren die Zimmer in einem katastrophalen Zustand (und total überteuert) oder ausgebucht (und ebenfalls total überteuert).

Nach einer stundenlangen Suche landeten wir dann in einem riesigen Luxushotel, das tatsächlich ein einziges Zimmer für drei Nächte frei hatte, allerdings für einen stattlichen Preis. Meine Laune hatte den absoluten Tiefpunkt erreicht. Ich hatte keinen Bock, so viel Geld zu bezahlen und noch dazu meine restlichen Tage in Sri Lanka mit lauter Pauschaltouristen zu verbringen. Kurz vor einem Nervenzusammenbruch und völlig verschmutzt stand ich mit meinem Rucksack, Flipflops und einem dreckigen Kind in der Trage an der luxuriösen Rezeption, an der normalerweise eher Gäste mit Louis-Vuitton-Koffern eincheckten, und stritt mich mit meinem Mann. Wenn es nach mir ginge, hätten wir eher auf der Straße geschlafen als in diesem unpersönlichen Hotel.

Mein Mann sah es pragmatischer. Er hatte gegen den Luxus nichts einzuwenden. »Hast du die drei Pools direkt am Strand gesehen?«, fragte er mich mit strahlenden Augen.

Dem war wohl nichts mehr entgegenzusetzen. Proteste waren zwecklos. Das Kind war in den Brunnen gefallen. Zähneknirschend reichte ich meine Kreditkarte über den prunkvollen Mahagonitisch und schwor mir, nie wieder einen Fuß in diese Touristenhochburg zu setzen.

Wenig später glätteten sich allmählich meine emotionalen Wogen, und zwar beim Sonnenuntergang am Pool direkt vor unserem Luxusbungalow und nur ein paar Meter vom Strand entfernt. Mein Mann und mein Sohn fühlten sich sauwohl. Und auch ich musste mir eingestehen, dass ein bisschen Luxus nach so einer langen Reise auch ganz guttat. *Manchmal läuft halt alles anders, als geplant – und dann liegt es an einem selbst, das Beste aus der Situation zu machen ...*

***

Zugegeben: Die Aussicht auf einen faulen Tag am Pool und noch dazu in so einem Luxushotel war schon ziemlich verlockend. Und dennoch haderte ich mit mir, ob ich nicht der Hauptstadt Sri Lankas eine zweite Chance geben und erneut einen Ausflug nach Colombo wagen sollte. *War ich jetzt vielleicht bereit für das Abenteuer Colombo? Für das chaotische Colombo, welches ich bei meiner ersten Begegnung so fürchterlich fand?*

Mein Mann war auf jeden Fall NICHT dabei. Er hatte so gar keine Ambitionen, sich *diesen Moloch* noch mal anzutun. Und auch alle anderen, die ich nach ihrer Meinung zu Colombo fragte, reagierten abschätzig. Ich stöberte noch ein wenig auf Blogs und in meinem Reiseführer, in der Hoffnung, dass wenigstens eine Person einen Besuch in der Hauptstadt als absoluten Geheimtipp in Sri Lanka empfiehlt. Aber ich wurde nicht fündig. Alle rieten von Colombo ab. Und meinten, dass man Colombo ohne schlechtes Gewissen auf seiner Sri-Lanka-Reise auslassen könnte. Zu voll, zu schmutzig, zu heiß – und außerdem gäbe es nicht wirklich viel zu sehen. Ein niederschmetterndes Urteil, fand ich, und doch war meine Neugierde geweckt. Ich wollte mir meine eigene Meinung bilden.

Nach dem Frühstück ging ich zur Rezeption und fragte die Mitarbeiterin, ob sie mir die Uhrzeiten für die Züge nach Colombo raussuchen könne. Angestrengt schaute sie auf den Monitor ihres Computers, tippte wild auf ihrer Tastatur rum und meinte dann zu mir: »*every 30 minutes*«. Perfekt! Denn diesmal hatte ich überhaupt keine Lust, mit dem *local bus* zu fahren und mich bei brütender Hitze stundenlang Meter für Meter durch den stockenden Verkehr durchzukämpfen. Ich gab meinem Mann und Sohn noch einen Abschiedskuss, ließ sie allein am Pool und war bereit für mein persönliches Colombo-Abenteuer. *Egal, wie schrecklich es werden würde!*

Ich saß noch im Tuk Tuk, als bereits an uns vorbei der Zug in den Bahnhof einfuhr. Wild fuchtelnd meinte der Tuk-Tuk-Fahrer: »Colombo, Colombo« und trat noch mal ordentlich das Gaspedal durch. Beim Rausspringen bezahlte ich und sprintete los, um den Zug noch zu bekommen. Doch genau in der Sekunde, als ich den Fahrkartenschalter erreichte, fuhr der Zug los. Ohne mich. Aus zehn Metern Entfernung konnte ich ihm nur noch zuwinken. Nun gut, in 30 Minuten würde ja laut der Rezeptionistin der nächste Zug kommen. Doch ihre Information stimmte nicht unbedingt mit dem Fahrplan überein. Der Fahrkartenverkäufer grinste mich freundlich an und meinte, dass der nächste Zug in vier Stunden käme. Damit war die Entscheidung gefällt. Ich musste wohl oder übel wieder den schrecklichen *local bus* nehmen. Doch der freundliche Mitarbeiter gab mir noch einen wertvollen Tipp mit auf den Weg: Ich könne auch den *highway bus* nehmen. Der sei viel schneller, da er nicht durch den stockenden Verkehr müsse. In diesem Moment hätte ich ihn am liebsten umarmt. Freudestrahlend und gut gelaunt ging ich zum Busbahnhof und blieb abrupt vor einer nicht enden wollenden Schlange stehen. Hunderte Menschen warteten. Ich ahnte Böses, und meine Vorahnung wurde durch einen Blick zum Schild sofort bestätigt. Da stand es ganz klar und deutlich: *Highway Bus Colombo*. Völlig verzweifelt fragte ich einen Mann aus der Schlange, wie viele Menschen denn in den Bus reinpassten.

»Knapp 40«, war seine Antwort.

Ich musste nicht lange rechnen, um zu wissen, dass ich hier einige Stunden warten müsste, bis ich meinen Fuß in den angepriesenen Bus setzen dürfte. Also wieder Planänderung. Frei nach dem Motto *never change a running system* steuerte ich den *local bus* nach Colombo an. Als ich einstieg, strahlte mich der Busfahrer an und meinte, dass wir in 10 Minuten losführen. Und dass er viel schneller als der *highway bus* sei. Ich nickte ihm ungläubig zu, setzte mich resigniert ans Fenster und blickte auf die Uhr. Es war kurz vor 10 Uhr. Mit etwas Glück wäre ich gegen 14 Uhr in Colombo. Ich war bereit für die nächste Höllenfahrt.

Doch das Glück meinte es gut mit mir. Denn tatsächlich war diesmal der Verkehr nicht so schlimm. Wie durch ein Wunder erreichten wir das 30 Kilometer entfernte Colombo wahrhaftig in den vorhergesehen eineinhalb Stunden.

***

Bereits als ich aus dem Bus stieg, spürte ich das gewisse Etwas. Trotz brütender Hitze, tosendem Verkehr und wildem Durcheinander lag etwas Besonderes in der Luft. Ich spürte in mir die Bereitschaft, mich auf Colombo einzulassen. Nichts zu erwarten. Und einfach zu schauen, was kommt. Ich stieg genau an der Stelle aus, wo meine Familie und ich drei Wochen zuvor ausgestiegen waren, und entdeckte auf der rechten Seite einen Markt. Alle, die mich kennen, wissen, wie sehr ich Märkte liebe! Denn auf lokalen Märkten, die nicht für Touristen gemacht sind, findet man das wahre Gesicht des Landes. Meistens schenken einem die Verkäufer nur kurz Beachtung, wenn sie sehen, dass sich ein Europäer zwischen ihren Ständen verirrt hat, und wenden sich dann ziemlich schnell wieder den eigentlichen Geschäften zu.

So stürzte ich mich unbemerkt ins Marktgetümmel, schlenderte langsam von einem Stand zum Nächsten, beobachtete seelenruhig die Menschen und machte ganz viele Fotos. Mir kam es fast schon befremdlich vor, dass die Verkäufer hier auf Teufel komm raus keine Geschäfte mit mir machen wollten. Im Gegenteil. Von einem jungen Mann mit dem breitesten und freundlichsten Lachen, das ich je gesehen habe, bekam ich Tomaten geschenkt. Eine alte Frau drückte mir eine Tüte Mangos in die Hand und wollte partout kein Geld dafür haben. Und ein anderer Mann lud mich ein, seine süßen Backwaren zu probieren. Wahrhaftig. Dieses Sri Lanka hier auf dem Markt in Colombo war so ganz anders als das nahegelegene touristische Negombo. Und ich fühlte mich hier um einiges wohler als an der Poolbar unseres Luxushotels.

Ich hätte noch viele weitere Stunden auf dem Markt verbringen können, aber ich wollte mehr von Colombo sehen. So entschloss ich mich als nächstes zu einem Spaziergang durch das Stadtviertel Pettah, das mir auf Anhieb gefiel. Quirlig. Geschäftig. Und so farbenfroh. Auf der Hauptstraße Olcott Mawatha bog ich auf der Höhe vom Hauptbahnhof rechts in die 1st Cross Street ein – und plötzlich stand ich mitten im Geschehen. Hier in den Gassen tummelte sich ein bunter Mix verschiedener Kulturen, Ethnien und Religionen. In meinem Reiseführer hatte ich zuvor gelesen, dass in diesem Stadtviertel bereits seit Jahrhunderten Muslime, Buddhisten, Hinduisten, Katholiken sowie Tamilien und Singhalesen friedlich miteinander lebten. Und es stimmte. Mir kamen Menschen der verschiedensten Religionszugehörigkeiten entgegen, die sich freundlich gegenseitig grüßten und anhielten, um einen kleinen Plausch zu halten. Dicht an dicht standen die verschiedensten Läden. Mal mit hinduistischen Opfergaben, mal arabische Schneider, dann wieder mit katholischen Jesusbildern oder einer Vielzahl an Bollywood-DVDs. An jeder Ecke gab es etwas zu Essen. Menschenmassen rannten umher, Nonnen unterhielten sich, Frauen in bunten, bauchfreien Gewändern erledigten ihre Einkäufe, dunkel gekleidete Frauen mit schwarzen langen Kopftüchern liefen zielstrebig zum nächsten Obststand, ein buddhistischer Mönch im orangen Gewand, mit langen Ketten um den Hals und einer kleinen Nickelbrille im Gesicht fuhr mit seinem Fahrrad an mir vorbei – und das alles in einer sehr übersichtlichen und angenehmen Atmosphäre.

Ich schlenderte weiter die 1st Cross Street entlang bis zur sonderbaren Jami-ul-Alfar-Moschee, vor der ich mehrere Minuten lang staunend stehen blieb. Noch nie zuvor hatte ich so eine bunte Moschee gesehen. Sie erinnerte mich ein klein wenig an Legoland. Anschließend bog ich rechts in die Bankshall Street, folgte dem Straßenverlauf und am Kreisel bog ich nach links in die schmale Sea Street ein. Auf meinem Weg ins nächste Stadtviertel Kotahena passierte ich etliche beeindruckende hinduistische Tempel, buddhistische Pagoden und katholische Kirchen. Mit einem frisch gepressten Maracujasaft in der Hand ließ ich mich weiter von Colombo treiben. Ich war erstaunt, wie verhältnismäßig sauber die Straßen und in was für einem guten Zustand die Bürgersteige waren. *Hieß es nicht, dass Colombo überall nur sehr dreckig sei? Ein Moloch?* Das konnte ich hier in den Stadtvierteln Pettah und Kotahena auf keinen Fall bestätigen. Da hatte ich bereits viel schlimmere asiatische Metropolen erlebt – und sogar von der geschäftigen Weltstadt Hong Kong hatte ich einen schlechteren Eindruck in puncto Sauberkeit.

An der berühmten Wallfahrtskirche St. Anthony bog ich noch in die Vivekanada Hill Road ein und entschied mich, ab jetzt meine Erkundungstour durch Colombo mit einem Tuk Tuk fortzuführen. Mit einem Fahrer verhandelte ich eine Pauschale von 800 Rupien, und vom Tuk Tuk aus ließ ich gemütlich das weitere Stadtbild Colombos an mir vorbeiziehen. Auf dem Weg sah ich mir die beeindruckende Wolvendaal Church und zwei hinduistische Tempel an. Dann fuhren wir am streng bewachten President's House vorbei. Weiter ging's zum mondänen World Trade Center, vorbei an vielen modernen Hochhäusern, wir machten einen kurzen Halt am alten, neoklassizistischen Parlamentsgebäude, legten einen Zwischenstopp am Leuchtturm ein, bis es abschließend zur letzten Station ging, dem prachtvollen Galle Face Green. An der lang gezogenen Uferpromenade tobte das Leben. Junge und alte Menschen trafen sich hier zum Flanieren. Sie saßen auf den Bänken und schauten gemeinsam dem tobenden Meer zu. Kinder rannten kreuz und quer und ließen ihre Drachen gen Himmel steigen. Ich war wie verzaubert von diesem Ort und ganz traurig, dass ich nicht mehr Zeit hatte, noch tiefer in die Welt Colombos abzutauchen.

Wie konnte es sein, dass mein Eindruck von Colombo so ganz anders war,
als die dominierende Meinung im Reiseführer oder auf zahlreichen Blogs?
Zweifelsohne war die Metropole – wo der Legende nach vor über 2.500
Jahren der bereits erleuchtete Siddhartha Gautama, den meisten als Buddha bekannt, seinen Fuß ans Ufer gesetzt hatte – vollgestopft, chaotisch,
heiß, laut und wüst. Dennoch bot sich mir auch ein pulsierendes, buntes,
quirliges, facettenreiches und absolut spannendes Stadtbild, in dem viele
verschiedene Religionen friedlich miteinander lebten. Ich war beeindruckt
und froh, dass ich Colombo eine zweite Chance gegeben hatte. Der Stadt,
die ich beim ersten Mal so furchtbar fand ...

Es war höchste Zeit! Schließlich musste ich noch den langen Weg
zurück ins touristische Negombo antreten. Ich ließ mich vom Tuk-Tuk-
Fahrer zurück zum Busbahnhof bringen. Entgegen unserer Vereinbarung
wollte er mal wieder mehr Geld haben. Natürlich! Ich war es in Sri Lanka schließlich nicht anders gewohnt. Meine helle Hautfarbe war für die
Fahrer halt viel zu verlockend, um mich nicht über den Tisch zu ziehen.
Etwas verärgert drückte ich ihm das Geld in die Hand. Dafür gab es kein
Trinkgeld, beschloss ich – und musste kurz schweren Herzens an meinen
heißgeliebten Tuk-Tuk-Fahrer Rithisak in Kambodscha denken. Gedankenverloren bahnte ich mir meinen Weg durch die Menschenmassen zum
local bus, als ich plötzlich einen alten Mann hinter mir hörte, der mir zurief, dass ich den *highway bus* nehmen sollte. Er deutete zur Bushaltestelle
auf der gegenüberliegenden Seite. Ich konnte meinen Augen kaum trauen!
An der Bushaltestelle warteten gerade mal 40 Leute. Mit ein wenig Glück
würde ich sogar noch einen Platz im nächsten Bus ergattern. Kaum hatte
ich mich angestellt, kam auch schon der begehrte Bus. Nach einem geord-
neten System stiegen die Leute der Reihe nach ein und der Fahrer wies mir
tatsächlich den letzten freien Platz im Bus zu. *Was für ein Glückstag heute!*
Besser hätte es nicht laufen können.

Ich schaute aus dem Fenster. Die tief stehende Sonne tauchte Colombo in ein besonders goldiges Licht. An mir zogen noch etliche wei-

tere Bilder dieser Zwei-Millionen-Metropole vorbei, die definitiv einen besseren Ruf verdient hätte. Zum letzten Mal verlor ich mich mit Herz und Seele in ihr, in all ihren Facetten und Impressionen. Als wir auf die Autobahn fuhren, schloss ich die Augen und döste vor mich hin. Zwei spannende, aufregende Monate reich an Begegnungen und Erlebnissen lagen hinter mir. Morgen spät in der Nacht würde es wieder zurückgehen in die Heimat, wo ich vor mehreren Wochen meinen Scherbenhaufen zurückgelassen hatte. Damals, bei meiner Abreise, kam er mir noch so *riesig groß* vor. Und jetzt, hier, irgendwo auf der Autobahn zwischen Colombo und Negombo, kam er mir auf einmal so *unbedeutend klein* vor. Ich musste an das Zitat von Graham Greene denken: »*Niemand kommt von einer Reise so zurück, wie er weggefahren ist.*« Ja, das konnte ich so zu 100 Prozent unterzeichnen.

Als ich meine Augen wieder öffnete, näherten wir uns Negombo. Ich hatte die Hotelbunker dieser touristischen Hochburg sofort erkannt. Ich stieg aus dem Bus aus und nannte einem Tuk-Tuk-Fahrer den Preis, den ich zurück zu meinem Hotel bezahlen wollte. Mittlerweile bildete ich mir ein, die Touristen-Preise für Fortgeschrittene ein wenig zu kennen. Entschieden drückte ich ihm das Geld in die Hand und gab ihm klar zu verstehen, dass ich nicht bereit war, mehr zu zahlen. Zu meiner Verwunderung lächelte er mich an und meinte: »*no problem*«. Etwas verblüfft stieg ich ein. *Wurde ich etwa das erste Mal nicht abgezockt?* Zufrieden lehnte ich mich zurück ...

5. KAPITEL

Krisen stellen in erster Linie eine Gefahr für unseren Alltag dar. Sie bieten aber auch eine wunderbare Gelegenheit, einige Dinge zu ändern, um das Leben wieder besser zu machen. (Unbekannt)

Im Goldrausch

Mittlerweile war ich die persönlichen Krisen, die mich zu Hause erwarteten, ja bereits gewohnt. Kaum aus Sri Lanka zurückgekommen, wollte ich nur noch weg. Mal wieder! Zu dunkel und kalt war der Winter. Das Fernweh einfach zu groß und die Gelegenheit zu perfekt. Außerdem sprachen zwei handfeste Gründe für eine nächste Reise:

Da ich erst ab April einen Betreuungsplatz für meinen Sohn hatte, kam ich zu Hause eh nicht so recht zum Arbeiten. Sein zweiter Geburtstag stand bald an, und bis dahin wollte ich den finanziellen Vorteil nutzen, dass sein Flugticket umsonst war – und noch einmal ganz weit wegfliegen.

Gründe, die gegen eine Reise sprachen, fand ich nicht. So urteilte zumindest mein Bauchgefühl; mein Verstand und die Vernunft hatten kein Mitspracherecht. Dementsprechend entschloss ich mich, erneut den Rucksack zu packen und für einen Monat aufzubrechen. Und da Kolumbien und ich eh schon seit *sehr, sehr* vielen Jahren eine Rechnung zu begleichen hatten, stand nach kurzer Überlegung das 13. Reiseland meines kleinen Kindes fest.

Als ich zwei Wochen danach am Flughafen von Bogotá in ein Taxi stieg, hatte ich ordentlich Muffensausen. Es war früher Abend, und die

Sonne am urbanen Horizont war mittlerweile untergegangen. Unser Ziel war die historische Altstadt von La Candelaria, der zweifelsohne nicht der beste Ruf vorauseilte. Ich hatte mich vorab im Internet und auf Blogs ein wenig schlau gemacht. Die Entscheidung fiel mir nicht leicht, da alle von einer Übernachtung im Stadtviertel La Candelaria, wo es die meisten Sehenswürdigkeiten zu sehen gab, abrieten. Jedoch hatte ich auch wenig Lust, mich stundenlang mit Bussen zur Altstadt Bogotás durchkämpfen zu müssen. Ein zweischneidiges Schwert. Ich las von mehreren Leuten, die mit ihrem kompletten Hab und Gut überfallen worden waren, denn Überfälle standen in La Candelaria an der Tagesordnung. Diese Geschichten gingen mir nicht aus dem Kopf, als das Taxi im stockenden Schneckentempo durch die Kopfsteinpflastergassen fuhr. An jeder Ecke malte ich mir aus, wie jemand aus der dunkelsten Ecke mit einem Maschinengewehr vors Taxi springt und uns zum Aussteigen zwingt. Oder wie ein Drogensüchtiger mit einem großen Stein die Fensterscheibe einschmeißt. Und falls wir es in der Dunkelheit doch noch unversehrt zu unserem Hostel schaffen würden, wie uns spätestens beim Aussteigen eine Vielzahl an gefährlichen *bandidos* mit großen Messern umzingelt und all das Gepäck klaut. Wider Erwarten trat nichts davon ein.

Auch am nächsten Tag nicht, als ich mich aus dem schwer bewachten Hostel herauswagte und einen Fuß vor die Tür setzte. Da stand ich nun. In den Straßen von Bogotá. Schutzlos und der kolumbianischen Hauptstadt völlig ausgeliefert, von der ich kaum etwas Gutes gelesen hatte. *Ein riesiger chaotischer Moloch. Arm. Dreckig. Höchst kriminell. Drogensüchtige. Obdachlose. Und geplagt vom Dauerregen und von kalten Temperaturen.* Und ja ich musste dieser vorherrschenden Meinung Recht geben, zumindest was den Regen und die Temperaturen anging. Dunkle, pechschwarze Wolken hingen tief herunter, ein kräftiger Wind pustete mir ins Gesicht, und die 14 Grad fühlten sich viel frostiger als in der Heimat an. Vorsichtig schaute ich mich an jeder Ecke um, da ich davon ausging, dass überall die Gefahr lauern könnte – und sich plötzlich aus dem Nichts heraus jemand auf mich stürzen würde, um mir meine Handtasche wegzureißen. Schließlich waren mein Sohn und ich eine relativ leichte Beute, dessen war ich mir wohl bewusst. Doch anstelle der kriminellen, düsteren Übeltäter erblickte ich an vielen Ecken zahlreiche Polizisten, deren Präsenz mir allmählich ein wenig Sicherheit vermittelte. Ich entschied mich, ab sofort zwar mit großer Vorsicht durch Kolumbien zu reisen und stets auf mein Bauchgefühl zu hören, aber meine ständige Angst abzulegen. Angst ist ein sehr schlechter Reisebegleiter. Das war schon immer meine Reise-Devise gewesen. Und schließlich war ich jetzt hier, um endlich, nach so vielen Jahren, das große Abenteuer Kolumbien erleben zu können.

Oh ja! Kolumbien hatte bereits vor zwei Jahrzehnten ganz oben auf meiner Reiseliste gestanden. Damals, als ich nach dem Abitur von Guatemala bis nach Ecuador gereist war, hatte ich das Land aber schweren Herzens auslassen müssen. Kolumbien war zu jener Zeit einfach zu gefährlich aufgrund seiner gewaltvollen Drogen- und Guerillakriege, die Jahrzehnte lang anhielten. Fast 50 Jahre lang musste die Bevölkerung größtenteils von der Außenwelt abgeschottet leben. Es war das dunkle, finstere Kapitel in der kolumbianischen Geschichte, in der Drogenbosse weit über die Landesgrenzen hinaus ihr Unwesen trieben, das politische System nach Lust und Laune aushebelten und ihren eigenen kriminellen Gesetzen folgten. Hinzu kamen die blutrünstigen Gräueltaten der Guerillas und des Paramilitärs ... Viel zu lang führte Kolumbien auf einer beachtlichen Spitzenposition die Liste der gefährlichsten Länder weltweit an. Doch seit November 2016 begann sich die politische Lage allmählich zu entschärfen. Die kolumbianische Regierung und die FARC-Rebellen hatten sich auf neue Friedensverträge geeinigt. Und mit der Unterzeichnung stand das Land vor einer neuen Zukunft, die endgültig einen symbolischen Schlussstrich unter dem gespenstischen, gewaltvollen Kapitel setzen sollte, welches ein ganzes Land in Angst und Schrecken versetzt hatte.

ENDLICH! Die perfekte Gelegenheit, meine Rechnung mit Kolumbien zu begleichen. Ich wollte diese besondere Aufbruchstimmung in Kolumbien hautnah miterleben und dieses vielseitige Land mit all seinen wunderschönen Kolonialstädten, malerischen Andengipfeln, einsamen Karibik- und Pazifikstränden, exotischen Amazonasregionen und rauen Berglandschaften kennenlernen. Vor allem bevor massenweise Touristen nach Kolumbien strömen würden. Denn spätestens seitdem der Verlag Lonely Planet Kolumbien als Trendland 2017 auf Platz zwei gekürt hatte, war mir klar, dass dies bald geschehen würde. Und Kolumbien setzte vieles in Bewegung, um sich endlich einen lukrativen Platz auf der touristischen Landkarte zu sichern.

***

Meine Entdeckungslust am ersten Tag in Bogotá wurde allerdings von den finsteren, tief hängenden Wolken getrübt. Nach ein paar Stunden musste ich meinen Stadtbummel durch das quirlige und bunte La Candelaria abbrechen. In schweren, großen Tropfen fing es an zu regnen. Ein Blick zum pechschwarzen Himmel offenbarte, dass dieser Regen sehr lange anhalten würde. Ich spielte sogar kurz mit dem Gedanken, wieder zurück zum Hostel zu gehen, als mir die rettende Idee kam, das Museo del Oro zu besuchen. Schließlich sollte das Goldmuseum in Bogotá zum wichtigsten Museum Südamerikas gehören. Ich schaute zu meinem Sohn im Buggy, dem langsam aber sicher die Augen zufielen. Zweifelsohne ein günstiger Augenblick, um sich auf die Spuren des legendären *El Dorado* zu begeben, dessen Mythos ab dem 16. Jahrhundert Menschenmassen in einen gierigen Goldrausch versetzt hatte. So waren Abertausende vom Glauben besessen, dass unermessliche Goldschätze hier im Norden Südamerikas auf sie warteten.

Und wahrhaftig! Auch ich war gleich beim Betreten des Goldmuseums in einem regelrechten Goldrausch, der mich immer mehr in seinen faszinierenden Bann zog. Glanzvolle jahrhundertalte Amulette, Masken, Nasenringe, Gefäße und verschiedene mythische Tierfiguren aus purem Gold blendeten meine Augen. Ich kam aus dem Staunen nicht heraus. In den Vitrinen bewunderte ich wunderschöne, filigran gearbeitete Schmuckstücke und eindrucksvolle Zeugnisse der präkolumbianischen Handwerkskunst. Fast schon etwas demütig ließ ich die prunkvollen Exponate, die von Mythen, Religionen und Legenden aus fernen Zeiten erzählten, in aller Ruhe auf mich wirken.

Mit Gott auf einen Kaffee, 180 Meter unter der Erde

Der Regen hielt bis zum nächsten Morgen an. Und ein Blick auf meine Wetter-App verriet mir, dass das Wetter in Bogotá auch die nächsten Tage nicht vorhatte, ein paar Sonnenstrahlen durchzulassen. So entschied ich mich nach dem Frühstück gegen einen weiteren Tag in der Hauptstadt, packte unsere Sachen und fuhr Richtung Norden nach Zipaquirá.

Jedoch bekam ich etwas unfreiwillig vom Taxifahrer, der kaum älter als 18 Jahre alt war (höchstwahrscheinlich eher jünger!), eine stundenlange Stadtbesichtigung durch die Peripherie Bogotás. Hinten auf der Sitzbank wunderte ich mich zunehmend, warum es so lange zum Busbahnhof dauerte. Als nach über einer Stunde Fahrt das Stadtbild von den an uns vorbeiziehenden Randgebieten immer düsterer und gruseliger wurde, fing meine Fantasie an, mir einen Streich zu spielen. Ich malte mir bereits Szenarien von einer Entführung aus, wie der Taxifahrer uns gleich irgendeiner kriminellen Mafia übergeben würde, die dann aus Deutschland horrendes Lösegeld fordern würde. Doch bevor meine Vorstellungskraft die Überhand gewinnen sollte, entschied ich mich zu einem frontalen Gegenangriff.

»Esto es el camino al terminal de los buses para Zipaquirá«, fragte ich zaghaft den jungen Taxifahrer. Ich schulterte bereits den kleinen Ruck-

sack mit unseren wichtigsten Sachen – Reisepässe, Kreditkarten und Geld trug ich ja eh immer am Körper – und umklammerte fest meinen Sohn. Ich war fest entschlossen, bei drohender Gefahr zu fliehen, laut nach Hilfe zu rufen und wie eine Löwin mein Kind zu beschützen. Doch in derselben Sekunde, in der ich in Gedanken energisch und kampfbereit meinen Fluchtplan entwarf, stellte ich fest, dass absolut keine Gefahr aus dem Hinterhalt drohte. Auf meine Frage, ob wir wirklich auf dem Weg zum Busbahnhof nach Zipaquirá seien, gab der Taxifahrer kleinlaut zu, dass wir uns komplett verfahren hatten. Mir fiel regelrecht ein Felsbrocken vom Herzen. Vor lauter Freude, dass wir jetzt doch nicht entführt werden, konnte ich dem Jungen am Steuer unsere Irrfahrt durch Bogotá gar nicht verübeln. Ich bemühte mich, ihn zu ermutigen, suchte mithilfe von Google Maps nach einer verkehrsgünstigen Route und navigierte ihn schlussendlich durch die südamerikanische Metropole. Nach etwa drei Stunden und zahlreichen Staus erreichten wir unser Ziel. Ich hatte etwas Mitleid mit dem jungen Taxifahrer, der entgegen meiner Erwartung völlig lakonisch auch nur die ursprünglich vereinbarte Summe von mir forderte. Niedergeschlagen schaute er auf den Boden. Ich war mir sicher, dass er kurz davor war, seine Karriere als Taxifahrer – die sicherlich nur ein paar Tage alt sein konnte – an den Nagel zu hängen. Unter normalen Umständen hätte ich kein Erbarmen mit seiner Irrfahrt gehabt und womöglich vermutet, dass er sich sogar mit Absicht verfahren hatte, um schlussendlich mehr zu kassieren. Jedoch fühlte ich mich auf eine sonderbare Weise mit ihm verbunden. Irgendwie hatte der Junge es geschafft, mein Mama-Herz zu berühren. Schließlich bin ich dank ihm (und mit der Hilfe von Google Maps) knapp der Gefahr einer Entführung entkommen. Zumindest in meiner blühenden Fantasie. Und da ich außerdem keine Lust hatte, bei ihm eine persönliche Krise in puncto Berufswahl auszulösen, drückte ich ihm freiwillig die dreifache Summe in die Hand und war bereit für mein nächstes Kolumbien-Abenteuer – die unterirdische Salzkathedrale von Zipaquirá.

***

Ich muss zugeben, dass ich mich ganz unvorbereitet in dieses religiöse Abenteuer gestürzt habe. Und wenn ich ganz ehrlich bin, wusste ich kaum etwas von diesem spektakulären Bauwerk. Schließlich diente die Catedral de Sal für mich als Lückenbüßer für den Dauerregen in Bogotá. Wie gut, dass ich der Dame an der Kasse nichts davon erzählte, als ich mich wunderte, dass der Eintritt tatsächlich 15 Euro kosten sollte. Eine stolze Summe in Kolumbien! Doch als ich erfuhr, dass es weltweit nur drei unterirdische Kathedralen gibt und dass wir 180 Meter unter die Erde gehen würden, fing in mir der Glaube an zu wachsen, dass hier in der Tiefe der Unterwelt ein großes surreales Wunder auf mich warten sollte.

Am Eingang musste ich mich einer geführten Gruppe anschließen. Ein Guide sollte uns durch das zwei Kilometer lange Tunnelsystem hinabführen und darauf achten, dass wir uns in den verworrenen Gängen und verwinkelten Katakomben nicht verlieren. Zum Glück war gerade die Zeit des wohlverdienten Mittagsschläfchens, sodass mein Sohn seelenruhig in seinem Buggy den tiefen Schlaf des Gerechten hielt. Das gab mir die innere Hoffnung, dass ich den Rundgang nicht vorzeitig wegen eines gelangweilten Störenfriedes abbrechen müsste. Ich kam mit ein paar Leuten aus meiner Gruppe ins Gespräch. Die meisten von ihnen waren von weit hergereist: aus Perú, Brasilien, Argentinien, Mexiko, Spanien, China, dem Libanon. Ganz nebenbei erfuhr ich, dass die Catedral de Sal zu den wichtigsten Pilgerstätten Südamerikas gehörte. Gemeinsam mit den tiefgläubigen Christen wartete ich ehrfürchtig auf unseren Einlass und war heilfroh, dass keiner von ihnen einen blassen Schimmer davon hatte, was für ein Religionsbanause ich doch war. Ich gelobte Besserung und konnte es mittlerweile selbst kaum erwarten, dass die Begegnung mit Gott tief unter der Erde beginnen würde.

Endlich war es soweit. Unsere gottesfürchtige Gruppe durfte sich in Bewegung setzten. Als wir den mächtigen Eingang des Stollens passierten, wurde es auf dem langen Weg in die Unterwelt zunehmend dunkler und stickiger. Ein Schauer überkam mich, was nicht zwingend nur mit den frostigen Temperaturen und der ungewohnt hohen Luftfeuchtigkeit zu tun hatte. Je tiefer wir uns hinabbegaben, desto mehr verzerrte sich die Atmosphäre um uns herum. Mühselig mussten wir uns Schritt für Schritt an die beklemmende Kurzatmigkeit, die von der ungewohnten Höhenluft der Anden verursacht wurde, gewöhnen. Die fehlenden Fenster verstärkten zudem die bedrückende, hoheitsvolle Stimmung. Monumentale Kreuze, zierliche Engel und filigrane Madonnenstatuen – alle in akribischer Feinarbeit aus Salzkristallen gemeißelt – waren unsere stummen Wegbegleiter. Sie wurden angeleuchtet in den unterschiedlichsten Farben, und aus der Ferne vernahmen wir ein babylonisches Sprachgewirr. Hunderte Menschen knieten pietätvoll auf kalten, kargen Felsstufen und beteten in sich gekehrt in den unterschiedlichsten Sprachen zu Gott. Ich bekam am ganzen Körper Gänsehaut – und das, obwohl ich kein besonders gläubiger Mensch bin. Aber diese ehrfürchtige Stimmung in der Untiefe der Unterwelt ließ mich andächtig verharren.

Wir näherten uns einem Balkon, dessen Ausblick erahnen ließ, dass das größte Spektakel noch vor uns lag. Wir blickten achtungsvoll hinunter in das große Hauptschiff in dessen Mitte ein überirdisches großes Kreuz aus Salz thronte. Voller Stolz erklärte uns der Guide, dass dieses Kreuz 16 Meter groß sei. Ohne miteinander zu sprechen, verweilten wir ein paar Minuten auf dem Balkon und betrachteten das wechselnde Farbenspiel, welches das Kreuz in die unterschiedlichsten Töne tauchte. Mal Lila, Grau, Rosa, dann wieder Blau.

Es ging weiter hinab, um den optischen Höhepunkt auch von unten zu bewundern. *Und wahrhaftig!* Der Anblick des prächtigen, 16 Meter großen Kreuzes – komplett aus Salz gefertigt – war überwältigend. Sogar für mich als nicht praktizierende Christin. Im Vergleich zu seiner überragenden Größe wirkten die Menschen so klein, nahezu wie kleine, unwichtige Ameisen, die in bedächtigen Schritten herumschlichen, sich in der Mitte versammelten, etwas murmelten, voller Erstaunen den Kopf ganz weit empor hoben und sich dann wieder in alle Himmelsrichtungen verteilten.

Während ich die mystische, surreale Atmosphäre noch ein wenig auf mich wirken ließ, verstand ich allmählich, warum sich dieses spektakuläre Bauwerk zu so einer wichtigen Pilgerstätte in Südamerika und sogar weltweit entwickelt hatte. Es war ein ganz besonderer Ort, tief unter der Erde, der eine gute Gelegenheit bot, Zwiesprache zu halten. Andächtige Krisensitzungen zu führen. Mit Gott. Mit sich selbst. Und mit der Welt da draußen hoch oben über unseren Köpfen.

Die Gruppenmitglieder verabschiedeten sich ganz feierlich voneinander. Den Weg zurück durften wir allein beschreiten. Ich blickte mich noch ein wenig um. Was noch kam, war allerdings nicht mehr besonders spektakulär. Ein Souvenirshop jagte den nächsten. Ich schaute hinunter zu meinem Sohn im Buggy. Es würde nicht mehr lange dauern, bis er aus seinem Tiefschlaf erwachen würde. Doch vorher wollte ich mir hier, in der göttlichen Unterwelt, noch einen Kaffee gönnen. Ich ging zur Theke, bestellte einen Kaffee, setzte mich auf eine Bank und trank ehrfürchtig die braune Plörre, die fürchterlich schmeckte. *Egal!*, dachte ich. Trotzdem wird dieser Kaffee, 180 Meter unter der Erde im kolumbischen Nirgendwo, unvergesslich für mich bleiben. An den furchtbaren Geschmack würde ich mich voraussichtlich schon sehr bald nicht mehr erinnern können. An mein Zwiegespräch mit Gott, mir selbst und der Welt da draußen dafür umso länger. Ich trank den undefinierbaren Inhalt meines Plastikbechers aus, verabschiedete mich von Gott und schob den Buggy wieder hoch in Richtung Tageslicht.

***

Unsere Reise durch Kolumbien ging weiter. Die dunklen Regenwolken am Himmel schienen uns zu mögen. Jedenfalls zogen sie mit uns mit und wurden spätestens zur Nachmittagsstunde unsere treuen Begleiter. Tag für Tag, was unsere Aktivitäten natürlich deutlich eingrenzte – und auch zu neuen Abenteuern herausforderte. In der wunderschönen Kolonialstadt Villa de Leyva traute ich mich trotz tief hängenden Wolken hinaus ins Freie. Schließlich wollten wir ja was erleben und nicht ständig im Zimmer hocken. Der freundliche Mitarbeiter im Hostel lieh mir einen großen Regenschirm aus, ich schnallte meinen Sohn in der Trage an und war überzeugt davon, dass wir jetzt gut gewappnet auf eine Erkundungstour außerhalb der Stadt gehen könnten. Bis zum Terracotta-Haus schafften wir es zwar noch einigermaßen trocken, doch danach erbrach sich irgendwo in der Pampa der pechschwarze Himmel, und es schüttelte wie aus Eimern. Ich stellte mich mit meinem Sohn in einem kleinen Häuschen unter und hoffte, dass es bald aufhören würde. Doch meine Gebete wurden nicht erhört. Stattdessen regnete es immer kräftiger, und allmählich wurde es dunkel. Mir war klar, dass wir jetzt so schnell wie möglich hier wegmussten. *Aber wie?* Die einzige Lösung war Trampen.

Hätte mir jemand vor meiner Reise erzählt, dass er in Kolumbien getrampt ist, hätte ich ihn für völlig bescheuert und lebensmüde erklärt. *In Kolumbien trampen? Irgendwo in der Pampa? Das ist doch dummer Wahnsinn!* Doch ungewöhnliche Situation erfordern ungewöhnliche Maßnahmen. Vor allem auf Reisen! Also stellte ich mich an die Straße, hielt den Daumen raus und betete inbrünstig zu Gott, dass uns kein gefährlicher *Bandido* mitnehmen würde. Ein paar Minuten später hielt ein Auto an. Etwas verwundert fragte mich der Mann im Cowboyhut, wo ich den hinwolle. Egal. Hauptsache in die Stadt. Ich setzte mich im guten Glauben, dass der Kolumbianer aus Hilfsbereitschaft handelte, zu ihm auf den Beifahrersitz, denn die Rückbank war mit Kisten vollgestellt. Und tatsächlich! Seine Nächstenliebe war sogar so groß, dass er für uns einen erheblichen Umweg in Kauf nahm und uns direkt ins Hostel fuhr. Als er uns wohlbehalten vor der trockenen Tür ablieferte, fragte ich ihn, was ich ihm schuldig sei. Er schüttelte den Kopf und meinte, dass er uns doch niemals im Regen stehen gelassen hätte. Wir verabschiedeten uns mit einem landestypischen *Que Dios te bendiga.* Gott segne dich. Als ich die Zimmertür aufschloss, musste ich ein wenig schmunzeln. Kolumbien schaffte es tatsächlich, einen gläubigen Menschen aus mir zu machen. Zumindest ein klein wenig.

***

Ich haderte etwas mit mir, wo es als nächstes hingehen sollte. In meinem Reiseführer hatte ich einen kurzen Absatz über das kleine Bergdorf Monguí in den Anden gelesen. Ich recherchierte weiter im Internet in der Hoffnung, mehr brauchbare Informationen zu finden. Vergebens. Das Bergdorf Monguí schien auf der touristischen Landkarte ein völlig unbeschriebenes Blatt zu sein. Ich wog ab, ob ich wirklich diesen mehrstündigen Umweg auf mich nehmen sollte, und entschied mich dafür.

Zahlreiche Stunden und mehrere Busfahrten später verfluchte ich mein Vorhaben. Die Reise schien kein Ende zu nehmen, aber das war ja in Kolumbien nichts Außergewöhnliches. Schließlich musste man hier ja auch enorme Distanzen bewältigen, bevor man von einem Ort zum nächsten kam. Irgendwann hinter den *vielen, vielen und nicht enden wollenden* Bergen tauchte endlich das lang ersehnte Ortsschild auf. Monguí. Wir waren angekommen. Als ich plötzlich ein Werbebanner des Hotels, das ich gebucht hatte, erblickte, fing ich ganz panisch dem Busfahrer zuzuwinken.

»*Te quieres quedar aquí? Estás segura?*«, fragte er mich ungläubig.

Ja, ich war mir sicher, dass ich hier aussteigen wollte. Ohne nur im Geringsten die Verwunderung des Busfahrers zu hinterfragen, stieg ich freudestrahlend aus, blickte dem staubaufwirbelnden Bus noch hinterher und stellte erst dann fest, dass ich irgendwo im Nirgendwo ausgestiegen war. *Wie dumm von mir!* Man sah mir sicherlich bereits aus der Entfernung die zahlreichen Fragezeichen im Gesicht an. *Wo ist der Eingang zum Hotel? Und überhaupt? Ich hatte doch eine ganz zentrale Unterkunft am Parque Central gebucht?* Kurze Zeit später kam eine Frau aus ihrem Haus zu mir rüber.

»Wo möchtest du denn hin?«, fragte sie mich.

Ich zeigte auf den Hotel-Banner, und sie brach in schallendes Lachen aus.

»Oh nein«, sagte sie. »Das Hotel befindet sich im Zentrum, etwa vier Kilometer von hier entfernt.« Sie deutete auf eine Straße mit einer Steigung von mindestens 40 Prozent. Ich war am Ende meiner Kräfte und kurz vor einem Nervenzusammenbruch. Insbesondere als sie mir erzählte, dass der nächste Bus erst in zwei oder drei Stunden käme. »Das kann man nie so genau wissen.«

Okay. Ich war mir dessen bewusst, dass ich mich erneut in einer ungewöhnlichen Situation befand und dementsprechend eine ungewöhnliche Maßnahme ergreifen musste. Ich steckte also wieder den Daumen raus, hielt nochmals Zwiesprache mit Gott und schwor mir hoch und heilig, zu Hause kein Sterbenswörtchen davon zu verlieren, dass ich binnen zwei Tagen zweimal in Kolumbien getrampt bin.

Als ich kurze Zeit später aus einem klapprigen Auto ausstieg, das bei uns zu Hause bereits seit mehreren Jahrzehnten keinen TÜV mehr bekommen hätte, merkte ich sofort, dass hier in Monguí die Uhren ganz anders tickten. *Rancheros* mit dunkler, wettergegerbter Haut und indigenen Gesichtszügen transportierten ihre Ware auf Pferden oder Eseln durchs Dorf. Kinder rannten einem abgewetzten Fußball hinterher, und die auffällige Kirche, die in der Mitte des Dorfes thronte, bestimmte den Tagesrhythmus ihrer Bewohner. Eine kleine alte Oma, gekleidet in einem flauschigen Poncho, winkte mir von der gegenüberliegenden Seite aus zu. Was hätte ich darum gegeben, jetzt auch so einen mollig warmen Wollumhang zu haben. Wir waren auf über 3.000 Höhenmetern, und die Kälte kroch mir bis in die Knochen. Aus Platzgründen hatte ich mich zuvor entschlossen, ausschließlich für meinen Sohn eine dicke Winterjacke mitzunehmen. Für mich hatte ich nur eine dünne Regenjacke, einen Kapuzenpulli und ein paar andere lange Kleidungsstücke mitgebracht, die ich jetzt alle in einem unvorteilhaften und absolut unmodischen Zwiebellook übereinander trug. Ich versuchte, mir warme Gedanken zu machen, in der Gewissheit, dass ich spätestens in der Karibik nicht mehr frieren müsste, und ließ das Flair dieses rauen Andendorfes auf mich wirken.

Nach etwa 20 Minuten hatten wir alle Attraktionen Monguís gesehen. Den großen zentralen Platz, die Kirche, die Calicanto-Brücke über den reißenden Fluss Moro und diverse Werkstätten für handgemachte Fußbälle. Ganz stolz erzählte mir eine Frau, dass in ihrer Produktionsstätte tatsächlich die WM-Fußbälle für die FIFA-Fußballweltmeisterschaft 1994 hergestellt worden waren. *Wow!* Ich staunte nicht schlecht, welchen unbekannten Ruhm dieses kleine, unscheinbare Dorf schon erreicht hatte. Doch viel mehr faszinierte mich der Glanz in ihren Augen, als sie mir davon erzählte. Sie war stolz wie Bolle. Das wäre auch einem Blinden nicht entgangen.

Meine Erkundungstour durchs Dorf wurde mal wieder von dicken, dunklen Regenwolken beendet. Kurz bevor es anfing, in Strömen zu regnen, rettete ich mich noch in eine kleine Dorfkneipe, wo mein Sohn und ich sofort zur spannenden und willkommenen Attraktionen wurden. Sowohl junge als auch alte Männer prosteten uns mit ihren Bierflaschen zu, die Besitzerin rannte aufgeregt hin und her und machte extra für den kleinen blonden Ehrengast eine Portion Pommes, und es dauerte nicht lange, bis einige Kinder an unseren Tisch kamen, um meinem Sohn etwas zu zeigen. Zufrieden lehnte ich mich zurück und ließ das Treiben auf mich wirken. Wenig später kam ich mit einer anderen Frau ins Gespräch, die mit einem deutlich jüngeren Mann hier war. Da die beiden etwas weiter von uns entfernt saßen, waren sie mir zuerst nicht aufgefallen. Doch irgendwann kam sie zu mir und erzählte mir, dass sie ursprünglich Iranerin sei, aber seit 30 Jahren in Florida lebte und jetzt mit ihrem Sohn durch Kolumbien reiste. Verblüfft schaute ich das ungewöhnliche Reiseteam an. Interessiert fragte ich sie, was sie denn nach Monguí verschlagen hätte.

Sie erzählte von ihrer Reise, dass sie in dieses kleine Bergdorf gekommen war, um in der spektakulären Landschaft des Páramos zu wandern, und fragte mich anschließend: »Wie lange lebst du denn eigentlich schon hier?«

Ich brauchte erst mal einen Augenblick, um ihre Frage wirklich zu verstehen – und musste anschließend etwas lachen. »Nein, nein. Ich bin selbst Tourist«, erklärte ich und fragte, wie sie denn darauf käme, dass ich hier wohnen würde.

Sie schaute mir tief in die Augen und antwortete: »Du wirkst so verbunden mit diesem Ort.«

Auf dem Rückweg zum Hotel dachte ich noch lange über ihre Worte nach. Sie hatte Recht. Es gibt Orte auf dieser Welt, die verzaubern dich sofort. Sie ziehen dich in ihren Bann, und obwohl du fremd bist, fühlst du dich sofort heimisch. Auf unerklärliche Weise verbunden mit dem Ort und seinen Bewohnern. Und obwohl das Andendorf hinter den *vielen, vielen und nicht enden wollenden* Bergen keine besonderen Sehenswürdigkeiten zu bieten hatte, war dieser Ort für mich doch vollkommen – und einfach nur zauberhaft schön.

Verloren auf dem königlichen Weg

Es war brütend heiß. Und ich hatte mir für den heutigen Tag viel vorgenommen. Ich wollte neun Kilometer von Barichara nach Guane entlang des Camino Reals wandern. Über Stock und Stein. Mit einem herrlichen Ausblick auf eine atemberaubende Landschaft. Der sogenannte königliche Weg wurde ursprünglich im Jahre 1864 von einem Deutschen als Handelsweg angelegt und diente lange Zeit als einzige Verbindung zwischen den beiden Dörfern. Ich war energiegeladen und voller Tatendrang. Genügend Proviant an Wasser und Essen war eingepackt und ich startklar. Meinen Sohn schnallte ich in der Trage an – und kaum hatten wir der Kolonialstadt Barichara den Rücken zugedreht, waren seine Augen auch schon zugefallen. Ich genoss den weitläufigen Panoramaausblick vom Miradoro, der erahnen ließ, wie spektakulär diese Wanderung durch die Wildnis Kolumbiens werden würde. Am Horizont erstreckte sich eine majestätische Bergkette in den unterschiedlichsten Grün- und Brauntönen, deren Gipfel von wattebauschigen Wolken umschmeichelt wurden. Der Himmel erstrahlte in einem besonders kräftigen Blau und große Greifvögel drehten seelenruhig ihre diebischen Runden.

Ich passierte die Statue des Freiheitskämpfers Simón Bolívar und begab mich auf den »königlichen Weg«, einen kleinen mit Steinen gepflasterten Pfad. Idiotensicher, hatte mir der Besitzer in meiner Pension versichert. Auf diesem Wanderweg kannst du dich nicht verlaufen. Leider hatte er mir nicht erzählt, dass ich unbedingt Turnschuhe tragen sollte. Nach einigen Metern bergrunter war mir klar, dass es von mir eine ganz dumme Idee war, auf dem Camino Real ohne festes Schuhwerk wandern zu wollen. Da ich aber zu faul war, zurückzukehren, entschied ich mich, dass dieses kleine Abenteuer irgendwie auch in Flipflops klappen musste.

Doch die erste Etappe war gar nicht so einfach. Vor allem mit einem Kleinkind in der Trage. Wenigstens bot der schwer bepackte Rucksack hinten ein gutes Gegengewicht. Phasenweise musste ich runterkraxeln und mich festhalten. Der Wanderweg forderte mir so einiges ab, was ich eigentlich nicht erwartet hatte. Ich war davon ausgegangen, dass es ein relativ leichtfüßiger Spaziergang werden würde, aber Umkehren kam ja auch nicht in Frage. Und da ich sowieso eher der Typ bin, der sich vorab nicht so viele Gedanken macht, sondern lieber alles auf sich zukommen lässt, ging ich einfach weiter – Meter um Meter, Stein um Stein – und versuchte die brütende Hitze und die Anstrengung einfach auszublenden. Streckenweise gelang mir das sogar ganz gut, da die Landschaft um mich herum einfach überwältigend war. Knorrige Baumstämme, meterhohes Gras, weitläufige Felder, Berge im Hintergrund – und diese unsagbare Stille, die hier und da von singenden Vögeln oder schrillen Grillen, die sich wie ein krächzender Traktor anhörten, unterbrochen wurde. Ich begegnete auf den neun Kilometern kaum einem Menschen, dafür waren meine Wegbegleiter Kühe, Ziegen, riesige Blattschneideameisen und ein bockiger Truthahn, der eine Weile hinter mir her gackerte und sich nicht von mir trennen wollte. Auch wenn es ein wenig kitschig klingen mag, aber ich hatte das Gefühl, als ob eine Wolke des Friedens und der absoluten Gelassenheit über mir schwebte. Ich war im Reinen – mit der Natur, meiner Umwelt und vor allem mit mir selbst. Wandern ist eine sehr gute Medizin gegen alle seelischen Probleme.

Ich lief und lief, und irgendwann wurden meine Beine mit jedem Schritt, den ich tat, immer schwerer und schwerer. Die glühende Luft flimmerte in der Hitze, und ich war mir gar nicht mehr so sicher, ob ich mich tatsächlich noch auf dem Camino Real befand. Das lag zu einem daran, dass der Pfad an einigen Abschnitten vom hohen Gras verschlungen wurde und man nur mit Mühe den Weg erahnen konnte. Aber natürlich trug mein nicht so gut ausgeprägter Orientierungssinn auch seine Mitschuld daran, dass ich teilweise das Gefühl hatte, mich komplett verloren zu haben. Da mir keine Menschenseele entgegenkam, blieb mir auch nichts anderes übrig, als einfach weiterzulaufen. Irgendwann würde schon das langersehnte Dorf Guane auftauchen. Oder zumindest eine richtige Straße. Ich versuchte, mich mithilfe von Google Maps ein wenig zu orientieren, aber Google schien genauso verloren zu sein wie ich. Meine App zeigte mir an, dass ich nur noch 30 Minuten bis zur nächsten Ortschaft bräuchte. Und eine gefühlte Stunde später waren es laut Google Maps noch zwei Stunden nach Guane. Ich war ratlos, absolut orientierungslos und spürte, wie mich zunehmend meine Kräfte verließen. *Ich kann nicht mehr*, dröhnte es in meinem Kopf. Meine persönliche physische und psychische Grenze war schon längst überschritten. Aber manchmal muss man im Leben über sich hinauswachsen, erkennen, dass man noch viel mehr aus sich herausholen kann, als man vermutet und dass man noch lange nicht am Ende seines Potenzials ist. Ich richtete meinen Blick nach vorne, und dabei dachte ich an ein Zitat von Wilhelm von Humboldt: »Es ist unglaublich, wie viel Kraft die Seele dem Körper verleihen kann.«

Ich hatte diese Worte ein paar Tage zuvor ganz nebenbei gelesen und ihnen nicht besonders viel Aufmerksamkeit geschenkt. Ich war zu beschäftigt gewesen, um mir Gedanken über die wahre Bedeutung dieses Zitates zu machen. Doch je mehr ich jetzt in der flirrenden Hitze und wilden Natur Kolumbiens über dieses Zitat nachdachte, desto mehr leuchtete es mir ein. *Ja! Es stimmt!* Es kommt vor allem auf unsere seelische Stärke an.

Plötzlich fühlte ich mich wieder euphorisch und beflügelt. Mittlerweile hatte ich so einige schwierige Seitenhiebe in meinem Leben gemeistert, da würde ich die restlichen Kilometer bis nach Guane auch noch schaffen. Egal, wie viele da noch kommen würden ...

Das erste, was ich in Guane tat, war ein Restaurant aufsuchen. Ich brauchte Essen. Mein Sohn forderte ebenfalls vehement sein Mittagessen, schließlich hatte er stundenlang geschlafen und musste jetzt auch zu Kräften kommen. So fragte ich mich im Dorf durch, wo wir etwas zu essen bekämen, und landete im Hof einer kleinen kolumbianischen Oma, die sicherlich kaum größer als 1,50 Meter war. Ich erkannte sofort, dass wir in ihrem privaten Haus waren, das sie kurzerhand zu einem kleinen Restaurant umgebaut hatte. Sie wies meinem Sohn und mir im schattigen Garten einen Platz zu und eilte sofort in die Küche, ohne uns überhaupt zu fragen, was wir essen wollten. Nach etwa einer halben Stunde kam sie mit einem frischgepressten Guavesaft und zwei riesigen Portionen gegrilltes Hühnchen mit Salat und Pommes wieder hervor. Obwohl ich ein sehr guter Esser bin, schaute ich sie verdutzt an.

»Wer um Himmels willen soll das bitte alles essen?«

Sie klopfte mir ermunternd auf die Schulter und meinte in einem mütterlichen Ton zu mir: »*Come mi hija, come todo.* Iss, mein Mädchen, iss alles auf.«

Mein Sohn und ich hauten rein und schafften bei Weitem mehr, als gedacht. Denn das Essen von der kolumbianischen Oma war einfach zu lecker und das allerbeste, das ich in Kolumbien je hatte. Als sie etwas enttäuscht mit einem langgezogenen Gesicht unsere halbvollen Teller abräumte, kam sie sogleich mit dem Nachtisch angerannt. Ich versuchte, ihr zu erklären, dass ich keinen einzigen Löffel mehr schaffen würde. Davon wollte sie allerdings nichts wissen. Sie blieb standhaft und so lange an meiner Seite stehen, bis ich brav den ganzen Nachtisch verputzt hatte. Zufrieden schaute sie mich mit ihren gutmütigen Augen an und streichelte mir über den Kopf. Und ich kam mir plötzlich mehrere Jahrzehnte zurückversetzt vor, wie ein ganz kleines Mädchen, das bei seiner Oma im Wohnzimmer sitzt und gleich noch eine Belohnung bekommt. Diese kam dann tatsächlich auch. In Form eines Schnaps.

»No, no!«, sagte ich entschieden.

Aber auch hier war jeder Widerstand zwecklos. Sie bestand darauf. »Reinigt den Magen und verleiht dir wieder Kraft«, sagte sie.

Einer kolumbianischen Oma sollte man wohl besser nicht widersprechen, schlussfolgerte ich. Brav trank ich den hausgebrannten Schnaps aus und fühlte eine wohlige Wärme in mir aufsteigen. Beim Abschied drückte sie mich ganz kräftig, und ich konnte es kaum fassen, mit was für einer Herzlichkeit sie uns empfangen hatte. Ich trat auf die Straße und spürte, wie erneut die kitschige Wolke des Friedens und der Gelassenheit über mir schwebte.

Der schwarze Retter

Klar hatte ich mich extrem auf die Karibikküste gefreut. Tropisches Flair, heiße Rhythmen, exotische Früchte, weiße Strände und lächelnde Menschen. Doch als ich in Santa Marta nach einer 13-stündigen Busfahrt über Nacht ankam, fiel es mir sehr schwer, der karibischen Küstenstadt etwas abzugewinnen. Noch etwas übermüdet steuerten wir zuerst unser Hostel an, doch wie erwartet, war unser Zimmer noch nicht frei. Kein Wunder, schließlich war es gerade mal 8 Uhr. So frühstückten mein Sohn und ich in aller Ruhe, erholten uns ein wenig in den Hängematten und gingen dann ohne Plan los. Ich wollte mir natürlich die Stadt Santa Marta anschauen und mich später bei einem Reiseveranstalter über die Wüstentour nach La Guajira informieren, dem abgeschiedenen nördlichsten Zipfel des Festlandes Südamerikas. Ich wollte unbedingt dieses von extremer Dürre und windgepeitschten Landformationen geprägte Naturspektakel erleben.

Doch zuvor streunte ich lustlos durch die schmutzigen Straßen Santa Martas, die an einigen Ecken ganz schön düster wirkten. Obwohl ich sehr bemüht war, Gefallen an diesem Ort zu finden, wollten der Funke und die tropische Atmosphäre einfach nicht auf mich überspringen. Gelangweilt machte ich hier und da von irgendwelchen Motiven ein Foto und kämpfte mich dann weiter mit dem Buggy durch die unebenen, kaputten Straßen.

Ich hatte gerade Halt an einem leuchtend bunten Graffiti gemacht, als ich bemerkte, dass zwei junge Männer an mir vorbeigingen. Sofort schlug mein Bauchgefühl Alarm. *Stooopp! Irgendetwas stimmt hier nicht*, warnte es mich aus dem Nichts heraus. Aus dem Augenwinkel beobachtete ich die beiden. Sie passierten mich und blieben ein paar Meter entfernt stehen. Ich drehte um und ging langsam in die andere Richtung. Vorsichtig blickte ich hinter mich und sah, wie beide ihre Gehrichtung geändert hatten und mich nun verfolgten. Als sie fast hinter mir standen, blieb ich abrupt stehen. Etwas irritiert gingen sie an mir vorbei, und ich konnte deutlich ihre Gesichter sehen. Schlagartig wusste ich, dass es sich bei den beiden jungen Männern um Drogenabhängige handelte, die es bestimmt auf meine Handtasche und auf meine Spiegelreflexkamera abgesehen hatten, die ich dummerweise beim Fotografieren öffentlich zur Schau gestellt hatte. Ich musste etwas tun. *Und zwar sofort!* Also wartete ich ab, bis sie sich ein paar Meter von mir entfernt hatten, und wechselte dann wieder die Richtung. Ging die Straße hinauf und bog gleich rechts ab, in der Hoffnung, dass sie sich ertappt fühlten und ich sie schnell abwimmeln könnte. Mein Plan schien aufzugehen. Ich ging schnellen Schrittes kreuz und quer und bog immer wieder ab. Doch ein paar Minuten später sah ich sie wieder auf der gegenüberliegenden Straßenseite. *Keine Panik*, dachte ich – und versuchte mir nichts anmerken zu lassen. Ich ging in ein Geschäft rein, in der Hoffnung, dass ich hier sicher wäre. Nach einer Viertelstunde wagte ich einen Blick raus. Keine Spur von den zwei finsteren Gestalten. *Hatte ich es geschafft? Hatten die zwei Drogensüchtigen aufgegeben, mich zu verfolgen?* Da ich ja nicht stundenlang im Geschäft bleiben konnte, traute ich mich wieder auf die Straße. Weit und breit konnte ich keine verdächtigen Übeltäter erblicken.

Eine Weile später hatte ich den angsteinflößenden Vorfall schon fast vergessen, als ich plötzlich aus dem Nichts heraus spürte, dass ich wieder verfolgt wurde. Und tatsächlich! Die beiden Männer waren nur ein paar Meter hinter mir. Ich entschloss mich zum frontalen Gegenangriff und spürte, wie erneut diese Bereitschaft in mir aufflammte, für mein Kind und meine Wertsachen wie eine Löwin zu kämpfen. Ähnlich wie vor ein paar Wochen in Bogotá während der Taxifahrt. Diesmal jedoch begründet. Ich blieb stehen, drehte mich um und fing ziemlich laut an, beide anzupöbeln: »Wieso verfolgt ihr mich? Was wollt ihr von mir? Lasst mich in Ruhe!«

Eigentlich wusste ich gar nicht, was ich da tat. Aber es war in diesem Moment genau das Richtige. Denn so überraschte ich die zwei Drogenabhängigen. Sie wussten nicht, wie sie auf mein Schimpfen reagieren sollten, und waren sichtbar verwirrt. Zudem hatte ich es geschafft, die Aufmerksamkeit von den Menschen drum herum zu bekommen. Plötzlich mischte sich ein großer älterer schwarzer Mann in die Situation ein. Er stellte sich mit seiner Rückseite schützend vor mich hin, breitete seine Arme aus, fing mit seinem Körper an, wild zu gestikulieren und die beiden dunklen Gestalten ebenfalls zu beschimpfen. Binnen Sekunden kamen immer mehr Menschen hinzu.

Eine Frau wendete sich ebenfalls an mich: »*Te quieren robar la bolsa.*« Die wollen deine Handtasche klauen. Und dann schrie sie aus Leibeskräften: »*Policía, Polcía!*«

Die beiden Männer hatten schon längst die Hosen voll und waren an der nächsten Ecke auf immer und ewig verschwunden. Mir fiel ein riesiger Stein vom Herzen, dass ich so glimpflich aus diesem versuchten Überfall herausgekommen war. Ich wendete mich an meinen schwarzen Retter, den ich garantiert ein Leben lang nicht vergessen werde. Ich bedankte mich überschwänglich bei ihm und wäre ihm am liebsten um den Hals gefallen, wenn er nicht so riesig gewesen wäre. Er begleitet mich noch ein Stück und bot mir an, mich noch zur Polizeistation zu bringen. Doch ich entschied, dass das nicht nottat. Die beiden Männer mit den kriminellen Ambitionen waren sicherlich schon über alle Berge. Und ich war heilfroh, dass mein Sohn in seinem Buggy von dem ganzen diebischen Durcheinander nichts mitbekommen hatte.

Natürlich trübte dieser Vorfall noch mehr meinen Eindruck von Santa Marta. Ich hatte so gar keine Lust mehr auf diese Küstenstadt und wollte so schnell wie möglich hier weg. Ich steuerte das nächste Reisebüro an, um mir ein paar Informationen über die Wüstentour nach La Guajira zu holen, die von Santa Marta aus startete. Aber der Mitarbeiter zerschlug innerhalb von ein paar Minuten meine Hoffnung auf ein spektakuläres Wüstenabenteuer. In seinen Ausführungen merkte ich sofort, dass diese Tour für meinen Sohn zu strapaziös wäre. Und da für mich an erster Stelle das Muttersein und erst an zweiter die Abenteuerlust kam, entschied ich mich schweren Herzens gegen das Vorhaben. Irgendwann konnte ich ja wiederkommen, tröstete ich mich.

Auch den restlichen Tag schaffte ich es nicht, einen Zugang zur karibischen Stadt Santa Marta zu bekommen. Zwar lernten wir am Strand eine super sympathische Familie mit drei Kindern kennen, die gleich für meinen Sohn Eis kauften, doch wenig später fing es schon wieder an zu regnen. *Hatte ich schon erwähnt, dass wir in Kolumbien nicht nur von Dieben, sondern auch von dicken schwarzen Regenwolken verfolgt wurden?*

»Um diese Jahreszeit regnet es hier nie«, sagte ein Straßenverkäufer lachend.

Na, super! Seitdem ich in Kolumbien war, erlebte ich kaum einen Tag ohne Regen. Doch es kam noch schlimmer. Santa Marta wurde zusätzlich noch von einem Stromausfall heimgesucht, der bis tief in die Nacht anhielt. So musste ich mir nach einem Abendessen an einem Straßenstand, der mit einem Notfallgenerator betrieben wurde, den Weg durch die stockdusteren Gassen bahnen. Ich hatte die Schnauze voll. Von Santa Marta und allem, was ich an diesem Tag hier erlebt hatte. Am nächsten Morgen wollte ich weiter. Da aus meiner Wüstentour ja nichts mehr werden würde, entschloss ich mich spontan, an den Strand nach Palomino zu fahren. Und trotz düsteren Regenwolken, die mit uns dorthin reisten, gefiel es uns richtig gut. Wir verbrachten eine wundervolle, entspannte Zeit in diesem kleinen Ort.

***

Einige Tage später hatte ich mein Santa-Marta-Trauma überwunden und überlegte, ob ich von Palomino aus direkt in die Kolonialstadt Cartagena fahren sollte, was mir allerdings ein wenig weit erschien. *Oder doch vielleicht noch eine Nacht in Santa Marta verbringen?* Ich entschied mich dafür, Santa Marta noch eine zweite Chance zu geben. *Und siehe da!* Diesmal sprang der karibische Funke über. Ich wollte ein wenig die nächtliche Atmosphäre Santa Martas erleben, und so steckte ich nur ein bisschen Geld ein und ließ alles andere im Hostel. *Sollen sie mich doch überfallen, wenn sie mich überfallen wollen,* dachte ich resolut. Auf die 20 Euro in meiner Hosentasche konnte ich ohne großen Verlust gut und gerne verzichten.

Mit dieser Einstellung stürzte ich mich ins tropische Gewusel, welches mir immer mehr und mehr gefiel. Überall tummelten sich lachende Leute und spielende Kinder. Es wurde ausgelassen gefeiert, und an zahlreichen Ecken gab es viele Straßenmusiker und Tanzvorstellungen, die mein Sohn und ich verfolgten. Und ja, die berauschende Abendstimmung in dieser düsteren karibischen Stadt ließ mich meinen Frieden mit Santa Marta schließen. Trotz anfänglicher Antipathie. *Ist es nicht so, dass wir alle im Leben eine zweite Chance verdienen?*, dachte ich später im Bett, kurz bevor ich in einen traumreichen Schlaf mit viel tropischem Flair und heißen Rhythmen fiel.

Der Unbekannte in der Wüste in einer magischen Nacht

In der Ferne donnerte es. Vermutlich zog wieder ein heftiger Regenschauer auf. Noch ziemlich verschlafen fasste ich einen Entschluss. Ich musste meine Reisepläne ändern. Ursprünglich hatte ich angedacht, unsere letzten Tage im beschaulichen Ort Salento zu verbringen, der für die umliegenden Kaffeefarmen und für das spektakuläre Gebiet Valle del Cocora bekannt war, wo weltweit die höchste Palmenart wächst. Doch leider blieb mir der Anblick dieser dünnstämmigen Wachspalmen verwehrt. *Warum?* Natürlich weil es regnete und regnete – und die Wetter-App ankündigte, dass der Regen die kommenden Tage noch heftiger werden würde. Und da der Pfad nach oben zu den geheimnisumwitterten Palmen aufgrund des Schlammes sowieso schon ziemlich rutschig ist, war schnell klar, dass ich dieses Abenteuer nicht gemeinsam mit meinem Sohn erleben würde. Zumindest auf dieser Reise nicht. Ich versuchte, mich erneut über eine verpasste Gelegenheit in Kolumbien hinwegzutrösten, und entschied, dass ich halt irgendwann noch mal in dieses Land reisen müsste.

Doch jetzt stand ich vor einer viel dringenderen Entscheidung. *Wo sollte es als nächstes hingehen?* Ich wollte endlich vor dem Regen fliehen, der mich in Kolumbien nahezu jeden Tag verfolgt hatte. Noch ein bisschen Sonne tanken, bevor es wieder zurück nach Hause gehen würde. Den Abend zuvor hatte ich etwas recherchiert und war über Fotos von einer absolut bizarren Landschaft gestolpert. Die Tatacoa-Wüste. Ich war sofort hin und weg, doch ich hatte so gar keine Ahnung, wie beschwerlich und vor allem wie weit der Weg dorthin sein würde. Weder im Reiseführer noch im Internet fand ich Informationen, wie ich von Salento in die Tatacoa-Wüste kommen könnte. Und auch an der Rezeption unserer Unterkunft konnte mir keiner weiterhelfen. Deswegen entschied ich mich gegen ein Wüstenabenteuer und ging erst mal schlafen. Doch die Bilder dieser surrealen Landschaft verfolgten mich im Schlaf und ließen mir keine Ruhe.

In der Ferne donnerte es erneut. Ich stand auf und schaute aus dem Fenster. Tiefschwarze, bedrohliche Regenwolken begrüßten mich. In Windeseile begann ich zu packen. Mein unkonkreter Plan stand fest. Ich würde einfach Richtung Wüste aufbrechen – und schauen, wie weit ich kommen würde. Nach einem hastigen Frühstück nahmen mein Sohn und ich also einen Bus in den nächsten größeren Ort Armenia, in der Hoffnung, dass uns dort am Busbahnhof jemand genauer sagen könnte, wie wir in die Wüste kämen. Und in der Tat. Einmal täglich fuhr ein Bus nach Neiva, etwa 40 Kilometer von der Wüste entfernt. *Mit ein bisschen Glück würden wir es sogar am gleichen Tag noch dorthin schaffen*, dachte ich, während wir auf den Bus warteten. Doch schon bald merkte ich, dass dieses Unterfangen nicht realisierbar war. Der Bus hatte mehrere Stunden Verspätung, was in Kolumbien im Grunde planmäßig normal war.

Am späten Abend strandeten wir also in Neiva. Ich war ein bisschen traurig, dass die Wüste zwar bereits zum Greifen nah war, wir aber erst mal eine Nacht in dieser unspektakulären Stadt verbringen mussten. Aber zumindest hatten wir den Regen tatsächlich abgehängt. Trotz später Stunde war es heiß, und ich freute mich wie ein kleines Kind auf das bevorstehende Abenteuer, das dann am nächsten Morgen tatsächlich weiterging. Obwohl wir nur 40 Kilometer von der Desierto de la Tatacoa entfernt waren, benötigten wir dennoch geschlagene vier Stunden zum lang ersehnten Ort.

Als wir die letzte kleine Ortschaft Villa Vieja dann hinter uns gelassen hatten, fing die Landschaft an, sich schlagartig zu verändern und immer bizarrer zu werden. Faszinierende Felsformationen mit scharfen Kanten, ausgetrocknete Landstriche, rissige Abgründe, vereinzelt ein einsamer Reiter und dann die meterhohen Kakteen. Wahrhaftig! So ein Naturspektakel hatte ich noch nirgends auf der Welt gesehen.

Für ein kleines Extratrinkgeld brachte uns der Busfahrer sogar zu einer Unterkunft, wo ich hoffte, ein Zimmer zu bekommen. Die freundliche Besitzerin meinte, dass wir Glück hätten. Einen kleinen Bungalow hätte sie für uns noch, allerdings nur für eine Nacht, denn ab Morgen würde es hier voll werden.

»Warum?«, fragte ich sie.

Sie erklärte mir, dass ein langes Wochenende vor der Tür stünde und dass viele Bewohner aus Bogotá und Medellín die Feiertage nutzten, um einen Ausflug zu machen. Dementsprechend war ab morgen alles reserviert.

Nun gut. Ich freute mich darüber, dass ich wenigstens eine Nacht bleiben durfte, und organisierte mir nachmittags einen Guide für eine Wanderung durch die Wüste.

***

Obwohl in zwei Stunden die Sonne bereits untergehen sollte, war es immer noch brütend heiß. Edie, unser Guide, holte uns mit seinem Moped in der Unterkunft ab. Auf unserer Wanderung durch die roten Felsen von Suelos Rojos erzählte er mir viel über die Wüste, die eigentlich ein tropischer Trockenwald war. Ich erfuhr von ihm, dass die Tatacoa-Wüste ihren Namen ursprünglich von giftigen Schlangen erhalten hatte, die in diesem ausgetrockneten Becken lebten. Ich musste kurz schlucken. *Hatte Edie gerade tatsächlich Schlangen gesagt?* Aber er beruhigte mich sofort. Mittlerweile waren die Schlangen ausgerottet.

»Doch noch heute bedeutet das Wort Tatacoa in der indigenen Sprache meiner Vorfahren *böse Schlange* …« Edie zögerte ein wenig und fuhr dann fort: »… oder auch wütende Frau.« Er lachte laut auf und schaute mich dabei schelmisch an.

Ich musste mit ihm lachen. Zwar erschloss es sich mir nicht zwingend, was eine giftige Schlange mit einer wütenden Frau gemeinsam hatte, aber sein unbefangenes Lachen wirkte ansteckend auf mich. Überhaupt war ich komplett von seiner Erscheinung und seiner Art fasziniert. Er hatte eine große Statur, indigene Gesichtszüge, seine Haut war von der Sonne gegerbt, und er strahlte eine ganz besondere Zufriedenheit aus. Er erzählte mir, dass er hier in der Wüste geboren worden und bereits als kleines Kind durch die Felsformationen gelaufen war. Er kannte jeden Hügel, jeden Stein und jeden Kaktus.

»Für uns Kinder war die Wüste damals ein großer Abenteuerspielplatz. Du wusstest nie, was du hinterm nächsten Felsen erleben würdest.«

Die Wüste als Spielplatz? Wie unterschiedlich doch Kindheiten sein konnten, dachte ich.

Stumm folgte ich Edie durch die karge Landschaft. Die vielen unterschiedlichen Rottöne veränderten durch die tief stehenden Sonnenstrahlen ständig ihre Farben. Mühselig kraxelten wir zahlreiche Felsen hoch und genossen das Naturspektakel um uns herum. Ich konnte an Edies Gesichtsausdruck erkennen, dass diese bizarre Landschaft auch für ihn noch immer etwas Besonderes war. Ich fragte ihn, ob er jemals wo anders gewesen wäre.

»Oh ja! In Bogotá. Einmal und nie wieder! Einfach nur schrecklich diese Stadt«, sagte er naserümpfend.

Ich stellte mir den naturverbundenen Edie in der chaotischen Hauptstadt vor und kam zu dem Entschluss, dass dieses Bild überhaupt nicht passte.

»Hier bin ich geboren, hier habe ich gelacht, geliebt und geweint. Hier möchte ich eines Tages auch sterben und meine Asche soll der Wind dann in alle Himmelsrichtungen verteilen, damit ich schlussendlich dahin zurückgehe, wo ich hergekommen bin. Zurück zur Pachamama, zur Mutter Natur ...«, sagte Edie ehrfürchtig, während uns ein warmer Wind ins Gesicht blies.

Ich war mächtig beeindruckt. Obwohl die Worte von Edie in einer anderen Situation extrem geschwollen und esoterisch geklungen hätten, ergaben sie hier, mitten in der Wüste, einen Sinn. Er schien ein Mensch zu sein, den nichts mehr aus dem Gleichgewicht brachte. Den nichts erschüttern konnte. Einer, der sein Ziel im Leben schon längst erreicht hatte. Ich betrachte ihn etwas genauer und musste plötzlich an Buddha denken. *Oh ja!* Irgendwie kam mir Edie wie ein erleuchteter Buddha vor. Nur halt mit indigenen Gesichtszügen.

Doch noch viel mehr beeindruckte mich Edies tiefe Verbundenheit mit seiner Heimat. Dieses Gefühl kannte ich nicht. Im Gegenteil. Als ewiger Vagabund, den immer das Fernweh packte, konnte ich mir so gar nicht vorstellen, wie es ist, wenn man einen Ort noch nie so richtig verlassen hat. Wenn man sein ganzes Leben in ein und derselben Gegend verbringt. Nie das Meer gesehen hat. Nie in einer Großstadt gewohnt hat. Nie in ein Flugzeug oder Boot gestiegen ist. Nie durch die Berge gefahren ist. Nie durch einen Wald oder Dschungel gewandert ist. Und nie das eigene Vaterland verlassen hat. Zweifelsohne würde ich mir wie in einem unsichtbaren großen Gefängnis vorkommen. Und es würde mich wahnsinnig machen, zu wissen, dass ich die Mauer, die mich umgibt, nie von außen sehen würde. Dass ich nie erfahren würde, was sich auf der anderen Seite befindet. Und wie der nächste, der übernächste und der überübernächste Ort aussieht …

Ich blickte zu Edie. Friedlich schaute er zum weiten Horizont in die Ferne. Dabei strahlte er eine angenehme Ruhe und Zufriedenheit aus, wie ich sie bei kaum einer Person gespürt habe. In diesem Moment begriff ich, wie eng Zufriedenheit und der innere Frieden miteinander verwoben sind. *Nein!* Edie kam mir keineswegs wie ein Gefangener der Wüste vor, sondern viel mehr wie jemand, der in Freiheit lebte. Jemand, der schon längst am Ende seiner Suche war. Und obwohl dieses Lebenskonzept genau das Gegenteil von meinem eigenen war, beneidete ich Edie in jenem Moment um seine besondere Verbundenheit mit diesem Ort. Dem Ort, an dem er geboren wurde, den er keineswegs satthatte, sondern der ihn immer wieder aufs Neue zum Staunen brachte – und an dem er eines Tages seinen letzten Atemzug machen würde.

***

So ein ganzer Tag in der Wüste war schon mächtig anstrengend. Mir fielen bereits die Augen zu, und einen kurzen Augenblick dachte ich tatsächlich darüber nach, mich jetzt einfach schlafen zu legen. Aber ich wollte mir auf keinen Fall den Sternenhimmel hier in der Wüste entgehen lassen. Ich warf von meiner Hängematte aus einen Blick zu meinem Sohn. Er hatte zuvor mit dem Jungen der Hostel-Besitzerin gespielt und war von einer Sekunde auf die andere im Wohnzimmer auf der Couch tief und fest eingeschlafen. Sein neuer Freund schlummerte direkt neben ihm, und die beiden teilten sich eine Decke. Unter dem Sofa wachte Pedro, der kleine Hund, und über den Köpfen schnarchte ein kunterbunter Papagei.

Los, spornte ich mich selbst an. *Schlafen kannst du auch noch, wenn du alt bist.* Ich mobilisierte all meine Kräfte, ging zu Maria und fragte sie, ob ich meinen Sohn für eine Weile auf der Couch liegen lassen könnte, damit ich mir den Sternenhimmel anschauen konnte.

Maria lachte mich an: »Nimm dir all die Zeit, die du zum Bestaunen des Sternenhimmels benötigst. Heute ist eine magische Nacht. Denn heute gibt es besonders viele Sternschnuppen zu sehen.«

Ich ging hinaus in die Nacht, und bereits wenige Meter von der Unterkunft entfernt war ich umhüllt von einer tiefschwarzen Dunkelheit, die ich in dieser Intensität kaum je erlebt hatte. Meine Augen suchten verzweifelt nach irgendeinem künstlichen Lichtstrahl, doch da es hier in der Wüste praktisch kaum Strom gab, waren die einzigen Lichtquellen der Mond und die endlos vielen Sterne. So orientierungslos hatte ich mich schon lange nicht mehr gefühlt. Ich kam mir fast vor, als ob ich irgendwo zwischen dem Hier und Jetzt schweben würde. Zwischen Realität und Traum. Doch nach ein paar Minuten hatten sich meine Augen an das tiefschwarze Nichts um mich herum gewöhnt, und allmählich konnte ich einige Umrisse der Landschaft erkennen.

Ehrfürchtig erhob ich meinen Blick zum gigantischen Himmelszelt, das sich wie eine Kuppel über die Wüste spannte. Hoch oben über meinem Kopf funkelten Abertausende Sterne und ferne, jahrhundertalte Planeten lichterloh um die Wette. Im Angesicht dieser unendlichen Sternenpracht kam ich mir plötzlich so winzig klein vor. Unbedeutend. Läppisch. Und flüchtig. Ich versuchte, einzelne Sterne zu fixieren, und erinnerte mich daran, wie ich mir früher als kleines Kind immer vorgestellt hatte, dass der am hellsten funkelnde Stern meine verstorbene Ur-Oma gewesen sei. Diese kindliche Vorstellung hatte mir immer sehr gefallen. Dass die von uns gegangenen Geliebten im Himmel sind und uns als Sterne auf unseren Wegen begleiten. Wenn ich damals traurig war oder meine Ur-Oma vermisste, dann brauchte ich nur in den Sternenhimmel zu blicken, und schon fühlte ich mich wieder wohler. *Wie lange war es her, dass ich an meine Ur-Oma gedacht hatte?* Zehn Jahre? 15 Jahre? Vielleicht sogar 20 Jahre? Ich wunderte mich, welche Erinnerungen und Gedanken so ein sternenerleuchteter Himmel in einem wecken konnte.

Ich ging ziellos weiter und konnte in der tiefschwarzen Dunkelheit immer mehr Details der bizarren Landschaft erkennen. Besonders skurril wirkten die Silhouetten der Kakteen, die sich mit ihrem eigenwilligen Aussehen meterhoch in den rabenschwarzen Himmel reckten. Obwohl ich mich zuvor nie richtig mit der Besonderheit dieser Pflanze auseinandergesetzt hatte, empfand ich plötzlich beim Anblick der Kakteen großen Respekt – vor ihrer robusten Beschaffenheit und vor der bewundernswerten Fähigkeit, auch bei täglicher Hitze und monatelanger Dürre nicht nur zu überleben, sondern eine stattliche, majestätische Größe zu erreichen. Edie hatte mir bei unserer Wanderung durch die Wüste erzählt, dass es hier in dieser Region durchschnittlich zweimal im Jahr regnete. So lange ohne Wasser auszukommen war beeindruckend. *Beeindruckender als jeder Fels in der Brandung ...* Ich entschied, dass Kakteen in der Wüste für mich das perfekte Sinnbild dafür waren, wie man sich trotz aller Schwierigkeiten und kräftigem Gegenwind nicht aus der Bahn bringen lässt und einfach kontinuierlich über sich hinauswächst.

Plötzlich riss mich ein Geräusch aus meinen ausufernden Gedanken. *Was war das?* Ich schaute mich um. Ein paar Meter vor mir erkannte ich eine große Gestalt in einem Poncho. Ein kurzer Schauer überkam mich. *Was, um Himmels willen, macht die Person da? So mutterseelenallein? Hier in der Wüste?* Aber dann fiel mir ein, dass sie wohl genau das Gleiche machte wie ich auch. In den Sternenhimmel schauen. Etwas mulmig zumute war mir schon, denn schließlich begegnet man nicht alle Tage einem Unbekannten mitten in der nächtlichen Wüste. Ich entschied mich, trotzdem Kontakt aufzunehmen. Etwas zögerlich näherte ich mich dem Fremden von hinten und sprach ihn an. Er drehte sich verblüfft zu mir um, und im schwachen Licht seiner Taschenlampe konnte ich erkennen, dass es ein junger, blonder Mann um die 30 war. Wir wechselten ein paar kurze Sätze auf Spanisch, bis wir auf Deutsch umstiegen. Der Unbekannte kam aus Dresden und war seit über fünf Monaten in Kolumbien unterwegs. Ähnlich wie bei mir war auch für ihn die Tatacoa-Wüste die letzte Station auf seiner Reise, bevor er in ein paar Tagen in Bogotá in den Flieger Richtung Heimat steigen sollte. Obwohl wir uns nicht kannten, fingen wir an, über Gott und die Welt zu reden. Über Kolumbien. Übers Reisen. Über unser Leben. Unsere Erlebnisse. Und schlussendlich auch über unsere persönlichen Krisen, die uns beide hierher in die Wüste gebracht hatten. Der Unbekannte erzählte mir, dass er eigentlich Künstler sei. Da er aber von seinen Bildern kaum seine Miete bezahlen, geschweige denn leben konnte, arbeitete er mehrere Tage in der Woche in einem Callcenter. Trotz der tiefen Dunkelheit, die unsere Begegnung umgab, konnte ich erkennen, wie frustriert er wirkte, als er von seinem Aushilfsjob erzählte.

»Eines Morgens merkte ich, wie sehr ich mein Leben satthatte. Ich musste etwas ändern. Ich musste raus. Weit weg. Ich schmiss also von einen Tag auf den anderen meinen beschissenen Job im Callcenter hin, gab meine Wohnung auf, stellte meine persönlichen Dinge in der Garage eines Freundes unter und flog nach Kolumbien. Um mich endlich wieder selbst zu finden und zu verstehen, wie es in meinem Leben weitergehen soll«, erzählte der Unbekannte.

»Und hast du dich selbst gefunden?«, fragte ich den jungen Mann neugierig, schließlich konnte ich sehr gut nachempfinden, wie es in ihm aussah.

Stille trat ein. Während wir weitergingen, schaute der Fremde in die Ferne zum Himmel und sagte lange nichts. Nach ein paar Minuten des Schweigens hatte ich meine Frage schon völlig vergessen und ging bereits anderen Gedanken nach, als der Deutsche plötzlich aus dem Nichts heraus sagte: »Ich habe erkannt, dass Krisen zwar doof sind, da sie in erster Linie eine Gefahr für unseren Alltag darstellen. Aber sie bieten auch die wundervolle Gelegenheit, einige Dinge zu ändern, um das Leben wieder besser zu machen und zufriedener zu werden.«

Stumm nickte ich. Er sprach mir aus der Seele. Wie einfach es doch war, solche Erkenntnisse zu gewinnen, wenn man sich weit weg von zu Hause befand.

Wir gingen immer weiter und weiter. Redeten und redeten. Und verirrten uns zunehmend in unserem Gespräch und der tiefschwarzen Nacht, die hell erleuchtet mit endlos vielen Sternen war. Wie kleine Hoffnungsschimmer hoch oben am Firmament, die uns den Weg leuchteten. *Wollten sie uns zeigen, dass es für alle Probleme auch Lösungen gab?* Hin und wieder wurde unser Gespräch von Sternschnuppen unterbrochen.

»Da war schon wieder eine«, rief der Unbekannte und freute sich wie ein kleines Kind.

»Dann darfst du dir etwas wünschen«, entgegnete ich ihm etwas neidvoll, da ich bis jetzt keine einzige Sternschnuppe erblickt hatte.

Nachdem der Unbekannte jedoch mindestens seinen zehnten Wunsch stumm gen Himmel schickte, entschied ich kurzerhand, mir jetzt einfach auch etwas zu wünschen. Denn es brauchte ja nicht zwingend eine Sternschnuppe, um sich etwas zu wünschen. *Oder?* Erneut blickte ich ehrfürchtig zum Himmel. Mehrere Wünsche rotierten gleichzeitig durch meinen Kopf. Ploppten auf wie Gedankenblitze. Und weil ich mich auf Teufel komm raus nicht für einen einzigen Wunsch entscheiden konnte, beschloss ich, dass mehrere auch okay waren ...

Oh ja! Maria hatte absolut recht gehabt. Es lag Magie in dieser tiefschwarzen Nacht – mitten in der Wüste und an der Seite eines Unbekannten. Wer jetzt denkt, dass auch ein Funke Romantik oder gar Erotik in der Luft lag, den muss ich an dieser Stelle enttäuschen. Es war viel mehr eine Atmosphäre von Zuversicht, die uns umhüllte. Das Gefühl von »Jetzt erst recht!« und gewissermaßen auch Freiheit. Ich blickte noch mal zu den unerschütterlichen Kakteen am Wegesrand, die mit ihrer unbändigen Eigenwilligkeit allen Hindernissen in ihrer Umgebung trotzten. Auch sie erfüllten mich mit Optimismus.

Die Stunden vergingen. Sowohl der Unbekannte als auch ich zögerten den Abschied krampfhaft lange hinaus. Wir wollten beide nicht, dass diese Nacht zu Ende ging. Vielleicht lag es daran, dass wir beide noch so viel zu sagen hatten. Oder dass man besondere Momente schweren Herzens gehen lässt. Doch irgendwann war es soweit. Wir wünschten uns alles Gute. Und versprachen uns gegenseitig, dass wir beide die Gelegenheit nutzen würden, um zu Hause einige wesentliche Dinge zu ändern. Ehrenwort? Ehrenwort!

***

Die Nacht darauf konnte ich nicht schlafen, weil ein heftiges Gewitter über die Wüste zog. Zuerst kam ein kräftiger Wind auf. Es pfiff und heulte. Die Dächer knarrten und Türen knallten. In der Ferne am Horizont tauchten immer mehr Blitze auf. Gefolgt von heftigem Donner, der immer lauter und ohrenbetäubender wurde. Es lag eine elektrisierende Energie in der Luft. Und plötzlich erbrach sie sich. Es fing an, in Strömen zu regnen. *Ich hatte es also geschafft.* Der Regen in Kolumbien war mir sogar bis in die Wüste gefolgt. Hatte Edie nicht gesagt, dass es in der Regel höchstens zweimal im Jahr in der Tatacoa-Wüste regnete?

Na ja, wenigstens würden sich die Kakteen freuen, die jetzt sicherlich reichlich Wasser für die nächsten monatelangen Durststrecken speicherten.

Während ich das gewaltige Naturspektakel vor meinem Fenster verfolgte, schossen mir zahlreiche Gedanken durch den Kopf. Vor meinem inneren Auge sah ich noch mal einige Situationen, die ich hier in Kolumbien erlebt hatte. Begegnungen mit Menschen, die ich gemacht hatte – und ich musste auch an das Gespräch mit dem Unbekannten in der Nacht zuvor denken. Seine Worte hallten immer noch nach, bis mir plötzlich auffiel, dass wir beide uns gar nicht mit Namen vorgestellt hatten.

6. KAPITEL

Was wäre das Leben, hätten wir nicht den Mut, etwas zu riskieren.

(Vincent van Gogh)

Der coole Jutebeutel

»*I like your bag.*« Bereits seit einiger Zeit hatte ich den Stoffbeutel der Frau mit dem wuscheligen blonden Lockenkopf im Visier. Eigentlich war es ein stinknormaler Jutebeutel, allerdings mit einer Weltkarte, auf der viele Länder in pink ausgemalt waren. Über der Weltkarte stand in großen Buchstaben: DREAM. TRAVEL. DISCOVER. Klar, dass so ein simpler Weltenbummler-Stoffbeutel, auf dem man seine bereisten Länder bunt ausmalen konnte, sofort meine volle Aufmerksamkeit hatte. Ich kniff ein wenig die Augen zusammen und versuchte angestrengt, alle Länder zu erkennen, in denen die Frau mit den blonden Locken bereits gewesen war. Unter anderem Argentinien, Chile, Ecuador, Kolumbien, Indonesien, Malaysia, Sri Lanka, Taiwan, Hong Kong und sogar Gambia. Ich musste lachen, denn in all diesen Ländern war ich auch schon gewesen. Ich spürte, dass diese Frau und ich viele Gemeinsamkeiten miteinander hatten – sicherlich nicht nur die Liebe zum Reisen. Denn zweifelsohne fiel die Frau auf unter den ganzen Backpackern in Nicaragua, die höchstens Mitte 20 waren. So wie ich auch. Ich schätzte, dass sie ebenfalls um die 40 Jahre alt war. Mich interessierte, welche Geschichte sie an den Kratersee Laguna de Apoyo gebracht hatte. Deswegen startete ich meine, zugegeben, etwas plumpe Kontaktaufnahme.

»I like your bag.«

»Oh, vielen Dank. Die ist aus meinem eigenen Webshop«, antwortete sie.

Eigener Webshop? Mein Bauchgefühl hatte sich also nicht geirrt. Ich wollte unbedingt mehr von ihr erfahren.

Annemarie war aus den Niederlanden und reiste seit Juni 2015 als digitale Nomadin durch die ganze Welt. Nur den Sommer verbrachte sie in Amsterdam, denn für diese Monate konnte sie sich keinen besseren Ort vorstellen, als ihre Heimatstadt. Ich war Feuer und Flamme für diese faszinierende Frau mit der lustigen Frisur. Annemarie holte aus und erzählte mir, dass sie jahrelang in einer PR-Agentur gearbeitet hatte. *Noch so eine Gemeinsamkeit,* dachte ich, während ich wortwörtlich an ihren Lippen hing. Sie hatte ihren Job geliebt, über alles, doch eines Tages musste sie feststellen, dass sie absolut ausgebrannt war. Ihre berufliche Leidenschaft war verschwunden, und sie fühlte sich leer. Und das, obwohl sie gerade mal 35 Jahre alt war. So konnte es nicht weitergehen. Ohne irgendeinen Plan kündigte sie ihren gut bezahlten Job. *Und nun?* Annemarie entschied sich, auf Weltreise zu gehen.

Ich musste schmunzeln. Noch so eine krisengeplagte Persönlichkeit, die das Reisen als Heilmittel wählte, um in ihren verworrenen Zustand Klarheit zu bringen. *Sehr sympathisch!*

Auf ihrer Reise begann sie, aus Lust und Laune einen Reiseblog zu führen. *Ik will meer reizen!* Sie hatte weder eine Strategie für ihren Blog noch hatte sie daran geglaubt, dass sie jemals damit Geld verdienen könnte. Doch der liebe Gott meinte es gut mit ihr. Ihr Blog wuchs rasant schnell an und erreichte binnen weniger Monate enorme Besucherzahlen. *War es vielleicht doch möglich, sich in diesem Bereich ein Geschäft aufzubauen?* Annemarie und ihre reiseverrückte Cousine entschieden sich, das Risiko einzugehen. Und ein paar Monate später erweiterten sie ihren Blog um einen Webshop mit Reiseutensilien für Backpacker. *Traveling Dutchies.*

»Das war eine ordentliche Summe Geld, die wir investieren mussten, und ein immenses Risiko, das wir eingegangen sind«, erzählte Annemarie, während die Sonne am Laguna de Apoyo langsam unterging. »Und ich hatte so gar keine Ahnung, ob wir das Geld je wieder reinbekommen würden. Doch irgendwie hatte ich ein gutes Bauchgefühl, als wir uns entschieden, den Webshop zu gründen.«

Und der liebe Gott meinte es gut mit den zwei risikofreudigen, reiseverrückten Mädels. Ihr Webshop explodierte und entpuppte sich schon sehr bald als lukrative Einnahmequelle.

»Das Beste daran ist, dass meine Cousine und ich von überall auf der Welt aus arbeiten können«, meinte Annemarie. »Wir brauchen nur Internet, Laptop und Kamera, das war's!«

Dieses euphorische Funkeln in Annemaries Augen beeindruckte mich extrem. Ich spürte, dass sie absolut für ihre neue *Berufung* brannte und ihre Tätigkeit vom ganzen Herzen liebte. Doch trotz ihrer Leidenschaft und überschwänglichen Euphorie erkannte ich auch, dass die Niederländerin ganz genau wusste, was sie tat – und dass sie nicht nur *irgendeine* Backpackerin war, die nebenbei ein wenig Geld mit ihrer Passion verdiente, sondern viel mehr durch und durch eine gut strukturierte Businessfrau. Halt nur mit Rucksack. Und ohne einen festen Wohnsitz.

»*And what's your story?*«, löcherte mich Annemarie voller Neugierde.

Ich holte ebenfalls aus und erzählte ihr von meiner Kündigung, meiner beruflichen Krise, all den Absagen und dass ich eines Tages in Lissabon entschieden hatte, alles auf die Karte der Selbstständigkeit zu setzen. Seitdem war ein gutes halbes Jahr vergangen. Seit ich am Fuße des grimmigen Adamastor bei einem Bier beschlossen hatte, dass mich alle Arbeitgeber mal konnten, ich meinem eigenen Business nachgehen und mindestens sieben Monate im Jahr in Flipflops verbringen wollte. Und zwar auf Reisen.

Annemarie lachte laut auf. »Oh ja, das alles kommt mir sehr bekannt vor. Und wie ist es dir denn das letzte halbe Jahr über beruflich ergangen?«

Ja, wie war das vergangene halbe Jahr bei mir verlaufen? Während mein Blick in die Ferne über den Kratersee schweifte, ging ich in mich. Seit meinem tollkühnen Entschluss in Lissabon hatte sich bei mir in der Tat viel getan. Ich hatte nicht nur einige Wochen in Valencia, Polen und Prag verbracht, sondern auch beruflich waren mir einige Meilensteine gelungen. Denn kaum hatte ich die Handbremse in meinem Kopf gelöst und mich darauf eingestellt, ein Risiko einzugehen, lief es auch. Sogar um einiges besser, als zuvor gedacht. In Lissabon hatte ich mir ausgerechnet, was ich monatlich mindestens verdienen musste, um meine Krankenkasse, all die Steuern und Kitagebühren und sämtliche andere Kosten, die mein Mann und ich uns teilten, zu bezahlen. Diesen Verdienst wollte ich dann natürlich *peu à peu* steigern, um Zeiten ausgleichen zu können, die in finanzieller Sicht nicht so gut liefen. Aber auch, um mehrere Monate im Jahr mit meinem Sohn reisen zu können.

Als ich nach meiner Rückkehr aus Lissabon direkt wieder zu Hause an meinem Schreibtisch gesessen hatte, hatte ich mir meinen kleinen strategischen Businessplan überlegt. Ich definierte unterschiedliche thematische Säulen. Ich wollte ab sofort mit meinem Blog, als freie Journalistin und als Content Marketing Berater Geld verdienen. Mir war es wichtig gewesen, nicht alles auf ein Pferd zu setzen, sondern lieber verschiedene Projekte zu verfolgen, die sich monetarisieren ließen und die ich nach und nach systematisch ausbauen wollte. Mein Plan ging auf. Zudem kam hinzu, dass ich mich verstärkt zu einem Spezialgebiet positioniert hatte, welches sich zunehmend zu einem sogenannten Trendthema entwickelte: Reisen mit Kindern! Ich fing also tatsächlich an, Profit aus meinen ganzen Reisen zu schlagen, was ich zuvor nie für möglich gehalten hatte.

Zwei Mamas, zwei Babys und unser weißer Bus auf einem unvergesslichen Roadtrip durch Malaysia

Madeline und ich vor unserer Wanderung durch die Cameron Highlands

Mein Sohn während unserer Schnorchel-Tour im Südchinesischen Meer

Als mein Sohn in Malaysia das erste Mal eine Frau in Burka sah, dachte ich, dass er hysterisch weinen würde. Falsch gedacht!

Die große Liebe in den nächtlichen Straßen Phnom Penhs

Mein kleiner Sohn war in Kambodscha der große Star. Sogar die jungen Mönche waren hin und weg.

Großer Abschied im muslimischen Fischerdorf

Mit dem Bamboo Train durch die Wildnis Kambodschas: definitiv besser als Heidepark!

Xylofonunterricht im Ramchang Guesthouse

»Wenn ich groß bin, möchte ich auch Tuk-Tuk-Fahrer werden, so wie unser geliebter Rithisak.«

Ein Mönch in Angkor Wat

Bei meinem ersten Besuch fand ich Colombo fürchterlich.
Beim zweiten Mal verliebte ich mich Hals über Kopf.

Eine der schönsten Zugfahrten der Welt: von Ella nach
Kandy durchs Hochland Sri Lankas

Was für ein Start ins neue Jahr: Elefanten in der freien Wildbahn

Ich liebe einheimische Märkte! Hier findet man die wahre Seele eines Landes.

Das breiteste und freundlichste Lachen, das ich je gesehen habe

Salzkathedrale in Zipaquirá: ein Ort, um tief unter der Erde Zwiesprache zu halten. Mit Gott. Mit sich selbst. Und mit der Welt da draußen.

Vor der kolumbianischen Wüste hatte ich nie darüber nachgedacht, welche bewundernswerten Fähigkeiten Kakteen besitzen.

In diesem unscheinbaren Andendorf wurden die Fußbälle für die FIFA-WM 1994 hergestellt.

Monguí, das Dorf hinter den vielen, vielen Bergen

Edie wirkte auf mich wie ein Mensch, der sein Ziel im Leben schon längst erreicht hat.

Auf der Isla de Ometepe in Nicaragua ticken die Uhren noch langsamer als im geschäftigen Granada oder in León.

Wer nie mit einem vollgestopften Chicken-Bus gefahren ist, hat das wahre Mittelamerika nicht kennengelernt.

El Salvador: Willkommen im gefährlichsten Land der Welt!

Life is always better when there's a pelican around.

Nach zwei ereignisreichen Tagen *on the road* konnten wir an der Playa Esteron etwas zur Ruhe kommen.

![Auf dem Weg zum Lago Suchitlán]

Auf dem Weg zum Lago Suchitlán – kurz bevor wir in einen unbekannten schwarzen Minibus mit getönten Scheiben einsteigen

Nach 20 Jahren endlich wieder in meiner alten Heimat Antigua

Am Lago de Atitlán haben schon Aldous Huxley und Antoine de Saint-Exupéry ihren Blick übers Wasser schweifen lassen.

Rio Dulce: Hier gibt es die WELTBESTEN Tortillas!

Tbilisi – die Stadt, die gerade aus ihrem Dornröschenschlaf erwacht

Lebendige Hindernisse auf einer halsbrecherischen Rallye durch Georgien

Die vielfach gefalteten Berge mit ihren schneebedeckten Gipfeln sind für mich als Nordlicht absolut faszinierend.

Danke noch mal an Google Maps, dass ich das Abenteuer mit der lebensgefährlichen Brücke erleben durfte.

Mir ging so was von die Pumpe: gefühlte 30–40 Meter über den Baumwipfeln der Karpaten, OHNE Festhalten!

18:57 Uhr. Endlich angekommen an den Dowbusch-Felsen. Aber wie komme ich jetzt eigentlich zurück?

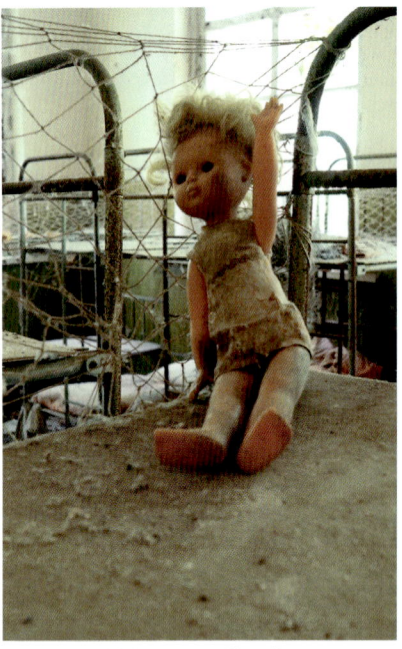

Im ehemaligen Kindergarten von Kopachi

Hier in Tschernobyl begegnete ich dem unsichtbaren Gespenst aus meiner Kindheit.

Beim himmelblauen St. Michaelskloster in Kiew sehe ich sie ganz klar, meine kleine Erkenntnis.

Hätte mich jemand vor vielen Jahren während meines Studiums gefragt, welcher mein absoluter Traumberuf sei, hätte ich nicht lange überlegen müssen. *Reisejournalistin!* Doch ich hätte es damals nie gewagt, diesen Wunsch auch laut zu artikulieren. Denn schließlich wollte ich ja nicht, dass man mich auslacht und als naive Traumtänzerin abstempelt. Damals war der Beruf des Reisejournalisten, der das Privileg hatte, mit einem Glas Whiskey in der Hand in der First Class um die Welt zu jetten, ausschließlich für die Crème de la Crème bestimmt. Nur die Allerbesten der Besten arbeiteten im Reiseresort bei *GEO*, der *Süddeutschen Zeitung*, *Frankfurter Allgemeinen*, *Zeit* oder *Welt* – und durften für ihre Geschichten außerhalb ihres eigenen Schreibtisches komfortabel reisen. Doch die Zeiten hatten sich gravierend verändert. *Glücklicherweise!* Denn im Zuge der Digitalisierung und der schieren Bandbreite an Möglichkeiten, die das Internet mit sich gebracht hatte, stand nun jedem die Welt offen. Die finanziellen Karten wurden neu gemischt. Geld mit dem Reisen verdienen konnte jetzt jeder. Zweifelsohne bedurfte es dafür viel Können, Geschick, Risikobereitschaft, Mut und selbstverständlich auch Glück – doch der uneingeschränkte Einfluss des Journalisten als touristischer Platzhirsch und Meinungsführer rückte immer weiter in den Hintergrund. Dafür gewann der kleine Reisende als vertrauenswürdige Informationsquelle und authentisches Testimonial fortwährend an Bedeutung. Und ich war jetzt eine von ihnen, die es geschafft hatte, sich vom großen Kuchen ein Stück zu sichern.

In den vergangenen Monaten erhielt ich immer mehr Anfragen und Aufträge rund um die Themen Reisen mit Baby oder Kleinkind, Fernreisen mit Kindern, Backpacking mit Kind oder auch allein reisen mit Kind. Zudem begrüßte mich eines Morgens eine Mail in meinem Postfach: Zwei Tage vor meiner Reise nach Mittelamerika telefonierte ich das erste Mal mit dem Geschäftsführer eines Verlages. Er bekundete großes Interesse, dass ich in seinem Verlag ein Buch über all die Reisen gemeinsam mit meinem Sohn schreiben würde. *Sollte es jetzt tatsächlich soweit kommen, dass bald sogar ein richtiger Buchvertrag zu mir ins Haus flattern würde?*

Ohne irgendetwas verschönern zu wollen, fiel meine Bilanz der Selbstständigkeit durchaus positiv aus. Anstatt mein Erspartes aufzubrauchen, flossen auf mein Konto kontinuierlich Gelder ein – und ich habe es in der Tat geschafft, mehr zu verdienen, als ich mir vorgenommen hatte. Die letzten beiden Monate vor meiner zweimonatigen Reise nach Mittelamerika waren sogar so lukrativ, dass ich mein früheres Gehalt in einer leitenden Position bei meiner alten Firma deutlich überschritten habe.

Kurz gesagt, meine Selbstständigkeit lief so gut, dass ich kurz vor unserem Abflug nach Nicaragua zeitweilig ins Grübeln kam, ob eine lange Reise wirklich so schlau war. Zumindest aus finanzieller Sicht. Schließlich konnte ich beim Reisen nur eingeschränkt Geld verdienen, verglichen mit zu Hause, wo das Kind täglich zur Kita ging und ich mich voll und ganz auf meine Projekte konzentrieren konnte. *War ich völlig verrückt, dass ich zu solch einem frühen Zeitpunkt in meiner Karriere als Selbstständige schon Aufträge ablehnte, um auf Reisen zu gehen?* Ich befand mich in einem regelrechten Gewissenskonflikt. Die zahlengetriebene Vernunft kämpfte vehement gegen meine unbändige Reiselust an. Doch als ich kurz davor war, meine Reise abzusagen, fiel mein Blick auf mein schwarzes kleines Notizbuch, in dem ich die allerwichtigsten Punkte festhalte. Ich schlug es auf und blätterte zu der Seite, auf der ich vor einigen Monaten in Lissabon mein großes Ziel aufgeschrieben hatte. Da hatte ich es wieder, schwarz auf weiß:

Sieben Monate im Jahr in Flipflops verbringen!

Ich musste lachen, als ich erneut dieses absurde Ziel las. Und doch konnte ich mich gut entsinnen, dass das Reisen tatsächlich mein sehnlicher Wunsch war. Sozusagen mein persönlicher und mittlerweile auch beruflicher Leitfaden.

Zweifelsohne machte mich das Reisen jedes Mal aufs Neue zufriedener, relaxter, mutiger, robuster, pragmatischer und weitsichtiger.

162

Immer wieder lernte ich, die Schönheit in vielen kleinen Details zu sehen, meiner Umwelt ein gesundes Vertrauen zu schenken, längere Zeit auf Komfort zu verzichten, auf mein Bauchgefühl zu hören und mit einer gewissen Leichtigkeit durchs Leben zu gehen. Aber das Reisen bot noch mehr. Und zwar eine hervorragende Gelegenheit, mir eine kreative Auszeit zu nehmen, um mich von neuen Welten, Begegnungen und Perspektiven inspirieren zu lassen. Und natürlich auch, um viel Zeit mit meinem Sohn an den schönsten Orten dieser Welt zu verbringen.

Als ich es mir ganz klar vor Augen geführt hatte, was das Unterwegssein für mich wirklich bedeutete, musste ich nicht mehr lange abwägen. Mein Entschluss stand fest. Ich wollte die positiven Seiten der Selbstständigkeit aktiv nutzen und mir die uneingeschränkte Freiheit des Reisens schenken. Koste es, was es wolle. Ich war mir sicher, dass die Rechnung irgendwie schon aufgehen würde.

Ich spürte, wie Annemarie ebenfalls gebannt an meinen Lippen hing, während ich ihr erzählte, wie es mir die vergangenen sechs Monate beruflich ergangen war. Anerkennend nickte sie. Ihr Fazit fiel kurz und prägnant aus: »Du hast alles richtig gemacht!«, sagte sie. Und ja! Ich musste ihr zustimmen. Es fühlte sich alles verdammt richtig an. Ich hatte längst keine Angst mehr vor dem beruflichen Scheitern und dem finanziellen Desaster. Ich machte mir keine Sorgen, wie die Auftragslage nächsten und übernächsten Monat aussehen – oder wo ich das kommende Jahr stehen würde. Es war mir einfach egal. Denn viel wichtiger als mein Kontostand war für mich persönlich, dass ich mit Themen Geld verdiente, auf die ich RICHTIG Bock hatte. Denn das Reisen war mittlerweile keine reine Passion mehr, sondern viel mehr eine Berufung. Außerdem war ich mein eigener Chef, und ich konnte überall auf der Welt Rechnungen schreiben. Dieses Gefühl war einfach unbezahlbar. Ein absoluter Luxus, den Annemarie und ich ausüben und leben durften.

Die Insel mit zwei Bergen

Wie in einem Bilderbuch erhoben sich die beiden Vulkangipfel in der Ferne aus dem windgepeitschten Nicaraguasee. Der Anblick der Isla de Ometepe – deren Name in der antiken Nahuatelsprache »Insel mit zwei Bergen« bedeutete – hatte bereits alle möglichen Menschen in ihren Bann gezogen. Von den Azteken, die glaubten, sie hätten das gelobte Land gefunden, bis hin zum jungen Mark Twain, der in seinem Buch *Travels with Mr. Brown* seitenlang ins Schwärmen geriet. Wer weiß, vielleicht hatte sich auch Jim Knopf beim Besingen der fiktiven Insel Lummerland – »eine Insel mit zwei Bergen und dem tiefen weiten Meer« – vom Anblick der beiden Vulkane Concepción und Madera inspirieren lassen. Mich jedenfalls hatte Ometepe vor über 15 Jahren hellauf begeistert. Damals war ich in den Semesterferien durch das touristisch völlig unerschlossene Nicaragua gereist. Bis auf ein paar wagemutige Backpacker traute sich kaum ein anderer Ausländer in dieses Land. Viel zu gefährlich, hieß es zu jenen Zeiten. Ich ließ mich allerdings als junge Studentin von solchen verwegenen Reiseabenteuern nicht so leicht abbringen – und wollte mir meine eigene Meinung bilden. Ich lernte ein Nicaragua kennen, das mich von der ersten Minute an mit all seinen Facetten faszinierte. Ich traf Einheimische, die mir einen großen Haufen Kinder mitschickten, damit die Horde mich sicher zu meinem Hostel begleiten konnte und ich unterwegs nicht ausgeraubt wurde. Man lud mich in den einfachsten Hütten zum Essen ein. Und auf den Märkten bekam ich die exotischsten Früchte geschenkt. Egal, wohin ich die darauffolgenden Jahre überall gereist bin, Nicaragua hat mich nie losgelassen.

Meine Sehnsucht nach Nicaragua wollte ich jetzt endgültig stillen. Kurz bevor der Herbst in Europa einzog, hatte ich mich entschlossen, dass der Zeitpunkt perfekt war für eine Reise durch Mittelamerika. Gemeinsam mit meinem Sohn wollte ich in Nicaragua starten, und anschließend sollte es weiter nach Honduras gehen. In meiner alten Heimat Guatemala, wo ich nach dem Abitur fast ein Jahr gelebt hatte, wollte ich mich mit meinem Mann treffen, um den gemeinsamen Weihnachtsurlaub zu verbringen. Silvester sollte in Belize gefeiert werden – und zum Abschluss stand wieder allein mit meinem Kind El Salvador auf dem Zettel. Das war zumindest der Plan. Und als ich den Flug in meinem stillen Kämmerlein gebucht hatte, machte mein Herz Luftsprünge. Denn schließlich war diese Reise eine ganz besondere, sozusagen eine Reise in meine eigene Vergangenheit.

Doch kaum in Nicaragua angekommen, wurde meine jahrelange Liebe zu diesem kleinen zentralamerikanischen Land mächtig auf die Probe gestellt. Denn so wie ich, hatte sich auch Nicaragua spürbar verändert. Mittlerweile spielte der Tourismus eine erhebliche Rolle, und alle schienen ihre Taschen mit den reichen Europäern und Amerikanern füllen zu wollen. Egal, wo ich hinging, ich wurde das Gefühl nicht los, dass ich gerade mächtig über den Tisch gezogen wurde. Insbesondere von den Taxifahrern, die ganz überheblich für kurze Strecken aberwitzige Summen forderten, die in keiner Relation zum normalen lokalen Verdienst standen. *Aber was hatte ich erwartet?* Schließlich ist es die natürlichste Veränderung, dass sich mit zunehmendem Tourismus die einst so hilfsbereiten und offenen Menschen zu profitgetriebenen Verkäufern entwickeln. Ich versuchte, meinem einstigen Eindruck von einem Nicaragua, das längst der Vergangenheit angehörte, nicht nachzuweinen. Stattdessen nahm ich mir vor, mich voll und ganz auf das Hier und Jetzt einzulassen. Eben mit all seinen Facetten. Und gieriger Taxi-Mafia.

Auf Ometepe angekommen, spürte ich wieder, warum ich mich vor vielen, vielen Jahren so in dieses Land verliebt hatte. Der Anblick der beiden Vulkangipfel, die von wattebauschigen Wolken liebkost werden, war bildschön. Und trotz anwachsender touristischer Beliebtheit schienen die Uhren hier dennoch etwas langsamer zu ticken als in der geschäftigen Kolonialstadt Granada. Nach einem Tag in Moyagalpa, wo wir in einem einfachen Homestay bei einer sehr sympathischen Familie wohnten, organisierte ich am nächsten Tag ein völlig überteuertes Tuk Tuk. Ich wollte auf die andere Seite der Insel, nach Santo Domingo. Dank meiner Spanischkenntnisse gelang es mir, einen etwas besseren Preis auszuhandeln, der aber immer noch viel zu hoch war. Aber was sollte man machen? Da die Infrastruktur auf der Insel sehr dürftig war, blieb mir nichts anderes übrig, als mich fahren zu lassen.

Bei der Fahrt im Tuk Tuk quiekte mein Sohn vor Freude. Er liebte das Tuk-Tuk-Fahren. Wenn es rüttelte und ruckelte, war er voll in seinem Element. Und ich war mir sicher, dass es ihm um ein Vielfaches besser gefiel, als irgendwelche stupiden Runden auf einem langweiligen Kinderkarussell zu drehen. Auch ich genoss die Fahrt über die Insel, die sich überwiegend ihre Ursprünglichkeit bewahrt hatte. Wir fuhren vorbei an einfachen Hütten, bunten kleinen Kirchen, mussten mehrmals halten, da Rinderherden die Straße versperrten, nackte Kinder winkten dem Tuk Tuk hinterher, und immer wieder bot sich uns der prächtige Anblick auf den majestätischen Vulkan. Zuerst auf den Concepción und anschließend auf den Maderas.

In Santo Domingo verbrachten wir sehr ruhige Tage. Da ich mit meinem Sohn weder auf einem Moped noch auf einem Fahrrad die Insel erkunden wollte, gab es kein sehr großes Angebot an Aktivitäten. Und da ich ja bereits vor mehreren Jahren all die beeindruckenden Sehenswürdigkeiten der Insel gesehen und auch einen Vulkan bestiegen hatte, verzichtete ich diesmal mit ruhigem Gewissen auf ein typisches Touri-Programm. Stattdessen blieb mir viel Zeit für die unterschiedlichsten Begegnungen.

In unserem Hostel lernte ich eine junge Australierin kennen, die mir erzählte, dass sie sich gerade entschlossen hatte, ihren Job zu kündigen. Sie hatte in einer Marketing-Agentur gearbeitet, sich ein halbes Jahr unbezahlten Urlaub genommen und sollte eigentlich in zwei Wochen zurück in ihre Heimat fliegen. Ihre großen Augen funkelten so voller Leben.

»Weißt du, als ich heute Morgen aufgewacht bin, wusste ich es plötzlich ganz genau. Ich kann nicht in meinen alten Job zurückkehren, da er mich unglücklich macht. Stattdessen möchte ich jetzt erst mal weiterreisen, um zu schauen, welcher Weg mich wieder glücklich machen könnte«, erzählte sie voller Inbrunst.

»Mutig«, antwortete ich. »Und wie hat sich deine Entscheidung heute Morgen angefühlt?«, wollte ich neugierig wissen.

Die Australierin überlegte einen Moment und meinte: »Einfach befreiend und super gut.«

Ich musste schmunzeln. »Dann war es definitiv die richtige Entscheidung, die du heute getroffen hast«, bestärkte ich sie.

Zum Abschied knotete sie für meinen Sohn in Windeseile einen lustigen Dackel aus einem roten Luftballon und schenkte uns einen kleinen Bumerang. Als ich später mit langsamen Schritten ins Dorf ging, musste ich immer noch an sie denken. *Wie konnte es sein, dass ich auf meinen Reisen so vielen Menschen begegnete, die sich in einem heftigen, inneren Konflikt mit sich selbst befanden?* Zog ich solche Leute an? War ich empfänglich für solche Gespräche? Oder war das so ein typisches Backpacker-Ding – vor seinen Problemen zu Hause zu fliehen, um unterwegs seinen persönlichen Sinn im Leben zu finden? Mir wurde bewusst, dass ich der jungen Australierin schon mehrere Schritte voraus war. Denn mittlerweile befand ich mich ja gar nicht mehr auf der großen Suche nach etwas, was mich glücklicher machen sollte. Stattdessen war ich zufrieden mit dem, was ich hatte und tat – und mit dem Ort, an dem ich mich gerade befand.

Mein Sohn riss mich aus meinen Gedanken. Ohne meinem Rufen großartige Beachtung zu schenken, rannte er schnurstracks auf den Vorhof eines Hauses. Er hatte Hühner gesehen, die jetzt viel wichtiger waren, als die mahnenden Worte seiner Mama. Ich gab mich geschlagen und betrat ebenfalls das Grundstück.

»¿*Con permiso?*« Zaghaft fragte ich den Besitzer, ob wir einfach so seinen Garten betreten durften.

»*Sí, sí*«, antwortete er und gewährte uns sichtlich verwirrt Eintritt. Ich konnte das gut nachvollziehen, schließlich verirrte sich wohl nicht alle Tage so ein frecher, kleiner Blondschopf in seinen Garten. Doch als mein Sohn die vielen süßen Küken entdeckte und seine kindliche Begeisterung kaum im Zaume halten konnte, war die anfängliche Reserviertheit des Hausbesitzers auch schon verflogen. Er lachte über meinen Sohn, ging ins Haus und kam sofort mit zwei süßen Katzenbabys raus. Mein Sohn jauchzte vor Freude und mit seinem freude-jubelnden Gekreische lockte er sofort auch die anderen Familienmitglieder aus dem Inneren des Hauses. Zuerst kam die Oma, dann die Ehefrau, zwei andere Männer und mindestens noch drei andere Frauen. Und alle freuten sich lautstark gemeinsam mit meinem Sohn. *Oh Mann!* Es waren genau diese Momente, die für mich das Reisen so kostbar machten.

Ich ließ meinen Sohn weiter gewähren. Sollte er doch unser Abendprogramm bestimmen. Wir hatten eh nichts Besseres vor. Während er allen möglichen Schweinen und Hühnern hinterherrannte, folgte ich ihm. Immer wieder hielten Leute an, um mit uns ein paar Worte zu wechseln. Ich liebte diese Abende, an denen wir eigentlich kaum etwas unternahmen und doch so viel erlebten. Wir hatten es in der letzten Stunde gerade mal 300 Meter weitergeschafft, als mein Kind wieder schnurstracks auf das nächste Grundstück rannte. Diesmal war es ein Hundewelpen, das seine volle Aufmerksamkeit auf sich zog. Mit dem üblichen, zaghaften »¿*con permiso?*« am Zaun fragte ich den Besitzer, ob ich auch eintreten dürfte. Mein Sohn war ja schon längst im Garten.

»*Claro, que sí*«, antwortete der Mann, lachte mich dabei warmherzig an und nahm meinen Sohn gleich an die Hand, um ihm weitere Tiere zu zeigen.

Wir stiegen über einen großen Baumstamm, ich musste mich unter einigen Ästen bücken, dann gingen wir einen schmalen Gang entlang, und plötzlich standen wir in einem riesigen prächtigen Garten, der auch glatt als Zoo durchgehen konnte. Überall rannten die unterschiedlichsten Tiere frei herum. Mehrere Katzen, Ziegen, Ferkel, Truthähne, Kaninchen und Schildkröten. Am schönsten Platz im Garten thronte im schattigen Baum ganz selbstgefällig ein bunter Papagei. Er begrüßte mich mit einem schrillen »*Hola, amiga! Hoola, hooola*«. Ich musste lachen und setzte mich zu ihm auf einen großen Stein, um aus ein paar Metern Distanz die private Zooführung zu verfolgen. Mein Sohn durfte sich alle Tiere aus der Nähe ansehen, sie streicheln und sogar füttern. Gemeinsam mit José, dem Besitzer, gab er pflichtbewusst allen Tieren ihr Futter und füllte die Tröge mit Wasser. Er war voll in seinem Element. Und ich auch.

Nachdem wir im kleinen Restaurant von Josés Mutter, der super sympathischen Maria, gegessen hatten, war es Zeit, nach Hause zu gehen. Wir schafften allerdings gerade mal ein paar Meter, als das wehleidige Klagen anfing. Mein Sohn war müde und weigerte sich, selbst zu gehen. So blieb mir nichts anderes übrig, als ihn den verbleibenden Kilometer nach Hause zu tragen. Er schmiegte seinen Körper eng an mich, umschlang mit seinen kleinen Armen fest meinen Hals, legte zufrieden seinen Kopf auf meiner Schulter ab, und bereits kurze Zeit später vernahm ich sein gleichmäßiges, seliges Schnarchen. Gemeinsam traten wir hinaus in die stockdustere Nacht, die bis auf ein paar spärliche Laternen kaum beleuchtet war. Trotz später Stunde war es immer noch heiß, und ich merkte mit jedem Schritt zunehmend das drückende Gewicht auf meinen Armen. Mein Sohn fühlte sich immer schwerer und schwerer an, und ich mich zunehmend kraftloser und müder. Die Straße wollte kein Ende nehmen. Ich blieb stehen, um mich ein wenig auszuruhen. Plötzlich sah ich rechts von mir am Wegesrand eine große Wiese, die im Dunkeln leuchtete. Zuerst kniff ich meine Augen zusammen, da ich dachte, dass mir diese in der Dunkelheit einen Streich spielten. Doch dann konnte ich es ganz deutlich sehen. *Ja, wahrhaftig!* Die Wiese leuchtete hell. Denn Hunderte von Glühwürmchen leuchteten hell um die Wette. *Oder waren es vielleicht sogar Tausende?* Zum lauten, rhythmischen Zirpen der Grillen flogen sie durch die Luft, blinkten dabei und landeten wieder auf dem Boden. Ich hatte mal gelesen, dass Glühwürmchen zur Kommunikation Leuchtsignale aussenden, damit Weibchen und Männchen zueinander finden konnten. Sozusagen das leuchtende Zeichen der Verliebten, die sich paaren wollten. Sie kamen mir wie strahlend funkelnde Sterne vor, die in der Dunkelheit ihrem zukünftigen Partner den Weg wiesen. Völlig ergriffen schaute ich mir das nächtliche Spektakel an, und ich hätte zweifelsohne noch zahlreiche weitere Stunden am Wegesrand auf diese Wiese starren können. Ich war richtig verzaubert. *Wie viel Magie doch so eine alltägliche Wiese verströmen konnte,* dachte ich und setzte zufrieden meinen Weg fort. Mein Sohn musste ins Bett. Und ich nach so einem ereignisreichen Tag auch.

Gott ist mein Fahrer

Die Fähre verließ den Hafen von Moyogalpa. Noch einmal blickte ich zurück auf den Gipfel des Concepción, der sich majestätisch aus dem Nicaraguasee erhob. Der Abschied fiel mir nicht leicht, da ich keine Ahnung hatte, ob ich ihn jemals wiedersehen würde. Als dann am Horizont der wolkenbehangene Vulkan immer kleiner und kleiner wurde, winkte ich ihm schweren Herzens zu und wendete meinen Blick nach vorne. *Wo sollte es eigentlich als nächstes hingehen?* Ich war mir immer noch ziemlich unschlüssig. Eigentlich hatte ich vor, als nächstes nach San Juan del Sur zu fahren. Aber richtig überzeugt war ich von meiner Entscheidung noch nicht. Zwar hatte ich Lust, ein paar entspannte Tage am Strand zu verbringen, aber war der Partyort San Juan del Sur wirklich eine gute Wahl für meinen Sohn und mich?

Als ich am Hafen von San Jorge wieder Festland betrat, änderte ich schlagartig meine Pläne. Nur ein paar Meter entfernt stand ein alter amerikanischer Schulbus. Der sogenannte Chicken-Bus, der sich bei den Reisenden in Mittelamerika nicht unbedingt großer Beliebtheit erfreut. Die meisten Touristen machen einen sehr großen Bogen um dieses lokale Transportmittel. *Warum?* Weil sie extrem voll werden und den Ruf haben, dass die Busfahrer absolut lebensmüde sind und ständig waghalsige Überholmanöver starten. Von meinen früheren Mittelamerika-Reisen konnte ich mich noch ziemlich gut an SEHR ungemütliche Fahrten erinnern. Wenn man das große Glück hatte, einen der begehrten Plätze auf einer viel zu harten Bank zu ergattern, dann verbrachte man die nächsten Stunden wie ein eingepferchtes Huhn im Käfig (deswegen auch die süffisante Namensgebung), das kaum genug Platz hatte, den Flügel zu heben. Bei einigen Fahrten sollte man am besten die Augen zu machen, wenn man sich nicht bildhaft ausmalen wollte, wie der Bus am nächsten Hang in den Graben stürzte. Vorausgesetzt, dass man bei den ohrenbetäubenden Salsa-Rhythmen aus den schrillen Boxen auch wirklich die Augen zu machen konnte.

Oh ja! So eine Fahrt im zurecht gefürchteten Chicken-Bus konnte, *sehr, sehr* ungemütlich werden. Da ich aber nicht ständig mit irgendwelchen privaten Shuttles fahren wollte und schließlich auch noch bis ganz nach Guatemala reisen musste, entschied ich mich, dass jetzt der perfekte Zeitpunkt war, für unsere erste Chicken-Busfahrt in Mittelamerika. Ich ging zum Mitarbeiter und fragte ihn, wohin er fährt.

»Nach Managua. In die Hauptstadt«, war seine Antwort. Also genau in die entgegengesetzte Richtung.

Perfekt, dachte ich und strich den Partyort San Juan del Sur von der Liste. Mein neuer Plan war, von Managua aus weiter nach León zu fahren. Ich reichte hinten an der Tür dem Mitarbeiter meinen Sohn ran. Er verschwand mit ihm kurz im Businneren und kam wieder, um meinen Rucksack und den Buggy entgegenzunehmen. Zum Schluss war ich dran. Ich hielt mich an der Stange fest und mit einem gekonnten Schwung hievte ich mich nach oben. Mein Sohn saß bereits auf der vorletzten Bank am Hinterausgang, und mein Rucksack war unter den Sitz gequetscht. Da stand ich nun – nach über 15 Jahren wieder in einem übervollen Chicken-Bus. Vorne beim Fahrer stand in großen Buchstaben geschrieben: »*Dios es mi conductor.*« Gott ist mein Fahrer! Ich wusste nur zu gut, wie sich die kommenden Stunden anfühlen würden.

***

Es war heiß. Sehr heiß. Mein Hintern tat von der steinharten Bank verdammt weh, meine angewinkelten Beine waren taub, und ich hatte schon längst unter der Last meines schlafenden Sohnes das Gefühl in den Armen verloren. Rechts neben mir schnarchte ein junger Mann. Und zu meiner linken Seite quetschte sich ebenfalls eine Mutter mit ihrem Kind. Ich war mal wieder schwer beeindruckt, wie viele Leute sich auf so einer schmalen, knapp 90 Zentimeter langen Bank quetschen konnten. Exakt drei Erwachsene und zwei Kinder. Eine beachtliche Leistung. Zudem musste ich mir den eh schon knappen Fußraum noch mit meinem Rucksack teilen, der unter der Bank gequetscht lag und hervorlugte. Wie gerne hätte ich jetzt meine Gliedmaßen ausgestreckt. Wenigstens ein klein wenig, damit das Blut wieder ungehindert zirkulieren konnte. Daran war allerdings noch nicht mal ansatzweise zu denken. Während es gewaltig ruckelte, versuchte ich mich von der zunehmenden Taubheit in meinen Extremitäten abzulenken. Ich lauschte den schnulzigen, melodramatischen Latinoklängen, die ausschließlich der ewigen Liebe und den ausgelassenen Partys gewidmet waren – und ließ mich von dem lauten Hupkonzert der uns entgegenkommenden Autos nicht aus der Ruhe bringen. Durch die offenen Fenster brachte wenigstens der Fahrtwind eine angenehme Abkühlung und trocknete die dicken Schweißtropfen in meinem Gesicht.

Mütter mit ihren Kindern, schwer bepackte Männer und Marktfrauen mit bunt gefüllten Körben stiegen vorne ein und drängten sich gekonnt durch die Menschenmassen. Der Vorteil an einem absolut überfüllten Bus war definitiv, dass beim scharfen Bremsen oder in einer rasanten Kurve niemand umfallen konnte. Dessen wurde ich mir gerade bewusst. Die schrille Musik schien immer lauter und lauter zu werden. Und überm

Ausgang stand neben einem Bild des weinenden Jesu Christi mit einer Dornenkrone auf seinem Haupt in großen Buchstaben: *»JESÚS PROTEGE ESTE BUS.«* Jesus beschützt diesen Bus. Trotz viel zu kurzer Sitzlehne (schließlich war dieser Bus für amerikanische Schulkinder gemacht), versuchte ich mich irgendwie zurückzulehnen. Ich wusste nicht, wohin mit meinem Kopf, der unentwegt hin und her pendelte.

Ja, es stimmte! Die Fahrten in den Chicken-Bussen in Mittelamerika waren extrem voll und ungemütlich. Aber irgendwie liebte ich sie auch. Denn hier kam man den Leuten und dem wahren Leben sehr nahe. Just in dem Moment, als ich das dachte, fiel der Kopf des schlafenden jungen Mannes zu meiner rechten Seite auf meine Schulter. *Vielleicht auch zu nahe*, vollendete ich meinen Gedanken. Der Mann machte ein grunzendes Geräusch und schlief auf meiner nass geschwitzten Schulter seelenruhig weiter. Ich ließ ihn gewähren. Enger konnte es jetzt sowieso nicht mehr werden. Ich schaute rüber zur Mutter links neben mir. Ihr Kind war mittlerweile auch eingeschlafen. Sie kramte in ihrer großen bunten Tasche, die typisch für die hiesigen Marktverkäuferinnen war, holte eine Empanada heraus und biss aus Leibeskräften in die fetttriefende gefüllte Teigtasche rein. Mein neidvoller Blick war ihr wohl nicht entgangen.

»Quieres una?«, fragte sie mich.

Ich nickte kräftig, denn ich hatte einen Bärenhunger. Sie holte eine zweite Empanada hervor und schenkte mir diese. Ich biss rein, und das Fett tropfte mein Kinn herunter. Da ich beim besten Willen nicht an ein Taschentuch in meiner Tasche kam, die gequetscht zwischen meinen schwitzenden Beinen auf dem Boden lag, wischte ich lösungsorientiert das triefende Fett mit meinem Unterarm ab. Genauso wie meine Sitznachbarin auch.

Oh ja, wie sehr ich doch diese Fahrten liebte. Ich spürte, wie ein wohliges Gefühl durch meinen gesamten schmerzenden Körper drang – von der Köpermitte aus bis zu meinen völlig tauben Gliedmaßen –, während der Bus das nächste waghalsige Überholmanöver startete und begleitet von einem frenetischen Hupen sich in der allerletzten Sekunde zurück auf seine Spur rettete. Aber uns konnte ja nichts passieren, denn schließlich fuhr Gott diesen Bus – und sein Sohn beschützte ihn. *Hoffentlich!*, betete ich leise murmelnd, obwohl mir bewusst war, dass keiner meine Gebete erhören konnte. Aus den Boxen dröhnte wieder ein Lied, das die ewige Liebe besang. Zum wievielten Mal hörten wir dieses Lied? Zum dritten oder gar vierten Mal? Die CD schien auf Dauerschleife zu laufen. Ich erwischte mich, wie ich anfing mitzusingen und meinen Oberkörper nach links und rechts wippte.

»Amor mío, tu me cambiaste la vida. Fue el sol que brillo en mi ventana. Contigo no me falta nada. Soy feliz. Ooooh ...«

»Meine Liebe, du hast mein Leben komplett auf den Kopf gestellt. Durch dich scheint die Sonne wieder durch mein Fenster. Mit dir an meiner Seite fühle ich mich komplett. Ich bin so glücklich ...«

Oh, wie herrlich schnulzig doch diese Latinomusik war. Und wie sehr ich dieses Nicaragua liebte.

Überrumpelt vom lateinamerikanischen Kampfgeist

Heiß und wuselig, so könnte man in wenigen Worten die Stadt Léon beschreiben. Noch immer hing der sagenhafte ungebeugte Geist der Revolution über der Stadt. Die Häuserfassaden waren verziert mit Porträts der großen lateinamerikanischen Freiheitskämpfer und Denker wie Augusto Sandino, Carlos Fonseca – und natürlich Ernesto Che Guevara mit seiner weltberühmten Kampfansage *»Hasta la victoria siempre!«* Immer bis zum Sieg!

Streetart mit detaillierten Szenen aus dem Krieg und von Massenverhaftungen machte den Betrachter zum Zeugen der einstigen Revolution.

Und Parolen, die in auffälligen Buchstaben von den grauen Wänden prangen, wie »*Por la liberdad hemos luchado*« – für die Freiheit haben wir gekämpft – und »*Nicaragua será libre mientras tenga hijos que la amen*« – Nicaragua bleibt frei, solange sie Kinder hat, die sie lieben –, brachten sogar das eigene Blut ordentlich in Wallung. Sie machten den Spaziergänger zum Sympathisanten der einstigen Kämpfer, die von hier aus gemeinsam in die Berge zogen, um das Regime zu bekämpfen und mit vereinten Kräften den Diktator Somoza zu stürzen.

Noch heute gilt León als die politisch progressivste Stadt in Nicaragua. Die Einwohner sind stolz darauf, dass hier früher die Hochburg der linksgerichteten Sandinisten war und dass in den unscheinbaren Kolonialhäusern von ihren Besitzern Partisanen im Keller versteckt wurden. Egal, wo ich langging, überall spürte ich den revolutionären Charme, der die Stadt umgab. Und während ich durch die engen Gassen schlenderte, konnte ich nicht aufhören, über den Mut nachzudenken, der diese Männer ausgezeichnet hatte. Ihre Entschlossenheit, für eine bessere Zukunft zu kämpfen für sich, ihre Kinder und deren Kinder. Dabei riskierten die meisten von ihnen ihr Leben. Und wählten freiwillig die Folter oder gar den Tod, statt Repressionen und Diktatur zu ertragen.

Ich war beeindruckt und ahnte dabei nicht, dass mich der unbeugsame lateinamerikanische Kampfgeist bereits in ein paar Tagen im Nachbarland mächtig überrumpeln würde.

***

Ich war immer noch geblendet von der weißen, puren Schönheit auf dem Dach der Basílica de la Asunción, als ich mich, nichts Böses ahnend, neben die Mitarbeiterin des Hostels auf die Couch setzte, um mit ihr meinen Tag Revue passieren zu lassen. Maria und ich verstanden uns gut und hatten bereits die letzten Abende viel miteinander geredet. Während mein Sohn im Hof mit einem anderen Mitarbeiter Fußball spielte, fragte sie mich ganz beiläufig nach meinen weiteren Reiseplänen. Ganz routiniert erzählte ich ihr, dass es in etwa einer Woche weiter nach Honduras gehen sollte. Plötzlich schien Marias Gesichtsausdruck wie versteinert zu sein. Sie riss ihre Augen weit auf und schaute mich völlig perplex mehrere Sekunden mit offenem Mund an. Anscheinend rang sie mit der Fassung.

»*Estás segura?*«, fragte sie mich bestürzt. Bist du dir da ganz sicher?

Ich stempelte Marias drastische Reaktion als übertrieben ab. Schon mehrmals wurde ich in Nicaragua davor gewarnt, dass alle anderen zentralamerikanischen Länder viel zu gefährlich seien. *Honduras? El Salvador? Guatemala? Alles nur Kriminelle und brutale Gang-Mitglieder!* Wenn man diesen Warnungen wirklich Glauben schenken wollte, dann musste man davon ausgehen, dass man gleich nach der Grenze bis auf die Unterhose ausgeraubt werden würde. Deswegen war ich davon ausgegangen, dass auch Maria mich jetzt vor der allgemein berüchtigten Kriminalität in Honduras warnen wollte. Doch mein Bauchgefühl mischte sich ein – und gab mir deutlich zu verstehen, dass hier tatsächlich etwas nicht stimmte.

Fassungslos fragte mich Maria, ob ich denn nichts von den aktuellen Geschehnissen in Honduras mitbekommen hätte.

»Ähm, nein«, sagte ich kleinlaut und kam mir in dem Moment ziemlich doof vor.

Wie ein Maschinengewehr fing Maria an zu berichten und erzählte von angeblichem Wahlbetrug, gewaltvollen Zusammenstößen von Demonstranten und Polizisten, brennenden Autos und einer nächtlichen Ausgangssperre. Der amtierende Präsident Juan Orlando Hernández hatte vor Kurzem den Ausnahmezustand für sein Land ausgerufen. Bei Marias Worten musste ich heftig schlucken. Ich hoffte inbrünstig, dass sie maßlos übertrieben hatte und dass die honduranische Realität bei Weitem nicht so dramatisch aussehen würde.

Als ich zurück auf mein Zimmer ging, konnte ich es kaum erwarten, mein Handy zur Hand zu nehmen und nach der aktuellen Lage im Nachbarland zu googeln. Sofort musste ich mir eingestehen, dass Maria keineswegs übertrieben hatte. Die politische Situation in Honduras war weitaus mehr als prekär. Ich las mich quer durch verschiedene Artikel und erfuhr den Hintergrund. Vor ein paar Tagen hatte die Präsidentschaftswahl stattgefunden. Man warf dem amtierenden Präsidenten Hernández von der rechten Nationalen Partei Wahlbetrug vor. Laut der Stimmauszählung lag er mit deutlichem Vorsprung vor seinem linken Herausforderer Salvador Nasralla, der wiederum seine Anhänger zu Protesten aufgerufen hatte und eine unabhängige vollständige Neuauszählung forderte. Binnen kurzer Zeit war der Konflikt in Honduras eskaliert. Im Internet entdeckte ich düstere Bilder von blutigen Auseinandersetzungen, Vermummten, die große Steine warfen, zertrümmerten Fensterscheiben von Restaurants, völlig verwüsteten Geschäften, Straßenblockaden und Verletzten, die gerade mal ein paar Stunden alt waren. Mein Atem setzte kurzzeitig aus, als ich las, dass es mittlerweile bei den gewaltvollen Auseinandersetzungen in der Hauptstadt Tegucigalpa sogar Tote gegeben hatte und dass das Auswärtige Amt in Berlin seine Staatsbürger dazu aufrief, schnellstmöglich das Land zu verlassen.

Und da willst du als nächstes mit deinem kleinen Kind hin? Ich hoffte auf ein großes Wunder. Dass sich aus heiterem Himmel die Situation von einem Tag auf den anderen entspannen würde. Dass sich der Präsident und die Opposition einigen würden und bereits in ein paar Tagen ein friedliches Miteinander auf den Straßen von Honduras herrschte. Meine Hoffnung wurde umgehend zerschlagen, als ich in einer Facebook-Gruppe Rat suchte. Einige, die gerade in Honduras waren, meldeten sich zu Wort und meinten, dass man zwar die Entwicklung des Konfliktes nicht voraussagen konnte, aber dass alle Zeichen dafürsprachen, dass sich die Situation sehr bald um einiges verschärfen würde. Momentan beschränkten sich die gewaltvollen Auseinandersetzungen überwiegend auf die Großstädte. Aber schon sehr bald könnte das ganze Land davon betroffen sein.

Während mein Sohn friedlich neben mir im Bett schnarchte, wurde ich immer panischer. *Was sollte ich tun?* Mir war klar, dass ich meine Reisepläne ad hoc ändern musste, denn an entspannte Tage im Nachbarland war gerade nicht zu denken. Aber ein Blick auf die Landkarte offenbarte mir, dass kein Weg an Honduras vorbeiführte. Denn auch wenn ich nach El Salvador ausweichen würde, musste ich zumindest durch Honduras' Süden.

Mit beunruhigenden Bildern im Kopf vom politischen Ausnahmezustand – von dem glücklicherweise zu Hause in Deutschland keiner etwas mitbekommen hatte, weil die Vorkommnisse es nicht in die deutschen Nachrichten geschafft hatten – ging ich schlafen und hoffte auf ein Wunder. Schließlich blieb mir ja noch eine Woche, bis ich meinen Fuß ins krisengebeutelte Honduras setzen wollte.

Die härteste Prüfung in meinem Leben

Am nächsten Morgen entschied ich, dass jetzt der perfekte Zeitpunkt für ein paar relaxte Tage am Strand war, um erst mal die fürchterlichen Bilder aus meinem Kopf zu verbannen. Ich fragte Maria, ob sie eine Idee hatte, wo wir als nächstes hinfahren konnten.

»Ja«, sagte sie freudestrahlend.

Ich musste mir eingestehen, dass mir ihr Gesichtsausdruck heute um einiges besser gefiel als ihre versteinerte Miene am gestrigen Abend.

Ich solle doch nach Poneloya fahren, wo der Hostel-Besitzer eine andere Unterkunft hätte. Die Surfing Turtle Lodge. Maria zeigte mir ein paar Bilder im Internet, und ich bat sie, da anzurufen und zu fragen, ob sie noch ein Zimmer für uns freihätten. Exakt ein kleiner Bungalow war noch frei. Ich reservierte vorerst für eine Nacht und freute mich auf ein wenig Entspannung.

Die Fahrt dorthin war schon ein wenig abenteuerlich. Wir wurden vom Hostel abgeholt und runter an die Küste zu einem Fluss gefahren. Dort wartete ich gemeinsam mit zwei jungen Amerikanern auf ein Boot, das uns auf die andere Seite übersetzen sollte. Während wir im Schatten von großen Palmen Schutz vor der brütenden Hitze suchten, schloss ich Freundschaft mit ein paar tätowierten Nicas, die eindeutig einige Gläschen Rum zu viel über ihren Durst getrunken hatten. Und das um 12 Uhr mittags! Eigentlich machte ich in Lateinamerika einen sehr großen Bogen um betrunkene Männer, da ich aus eigenen Erfahrungen wusste, wie schnell hier im Alkoholrausch eine stinknormale Situation in einen unkontrollierten Kampf ausarten konnte. In solche Situationen wollte ich natürlich keineswegs geraten. Allerdings schienen diese Männer ziemlich gut drauf zu sein. Sie tranken ganz einfach aufs Leben. Wie jeden Tag.

»*Mamacita rica, también quieres una copita?*« Sie wollten, dass ich mittrinke.

Ich lehnte freundlich ab, denn bei der brütenden Hitze wäre ich vom kleinsten Schluck Rum völlig betrunken gewesen. Die Männer hatten Verständnis dafür, dass ich mich um meinen kleinen Sohn kümmern musste. Sogleich wechselten sie zu ihrem absoluten Lieblingsthema, Fußball! Und als sie erfuhren, dass ich aus Deutschland kam, zogen sie ihren imaginären Hut. Nicht vor mir, sondern vor der Leistung unserer Nationalmannschaft bei der Fußball-Weltmeisterschaft 2014 in Brasilien. Euphorisch erzählten sie ihrer Trinkkumpanin, die zwar keinen blassen Schimmer vom Fußball hatte, dafür aber einen runden Hintern, der unter den viel zu knappen Hotpants hervorlugte, vom legendären Sieg der Deutschen gegen die Argentinier. Die Augen der Männer fingen an zu strahlen, und sie steigerten sich immer mehr in ihre Fußballeuphorie, als sie minutiös den Spielverlauf der Nachspielzeit wiedergaben. Einer erhob sich sogar plötzlich ganz enthusiastisch aus seiner Hängematte und machte Mario Götze nach, wie er in der 112. Minute den Pass von Schürrle annahm und gekonnt das runde Etwas im Tor der Argentinier versenkte. Die Nica mit den mindestens zwei Größen zu kleinen Hotpants war sichtlich gelangweilt – und anstatt angesichts der schauspielreifen Darbietung ihres Freundes in einen frenetischen Jubel auszubrechen, goss sie sich noch ein Glas Rum hinein. Ich musste ein wenig lachen über die ganze Szene, die sich mir da bot, und fachsimpelte weiter mit den Männern über die anstehende WM in Russland. *Wer wohl diesmal gewinnen würde?* Wir fingen an, Orakel zu spielen. Mexiko? Vielleicht Kolumbien oder Argentinien?

»Nein, Brasilien«, sagte einer aus der Runde völlig entschlossen. Für die Nicas stand fest, dass diesmal definitiv ein lateinamerikanisches Fußballteam gewinnen würde. Ich stimmte ihnen mit übertriebenem Kopfnicken zu und fantasierte, dass irgendwann bestimmt auch Nicaragua an der Fußball-Weltmeisterschaft teilnehmen würde. Warum auch nicht? Schließlich hatte es Honduras sowohl 2010 als auch 2014 geschafft. Und Costa Rica spielte eh meistens mit. Plötzlich erhoben sich alle Männer voller Stolz, schauten mir tief in die Augen und eröffneten mir, dass das ihr allergrößter Traum im Leben sei. Ich spürte, dass ich mir hier am Flussufer mit meinen Worten gerade Freunde fürs Leben gemacht hatte.

Unsere Fußballgespräche wurden von knatternden Motorengeräuschen unterbrochen. Das kleine Boot war angekommen. Sie fragten mich, ob ich nicht für heute Abend Rum mitnehmen wollte. Ich lehnte erneut dankend ab. Wir verabschiedeten uns wie gute Freunde, die sich bereits seit vielen Jahren kannten.

Als wir auf der anderen Flussseite ankamen, erwartete uns tatsächlich ein Pferdekarren, der uns zu unserer Unterkunft bringen sollte. Natürlich war mein Sohn entzückt und tat laut seine Freude kund, als er sich direkt neben den Kutscher setzen durfte. Für ihn war die Kutschfahrt sicherlich ein weitaus größeres Abenteuer als für mich und die zwei jungen Amerikaner.

Sofort, als wir die Surfing Turtle Lodge erreicht hatten, war mir klar, dass ich in einem absoluten Party-Backpacker-Hostel gelandet war. An mir stolzierte eine rothaarige Engländerin vorbei, die sicherlich Anfang 20 war und ein bauchfreies Oberteil mit der Aufschrift »*Young and wild*« trug. Dabei zeigte ein leuchtend pinker Pfeil in Richtung Unterleib. *Okay*, dachte ich, *das ist mal eine klare Ansage.* Ich konnte mir das Grinsen nicht verkneifen und entschied, dass ich mich trotz der feierwütigen 20-jährigen Backpacker hier nicht fehl am Platz fühlte. Mein Sohn und ich würden uns trotzdem eine schöne Zeit machen. Schließlich lockte eine überdimensionale Sandkiste, und gemütliche Hängematten versprachen ein paar relaxte Tage. Spontan entschied ich, sogar zwei Nächte zu bleiben, und fragte an der Rezeption, ob mein Bungalow noch frei war. Ich hätte Glück, meinte die Mitarbeiterin, das sei das letzte Zimmer, welches noch frei sei für morgen. Etwas erstaunt fragte ich sie, warum denn alles am nächsten Tag voll sei. Sie schaute mich mit freudig erregten Augen an.

»Wegen unserer großen Full Moon Party!«

Dios mio! O mein Gott, dachte ich. Ich war nicht nur in einem Party-Backpacker-Hostel gelandet, sondern würde jetzt sogar Zeitzeuge einer ungestümen Nacht werden, in der es keine Regeln zu geben schien ... Eben *young and wild*.

Trotz der zahlreichen Backpacker lernte ich in der Unterkunft tatsächlich auch ein paar Gleichgesinnte kennen, die sich ebenfalls nichtsahnend hierher verirrt hatten. So verbrachte ich einen netten Tag mit interessanten Gesprächen am Strand und später im Restaurant, wo ich bewusst einen Tisch weit weg von der Bar gewählt hatte.

Am nächsten Tag lag eine knisternde Spannung in der Luft. Alle waren mächtig aufgeregt wegen der Full Moon Party heute Nacht. Mit großer Wahrscheinlichkeit ließ ich mich ebenfalls ein wenig von der Spannung anstecken, das hätte zumindest meine Unkonzentriertheit erklärt: Als ich gemeinsam mit meinem Sohn auf einem Liegestuhl lag, merkte ich nicht, dass sich gerade der Lebensgeist meines heißgeliebten iPhones auf immer und ewig verabschiedete. Nur wenige Zentimeter von meiner Hand entfernt lag es in einer kleinen, durch die kaputte Trinkflasche meines Sohnes verursachte Wasserlache und kämpfte einsam gegen die eintretende Flüssigkeit, die sich heimtückisch im Inneren des Gehäuses ausbreitete.

Als ich dann irgendwann wissen wollte, ob ich nicht auf Facebook oder Instagram irgendwelche bahnbrechenden News verpasst hatte, war es schon längst zu spät. Panisch nahm ich das iPhone aus der Wasserlache, versuchte behutsam, es trocken zu wischen, und drückte unbeherrscht den An- und Ausschaltknopf. Nur kurz flackerte der Apfel auf, bevor sich das komplette Display krisselig rot färbte – und mit dem Verschwinden des Apfels auf immer und ewig brach für mich unmittelbar eine Welt zusammen. *Ich ohne Handy??? Unvorstellbar!!!*

Hätte jetzt man Mann neben mir gesessen, hätte er mir nur ein trockenes, läppisches »Geschieht dir recht« entgegnet. Er war definitiv der Meinung, dass ich mit meiner Handysucht einem albernen Teenager gleichkommen würde, der mehr online als in der realen Welt leben würde. Nun gut, da gingen unsere beiden Meinungen deutlich auseinander, schließlich nutzte ich mein Handy ja überwiegend für berufliche Zwecke.

Panik stieg in mir auf. Ich konnte mir noch nicht mal ansatzweise vorstellen, wie ich hier in Mittelamerika ohne Handy klarkommen sollte. Schließlich war meine erste Amtshandlung, sobald ich ein neues Land betreten hatte, der Erwerb einer lokalen SIM-Karte, um überall Internet zu haben. So konnte ich von überall aus sowohl meine beruflichen Projekte abwickeln, als auch meine weitere Reise organisieren. Meistens buchte ich erst im Bus ein Zimmer, wenn ich mit hundertprozentiger Sicherheit wusste, dass wir auch tatsächlich ankommen. Außerdem nutzte ich auch viele weitere Apps, die beim Reisen extrem hilfreich waren. So wusste ich meistens – dank Google Maps –, wo ich mich gerade befand, oder konnte bei Pinterest, auf Blogs und Co. nach weiteren Informationen recherchieren.

Oje! Was für ein Desaster! Bisher hatte ich über WhatsApp mehrmals am Tag Videotelefonie mit meinem daheim gebliebenen Mann gemacht und ihm jeden Abend Fotos von unserem Tag geschickt. *Das sollte jetzt nicht mehr möglich sein?!* Meine Schockstarre wurde noch schlimmer, als ich erkannte, dass ich jetzt weder Videos von unserer Reise machen konnte, noch die Uhrzeit wusste. Seit Jahren besaß ich keine Uhr mehr, da ich schließlich immer mein Handy dabeihatte. In diesem Moment wurde mir erst richtig bewusst, wie abhängig ich von meinem Handy war.

Um es kurz zu machen – und keinen unnötigen Spannungsbogen aufzubauen –, nehme ich es vorweg: Mein Handy erholte sich nicht. Trotz inbrünstigen Betens. Während die jungen Hostel-Bewohner ein berauschendes Fest feierten, das sie bis zur hellen Morgenstunde wachhielt, verbrachte ich ebenso eine schlaflose Nacht, in der ich nicht von rothaarigen Engländerinnen träumte, die einen wilden Lapdance aufführten oder sich den Tequila von testosterongesteuerten Männern aus ihrem Bauchnabel schlürfen ließen, sondern nur von meinem heißgeliebten, kaputten iPhone. Noch halb im Schlaf griff ich am nächsten Morgen zu meinem Handy, in der Hoffnung, dass alles nur ein böser Alptraum gewesen ist oder dass sich mein Handy zwischenzeitlich vom Wasserschock erholt hatte. Nichts davon trat ein. Das Display war immer noch krisselig rot. Hinzu kamen verschiedene besorgniserregende Streifen.

Ich fing ganz langsam damit an, mir ein Leben ohne Handy vorzustellen. Zumindest für die nächsten drei Wochen. Denn in Guatemala konnte mir ja mein Mann ein Neues mitbringen ... Ich ahnte, dass mich eine sehr schwierige Prüfung erwartete. Mit großer Wahrscheinlichkeit bis jetzt die härteste in meinem Leben. Ich begann, die verbleibenden Minuten bis zur Ankunft meines Mannes in Guatemala zu zählen – und ahnte dabei nicht, dass mich die nächsten Tage noch viele weitere Prüfungen erwarten sollten.

***

Es war an der Zeit, den typischen Backpacker-Pfad in Nicaragua zu verlassen und *adiós* zum jungen Partyvolk zu sagen. Nach der fulminanten schlaflosen Nacht war in der Surfing Turtle Lodge Aufbruchsstimmung angesagt. Während die meisten Granada als nächsten Hotspot wählten, fuhren mein Sohn und ich in die entgegengesetzte Richtung – in den Norden, der kaum von Touristen besucht wurde.

Vor uns lag eine sehr lange Fahrt durch eine bergige Landschaft in luftiger Höhe. Im Chicken-Bus wurden wir zur Attraktion für die Bevölkerung. Als wir schon kurz vor unserem Ziel Matagalpa waren, kam eine sehr alte Frau zu uns. Ich schätze sie auf über 80 Jahre. Sie war sehr klein, ihr Gesicht war gezeichnet von tiefen Falten, und die lederige Haut an ihren Armen hatte jede Spannkraft verloren. Dafür strahlten ihre Augen so voller Leben, und ihr unsagbar warmes Lachen ließ mein Herz sofort schmelzen. Sie fragte mich, wohin wir reisten. Ich nannte ihr unser Ziel und konnte sogleich die Enttäuschung in ihrem Gesicht lesen. Sie wohne in Jinotega, meinte sie, und würde uns gerne zu sich nach Hause einladen. Dabei schaute sie mich mit den herzlichsten Augen an, die ich je gesehen hatte. Einen kurzen Augenblick zögerte ich, ob ich mal wieder ganz spontan meine Pläne ändern sollte, um der Einladung dieser alten Frau zu folgen. Ich entschied mich dagegen. Nicht nur, weil Jinotega aufgrund seines rauen, nass-kalten Klimas auch als »Stadt der Nebel« bezeichnet wurde, sondern weil ich ja in Matagalpa bereits ein Zimmer gebucht hatte. Ich bedankte mich bei ihr, und sie nahm zum Abschied meine Hände in ihre und hielt sie eine Weile fest. Dabei überkam mich ein wohlig-warmes Gefühl. Dann ging sie mit den Worten *»que Díos te bendiga«* – möge Gott dich beschützen – und winkte mir am Ausgang noch zu. Während sie am Straßenrand in einer dichten Nebelwand verschwand, dachte ich, dass sie die schönste 80-Jährige war, die ich je gesehen hatte.

***

Eine Stunde später bereute ich zutiefst, dass ich nicht der Einladung der alten Frau gefolgt war. Als wir am Busbahnhof von Matagalpa ankamen, war es bereits dunkel. Eigentlich nahm ich mir ja vor, immer vor Einbruch der Dunkelheit an einem neuen Ort anzukommen. Aber nun gut, der Bus hatte Verspätung, und ich musste nur noch in ein Taxi steigen, das uns direkt zu unserer Pension bringen würde. *Also alles nur halb so wild*, dachte ich. Doch es verlief alles ganz anders. Der Taxifahrer hatte überhaupt keine Ahnung, wo sich unsere Pension befand, und konnte mit der Adresse, die ich vorher ganz *old school* akribisch auf ein Stück Papier geschrieben hatte, nichts anfangen. Wir irrten durch den dichten Abendverkehr der Stadt, und ich konnte noch nicht mal bei Google Maps nachschauen, wo wir uns genau befanden, da ja mein iPhone in einer Tüte mit Reiskörnern den Schlaf des Gerechten schlief.

Nach einer langen Irrfahrt kamen wir dann doch noch an. Ich war heilfroh, denn die Reise von Poneloya über León bis ganz nach Matagalpa hatte deutliche Spuren in meinen Knochen hinterlassen, die sich heute besonders alt anfühlten.

Als die Besitzerin der Unterkunft uns die Tür öffnete, merkte ich sogleich, dass etwas nicht stimmte. Verdutzt schaute sie meinen Sohn an und fing dann an, rumzudrucksen. Ich merkte sofort, dass Kinder hier nicht gewünscht waren, obwohl sie das so nicht direkt sagen wollte. Bei einer Online-Buchung gab ich meinen Sohn nie an, da sonst immer ein zusätzliches Bett für ihn extra berechnet wurde, und da wir uns immer eins teilten, wollte ich mir natürlich diese Kosten sparen. Normalerweise hatte ich damit auch nie Probleme gehabt, bis heute ...

Die Besitzerin fing an, völlige Fantasiepreise aufzurufen, die sie für meinen Sohn extra berechnen müsste, die um das Dreifache höher waren, als der ursprüngliche Preis. Zudem bekam mein Sohn einen gepflegten Trotzanfall, schmiss sich auf den Boden und fing an zu schreien. Wir waren halt im herrlichen Trotzphasenalter eines Zweieinhalbjährigen angekommen, das mit uns reiste. Als die Besitzerin meinen Sohn auf dem Boden sah, der wild um sich tretend einfach nur Aufmerksamkeit suchte, wusste ich, dass ich ganz schnell eine andere

Lösung suchen musste. *Aber wohin sollten wir gehen*? Ich fluchte innerlich, dass ich ausgerechnet in so einer Situation ohne mein Handy zurechtkommen musste. Ich ließ mir von der Besitzerin eine Adresse aufschreiben – und schon wurden wir freundlich aber sehr bestimmt aus der Tür herausbefördert. Ich merkte, wie Wut in mir aufstieg. Aber mich zu ärgern brachte uns auch nicht weiter. So schulterte ich den schweren Rucksack und das Handgepäck, nahm den Buggy in die eine Hand und meinen tobenden Sohn, der partout nicht mitgehen wollte, an die andere.

Es war stockduster, und die Umgebung erschien mir nicht besonders vertrauenswürdig. Auch die dunklen Gestalten, die plötzlich aus dem Nichts auftauchten und an der nächsten Ecke wieder verschwanden, hellten meine Stimmung nicht auf. Alles um uns herum wirkte unheimlich, und ich bekam ordentlich Bammel. Ich wollte so schnell wie möglich weg hier. Ich ging drei Blöcke bis zur nächsten Hauptstraße und versuchte, mir ein Taxi ranzuwinken. Vergebens. Da gerade Rushhour herrschte, waren alle Taxis bis auf den letzten Platz besetzt. Ich wurde immer verzweifelter und merkte, wie sich meine Augen mit Tränen füllten. Doch irgendwie musste ich Ruhe bewahren. Denn schließlich war es wichtig, dass ich auch in brenzligen Situationen meinem Sohn Sicherheit vermittelte – der sich übrigens von seiner meisterhaften Trotzattacke wieder erholt hatte. Nach etwa 20 Minuten hielt endlich doch noch ein Taxi an. Ein winziger Platz war noch frei, also quetschten wir uns zu den anderen Mitfahrern, und ich war heilfroh, dass wir jetzt von der düsteren Straße mit den unheimlichen Gestalten wegkamen.

Die Mitarbeiterin im nächsten Hotel war uns wesentlich wohlgesonnener. Als ich ihr davon erzählte, dass mein Sohn und ich gerade rausgeschmissen wurden, konnte sie es kaum fassen.

»Das ist aber sehr untypisch für Nicaragua«, versuchte sie mich empört zu beschwichtigen. Allerdings hatte sie eine andere schlechte Nachricht für mich. Wir konnten nur eine Nacht bleiben, da ab morgen das ganze Hotel für ein Business-Meeting reserviert war.

Oh Mann, dachte ich. Seit ein paar Tagen war irgendwie der Wurm drin. Und nichts lief so, wie gewünscht.

***

Obwohl mir Matagalpa sehr gut gefiel und ich gelesen hatte, dass vor allem die bergige Umgebung und reißenden Flüsse sehr schön waren, entschied ich mich dennoch, am nächsten Tag weiterzureisen. Wir fuhren nach Estelí und schauten uns die beschauliche Stadt an. Eigentlich hatte ich vorgehabt, in dieser Region mindestens drei weitere Tage zu bleiben. Ich wollte ein wenig wandern, Kaffee-, Tabakplantagen und Wasserfälle besuchen und unbedingt das große anstehende Fest La Purísima zu Ehren der Jungfrau Maria miterleben. Man hatte mir bereits berichtet, mit wie viel Tamtam dieses große Fest in Nicaragua gefeiert wurde. Das wollte ich mir natürlich nicht entgehen lassen.

Allerdings nahm eine beängstigende Unruhe immer mehr Besitz von mir: Da war doch immer noch das Problem mit Honduras. Am Abend des 5. Dezembers suchte ich fieberhaft im Internet nach ein paar neuen Artikeln zur aktuellen Lage im Nachbarland. Mir stockte erneut der Atem. Der amtierende Präsident Juan Orlando Hernández und die Opposition hatten sich – wie erwartet – nicht geeinigt, und die Situation hatte sich verschlechtert. Straßenblockaden, gewaltbereite Vermummte, Wasser werfende Polizisten, verwüstete Geschäfte und brennende Autos bestimmten das Straßenbild von Honduras. Es hatte mittlerweile sogar mehrere Tote und zahlreiche Verletzte gegeben. Doch noch immer beschränkten sich diese Ausschreitungen vor allem auf die Großstädte, also überwiegend Tegucigalpa und San Pedro Sula. Aufmerksam studierte ich die Landkarte von Honduras und verfolgte im Kopf eine Route, auf der ich nur den südlichen Zipfel

Honduras auf dem Weg von Nicaragua nach El Salvador durchqueren musste.

Ich zögerte und las erst mal weitere Nachrichten, in denen ich erfuhr, dass im Land allmählich die Lebensmittel ausgingen und der Wasservorrat knapp wurde. In der Bank bekam man kein Geld mehr, und Insider vermuteten sogar, dass die Grenzen bald dichtgemacht würden. Dann käme keiner mehr aus Honduras raus.

Mir war bewusst, dass ich schnell handeln musste. Ein Flug von Nicaragua direkt nach Guatemala kostete leider mehr als ein Ticket nach Europa. Ein Abbruch meiner Reise kam für mich nicht infrage. Also entschied ich mich, gleich am nächsten Morgen in der Früh aufzubrechen, bevor die Lage in Honduras in den kommenden Tagen komplett eskalieren sollte. Augen zu und durch, war jetzt meine Devise. Schnell schrieb ich meinem Mann noch eine Mail, dass er sich keine Sorgen machen sollte. Dabei gestand ich ihm natürlich nicht, dass ich ordentlich Schiss hatte.

7. KAPITEL

Entschlossenheit im Unglück ist immer der halbe Weg zur Rettung.

(Johann Heinrich Pestalozzi)

Bienvenidos a Honduras

Ich verbrachte eine unruhige Nacht. Ich hatte Angst, zu verschlafen, da ich ja seit dem Ableben meines Handys auch keinen Wecker mehr besaß. Jede Stunde wachte ich auf und schaute auf meinen Laptop, um zu sehen, wie spät es war. Um 6 Uhr stand ich dann auf. Ich duschte, und als die Sonne aufging, weckte ich schnell meinen Sohn. Wir waren bereit für Honduras.

Erst im Bus nach Somoto fiel mir ein, dass heute in Deutschland Nikolaus war. Ich blickte zu meinem Sohn runter. Ein schlechtes Gewissen plagte mich, dass er heute nicht – wie andere Kinder daheim – Süßigkeiten aus seinen frisch geputzten und gut gefüllten Stiefel auspacken durfte. Stattdessen lag jetzt ein abenteuerlicher Roadtrip vor uns, dessen Verlauf ungewiss war. Davon hatte mein Sohn aber keinen blassen Schimmer – und auch von meiner Anspannung schien er nichts zu spüren. Genüsslich mampfte er an seiner noch dampfenden Tortilla und forderte als nächstes Wassermelone. Ich versuchte, alle finsteren Gedanken aus meinem Kopf zu bannen und schmiedete einen Plan. Ich wollte zur Grenze nach El Espino und von dort aus so schnell wie möglich durch Honduras reisen, schließlich waren es laut Google Maps nur 160 Kilometer. *Das müsste doch machbar sein, oder?* Ich wollte unbedingt vor

Einbruch der Dunkelheit in El Salvador ankommen. Beim Gedanken an El Salvador überkam mich erneut ein kalter Schauer. Ich musste mir eingestehen, dass ich einen Riesenrespekt vor diesem Land hatte, das angeblich zu den gefährlichsten Ländern der Welt gehörte ... *Jetzt aber erst mal einen Schritt nach dem anderen*, ermutigte ich mich entschlossen.

Je mehr wir uns der honduranischen Grenze näherten, desto erdrückender wurde die Stimmung. Zu allen Übel fing es auch noch an zu regnen. Ich holte bei der nicaraguanischen Behörde unseren Ausreisestempel. Damit war es besiegelt. Wir waren offiziell aus Nicaragua raus und nur ein paar Hundert Meter trennten uns vom krisengebeutelten Honduras. Eine junge Frau kam auf mich zu. Sie hatte im selben Bus mit uns gesessen. Mein Blick fiel auf den Reisepass in ihren Händen. Sie war honduranische Staatsbürgerin.

»*Estás segura?*«, fragte sie mich ernst. Diese Frage hatte ich in den letzten Tagen häufig zu hören bekommen. Ob ich mir sicher sei, dass ich nach Honduras reisen wollte. Hastig erklärte ich ihr, dass mir keine andere Möglichkeit bliebe, dass ich aber noch heute nach El Salvador wollte. Mit traurigen Augen schaute sie mich an, wünschte mir viel Glück und meinte, dass ich auf uns aufpassen sollte.

Ich schaute ihr hinterher und fragte mich, aus welchen Beweggründen sie gerade in ihre Heimat reiste und was sie dort erwarten würde. Stumm wünschte ich ihr ebenfalls viel Glück. Sofort kam in mir ein Gefühl der lähmenden Ohnmacht auf. Trotzdem setzte ich meinen Sohn in seinen Buggy, schulterte den Rucksack und ging rüber nach Honduras.

***

Ein freundlicher alter Mann begrüßte uns am Grenzschalter. »*Bienvenidos a Honduras.*« Seine gute Laune wirkte beruhigend auf mich. Er erklärte mir, dass sie gerade Stromausfall hätten und dass er jetzt handschriftlich unsere Daten erfassen müsste. Dafür ließ er sich *sehr, sehr viel*

Zeit und fing zudem an, mühevoll irgendwelche Heftklammern aus meinem Reisepass rauszufriemeln, mit denen das Visum bei der Einreise nach Sri Lanka festgetackert wurde.

Ich bekam Panik und malte mir bereits Horrorszenarien aus, wie der freundliche, alte Mann meinen Reisepass zwar unbeabsichtigt, dafür aber komplett demolieren würde – und ich nirgendwo mehr einreisen dürfte.

»*Calma, calma niña*«, mit einem breiten Lächeln versuchte er, mich zu beruhigen. Nach einer geschlagenen halben Stunde bekamen wir dann endlich unseren Stempel und durften Honduras betreten.

Auf der anderen Seite der Grenze sah alles ganz normal aus. Nichts, was bedrohlich wirkte oder auf einen Ausnahmezustand im Land deutete. Ich fragte einen Verkäufer, wie ich hier wegkäme, und er deutete auf einen kleinen Microbus, der etwa 300 Meter entfernt stand. Erleichtert ging ich zum Fahrer und erzählte ihm, dass ich so schnell wie möglich nach El Salvador wollte.

»Kein Problem«, sagte er ganz cool und erklärte mir, dass ich erst mal nach San Marcos de Colón, von dort aus einen Bus nach Choluteca nehmen und dann mit einem anderen bis zur Grenze fahren müsste. Klang eigentlich ziemlich easy, *oder?* Ich hakte noch mal nach, ob es denn realistisch sei, dass ich es heute noch bis nach El Salvador schaffen würde. Er schaute auf seine Armbanduhr und meinte, »*claro, que sí*«.

Ich war erleichtert, vergaß dabei aber, dass man in Lateinamerika einer *claro-que-sí*-Zeitangabe nicht hundertprozentiges Vertrauen schenken sollte. Stattdessen stieg ich zufrieden in den Bus ein – und wartete und wartete. Und wartete. Auf Nachfrage versicherte mir der Busfahrer jedes Mal sehr gelassen, dass wir gleich losfahren würden, und ließ sich dabei keineswegs von meiner ständigen Fragerei aus der Ruhe bringen.

Zwei Stunden später warteten wir immer noch. Vor meinem geistigen Auge sah ich immer mehr die Wahrscheinlichkeit schwinden, dass wir es heute tatsächlich noch nach El Salvador schaffen sollten. Ich versuchte mich abzulenken und fing an, mich mit den Mitreisenden zu unterhalten, die *peu à peu* eintrudelten. Sie waren alle freundlich und sogar zu Späßen aufgelegt. Ich wunderte mich, wie sie trotz der prekären politischen Lage in ihrem Land so entspannt sein konnten.

Irgendwann fragte mich ein älterer Mann skeptisch: »*Es su hijo?*«, und deutet dabei auf meinen Sohn. Komisch. Die Frage, ob er mein Kind sei, hatte ich in Nicaragua relativ häufig gestellt bekommen. Ich hatte sie nie richtig zu deuten gewusst, denn schließlich konnte man eindeutig sehen, dass wir beide aus demselben Holz geschnitzt waren. *Oder?* Wir waren weit und breit die einzigen Menschen mit heller Haut, blonden Haaren und blauen Augen. *Also warum um Himmels willen stellten mir ständig alle so eine unsinnige Frage?*

»Na, klar ist das mein Kind. Sieht man doch, oder?«, entgegnete ich dem alten Mann vermutlich etwas schnippisch.

Er lachte laut auf und sagte: »Na ja, du könntest ja auch seine Oma sein. Bei deinem Alter!«

Plötzlich fiel es mir wie Schuppen von den Augen. Der alte Mann hatte ja so recht! In Mittelamerika bekamen die Frauen oft schon mit 16 Jahren oder gar früher ihr erstes Kind. Somit war es keine Seltenheit, dass Frauen in meinem Alter sogar schon mehrere Enkelkinder hatten. Ich musste ebenfalls laut lachen bei der Erkenntnis, dass ich in den Augen der Einheimischen eigentlich viel zu alt für ein eigenes Kleinkind war. Etwas verlegen drehte ich mich zur Seite und schaute aus dem Fenster. Ich musste mir eingestehen, dass ich mich noch nie in meinem Leben so alt gefühlt hatte.

Der 19-jährige Engel

Endlich war auch der allerletzte Platz im Bus besetzt. Zwischen unseren Füßen stapelten sich zahlreiche Kisten, Körbe und Koffer. Und hinter mir saß eine Frau, die in ihrer großen Tasche zwei lebendige Hühner transportierte. Neben mich hatte sich ein junges Mädchen gesetzt, das bestimmt zwei Köpfe größer war und mindestens 20 Kilo mehr wog als ich. *Eigentlich sehr untypisch für Mittelamerika*, dachte ich. Wir kamen sofort ins Gespräch. Alexandra war 19 Jahre alt, studierte in Nicaragua und hatte jetzt zwei Monate Sommerferien, die sie bei ihrer Familie im kleinen Dorf San Lorenzo verbringen würde. Ich fragte sie gleich, wie sie die aktuelle Lage in ihrem Land einschätzte.

»*Muy, muy mal*«, war ihre klare Antwort. Sehr, sehr schlecht.

Ich erzählte ihr von meinen weiteren Reiseplänen und fragte sie, ob ich es heute noch irgendwie nach El Salvador schaffen würde.

Sie schaute auf ihre Uhr und meinte: »Das wird knapp.«

Etwa eine Stunde später erreichten wir den Ort San Marcos. Bis jetzt war die Busfahrt durch Honduras friedlich verlaufen. Doch das sollte sich schlagartig ändern. Mein Sohn war während der Fahrt tief und fest eingeschlafen, und ich sah mich gezwungen, ihn etwas unsanft zu wecken. Schließlich mussten wir ja weiter zum nächsten Bus. Mein Sohn konterte mit lautem Kreischen und einem tosenden Tobanfall. Ich stand vor einer Herkulesaufgabe und musste alle Superkräfte mobilisieren, um das trotzige Kind irgendwie in den Griff zu bekommen, all das Gepäck zu schleppen und mich nebenbei um unsere Weiterfahrt zu kümmern.

Zum Glück kam die große Rettung. Alexandra bot mir großzügig ihre Hilfe an: »Ich muss sowieso mit dem gleichen Bus wir ihr fahren.« Resolut klappte sie den Buggy auf, setzte meinen Sohn rein, und eh ich's mich versah, schob sie ihn auch schon durchs Dorf zum nächsten Ticketschalter. Mein Sohn schien noch ein wenig perplex zu sein, dass Alexandra auf seinen Wutanfall – der wirklich einer theatralischen Meisterleistung glich – nicht so richtig eingehen wollte. Etwas mürrisch beruhigte er sich – zumindest für die nächsten zehn Minuten. Ich ahnte, dass spätestens dann der nächste Trotzanfall losgehen würde. Schnell nutzte ich dieses kurze Zeitfenster, um unsere Tickets zu kaufen. Allerdings fuhr der nächste und gleichzeitig auch letzte Bus nach Choluteca erst um 16 Uhr. Somit war es klar. Wir mussten in Honduras übernachten.

»Wenigstens bleibt uns jetzt genug Zeit zum Essen«, tröstete mich Alexandra fröhlich. Im Gegensatz zu mir hatte sie sehr gute Laune. »Ich kenne da ein hervorragendes Straßenrestaurant. Du wirst die Empanadas lieben. Hier in Honduras sind die nämlich um einiges leckerer als drüben in Nicaragua.«

»Gibt es denn da auch Pommes«, fragte ich etwas kleinlaut. Denn mir war klar, dass ich jetzt zur ungesunden Wunderwaffe *Pommes mit viel, viel Ketchup* greifen musste, damit mein Sohn sich wieder einigermaßen normalisieren würde.

∗∗∗

Während sich ein paar Hundert Kilometer von uns entfernt die gewaltbereite Polizei und protestierende Bevölkerung blutige Kämpfe lieferten, kämpfte ich im kleinen beschaulichen Dorf San Marcos weiter gegen die nächste Trotzattacke an, die in einem sehr heftigen Schub folgte. Mittlerweile hatte mein Sohn die zweite Phase auf der Eskalationskurve erreicht. Er wälzte sich unbeherrscht auf dem Boden, wand sich wie ein verletztes Tier und schrie wie am Spieß, als ob ihn jemand gerade umbringen würde. Ich war am Ende mit meinen Nerven. Alexandra schien dagegen sehr amüsiert zu sein. Sie erklärte mir, dass es für die Bewohner von San Marcos sehr ungewöhnlich sei, Ausländer zu sehen, da sich in dieses Dorf kaum ein Tourist verirrte. Ich war ein wenig erleichtert, dass die verwunderten Blicke, die uns auf der Straße begegneten, nicht ausschließlich dem hysterischen Anfall meines Sohnes galten, der sich im Dreck suhlte, sondern auch unserer exotischen Präsenz.

Doch viel Zeit für Erleichterung blieb mir nicht. Denn die Stimmung meines Kindes ging übergangslos in die dritte Phase über. Mit der allerletzten Kraft schaffte ich es irgendwie, meinen Sohn vom Boden zu heben. Er spannte seinen Körper an, machte sich steif und verdammt schwer. Zudem trat und boxte er wild um sich. Keine Ahnung wie, aber es gelang mir, ihn schlussendlich bis zum Eingang des Straßenrestaurants zu tragen, das Alexandra so hoch angepriesen hatte. Während mein Sohn sich draußen wieder auf den Boden legte und wutentbrannt schrie, lief ich panisch hinein.

»*¿Hay papas fritas?*« Ich betete zu Gott, dass sie für mein Kind Pommes machen würden. Verdutzt schaute mich die Verkäuferin an. Mein Engel Alexandra kam hinzu und erklärte ihr, dass das schreiende Kind draußen zu uns gehört und sich wohl erst wieder beruhigen würde, wenn es Pommes bekäme.

»*Sí, sí, puedo hacer.*«

Mir fiel ein Stein vom Herzen. Ich ging wieder hinaus. Es war nicht zu überhören. Phase vier hatte begonnen. Wie von Sinnen schrie mein Sohn hysterisch. Er war nicht mehr zu beruhigen. Ich wusste, dass ich jetzt nichts Gescheites mehr ausrichten konnte, als abzuwarten. Ich ließ ihn draußen schreien und setzte mich ins Restaurant, um auf die rettenden Pommes zu warten. Ich versuchte, mich ein wenig zu beruhigen. Denn schließlich konnte ich durch das ohrenbetäubende Schreien genau lokalisieren, wo sich mein Sohn befand.

Alle zwei bis drei Minuten schaute ich nach ihm. Sein temperamentvoller Gemütszustand hatte sich jedoch nicht verändert. Er schrie immer noch, rührte sich dabei aber nicht vom Fleck. Womöglich waren ihm die vielen Leute, die sich um ihn versammelt hatten, nicht ganz geheuer.

»Ich bin mir sicher, dass sie hier noch in vielen, vielen Jahren von euch sprechen werden«, sagte Alexandra und lachte. Ihre gute Laune schien gerade, ihren Höhepunkt zu erreichen. Sie hatte sichtlich Spaß mit uns, und allmählich löste sich auch meine innere Anspannung.

Als die Pommes fertig waren, schlich ich mich vorsichtig an meinen Sohn heran, um ihm den Teller zu zeigen. Ich staunte nicht schlecht, als ich sah, dass mittlerweile bestimmt an die 50 Leute um ihn herumstanden. Mein Sohn wollte gerade tief Luft holen für den nächsten hysterischen Schrei, als er plötzlich den Teller in meiner Hand bemerkte. Schlagartig wurde er ruhig, stand auf und ging brav mit mir rein. Ich stellte die Pommes auf dem Tisch ab und sagte zu ihm: »Jetzt müssen wir erst mal Händewaschen gehen.« Er war von oben bis unten dreckig. Kein Wunder! Schließlich hatte er sich unter anderem auch in einer Pfütze gewälzt.

Wie der allerliebste und schmutzigste Engel auf der ganzen Welt schaute er mich mit seinen großen Kulleraugen an und meinte: »Kein Problem, Mama.«

Kopfschüttelnd ging ich mit ihm ins Badezimmer und fragte mich, was in so einem kleinen Köpfchen abging. Der Kampf zwischen den gespaltenen Persönlichkeiten von Dr. Jekyll und Mr. Hyde schien fast schon harmlos dagegen zu sein. Ich tröste mich, dass auch andere Eltern trotzige Kinder haben, und biss genüsslich in meine Empanada rein.

»Alexandra, du hattest recht. Die sind hier ja wirklich verdammt, verdammt lecker«, sagte ich mit vollem, fetttriefendem Mund.

Ausnahmezustand, Straßenblockaden und brennende Autos

Im gemächlichen Tempo verließ der Bus die sicheren Straßen des Dorfes San Marcos und fuhr auf die Hauptstraße in Richtung Unsicherheit. Ich hatte überhaupt keine Ahnung, wo genau wir schlafen sollten, und betete nur, dass wir noch rechtzeitig vor der offiziellen Ausgangssperre um 18 Uhr und somit auch vorm Sonnenuntergang in Choluteca ankommen würden. Alexandra saß eine Reihe hinter mir. Ihre gute Laune hatte sich mittlerweile verflüchtigt, aber sie versuchte, sich nichts anmerken zu lassen. Keine Ahnung warum, aber ich wurde das Gefühl nicht los, dass die 19-Jährige auf uns beide aufpassen wollte. Sie machte ihre Späßchen mit meinem Sohn, und als sie eine Tüte Chips aus ihrer Handtasche hervorzauberte, war es um den kleinen Blondschopf natürlich geschehen. Ohne mich zu fragen, wechselte er souverän seine Sitznachbarin und gesellte sich zu Alexandra. Ich ließ ihn gewähren und nutzte die Gelegenheit, um mich ein wenig auszuruhen.

Gedankenverloren schaute ich aus dem Fenster und fühlte zunehmend ein beklemmendes Gefühl in mir aufsteigen. Wir näherten uns langsam der nächsten großen Stadt, Choluteca. Der Verkehr wurde immer chaotischer, und die Menschenmassen auf den Straßen nahmen zu. Plötzlich konnte ich aus der Ferne schwarzen Qualm erkennen. Als der Bus sich näherte, sah ich, wie ein Auto lichterloh brannte. Ich war froh, dass mein Sohn von diesen Bildern nichts mitbekam, denn er schaute sich gerade mit Alexandra »Peppa Wutz« auf Spanisch auf ihrem Handy an und quiekte dabei vor Freude. Alexandra lachte mit ihm. Und während beide sich über das kleine Schwein im orangen Kleid köstlich amüsierten, erschreckten mich immer mehr die Bilder, die sich auf der entgegengesetzten Fahrbahn abspielten. Vermummte standen vis-à-vis mit schwer bewaffneten Polizisten. Noch lieferten sie sich hier keine blutigen Kämpfe. Aber wie lange noch? Ich sah große Steine die Straße blockieren und Menschen, die Plakate mit der Aufschrift »Fuera JOH« hielten. Ich fragte Alexandra, was das bedeutete, und sie erklärte mir, dass JOH die Initialen des amtierenden Präsidenten, Juan Orlando Hernández, seien. Lauthals und unison forderten sie den Rückzug des Präsidenten, der in ihren Augen nicht mehr ihr Präsident war. Im Hintergrund konnte ich zahlreiche zerschlagene Fensterscheiben erkennen. Die Stimmung brodelte wie in einem viel zu heißen Kessel, der jeden Moment drohte überzukochen.

Ich war noch nie ein Mensch, der sich übermäßig politisch engagierte. Auf der einen Seite konnte ich zwar das honduranische Volk verstehen, das sich gegen den angeblichen Wahlbetrug zur Wehr setzte und nicht tatenlos zusehen wollten, wie das Land immer weiter von einer

Demokratie abrückte. Allerdings konnte ich nicht so richtig nachvollziehen, wieso man deswegen Autos anzünden, Geschäfte plündern und andere Sachen mutwillig beschädigen musste – und somit natürlich auch riskierte, dass unschuldige Menschen verletzt würden.

Alexandra hatte hierfür auch kein Verständnis. Sie zuckte resigniert mit den Schultern und meinte: »Wir leben in einer machohaften Gesellschaft, in der viel zu viele aufbrausende Gemüter den Ton angeben wollen. Und sobald die Sonne untergeht, wird das noch schlimmer.«

Das wollte ich natürlich nicht erleben. Die Sonne stand bereits tief am Horizont und tauchte die Stadt in ein goldiges, trügerisches Licht. Ich verfluchte mein Handy, das mittlerweile nur noch alibimäßig in einer Plastiktüte mit Reiskörnern seinen Dornröschenschlaf hielt, und ärgerte mich, dass ich noch nicht mal ein Hotel für uns raussuchen konnte. Die Zeit drängte, denn in spätestens 20 Minuten würde es dunkel werden. Ich fragte Alexandra, ob sie in der Nähe der Bushaltestelle eine sichere Unterkunft kannte. Kopfschütteln. Aber sofort zückte sie ihr Handy, studierte aufmerksam die Karte, suchte etwas raus, schüttelte erneut mit dem Kopf, entdeckte etwas anderes, verwarf wieder ihren Plan und meinte dann entschlossen: »Moment mal, ich habe eine Idee.« Sie telefonierte kurz und legte dann zufrieden auf.

»Und?«, fragte ich sie gebannt. Mir war bewusst, dass ich mich mittlerweile voll und ganz in die Hände der 19-Jährigen begeben hatte. Eine völlig neue Situation für mich.

»Ein Freund von mir holt uns gleich ab«, beruhigte mich sanftmütig die junge Studentin.

Als wir aus dem Bus ausgestiegen waren, warteten wir keine drei Minuten, als ein Auto vorfuhr. Ein junger Mann stieg aus, begrüßte mich mit einem knappen »Hola«, und schon packte er meinen Rucksack in den Kofferraum. Während ich ihm dabei half, auch noch den Buggy zu verstauen, hatte Alexandra sich bereits gemeinsam mit meinem Sohn auf die Rückbank gesetzt.

»Schnell, schnell, wir müssen uns beeilen«, meinte Alexandras Freund zu mir. Ich setzte mich also ebenfalls zu dem Fremden ins Auto, und wir fuhren los.

Zuerst steuerten wir ein nahegelegenes Hotel an. Gustavo, der Freund von Alexandra, ging rein, und einen kurzen Augenblick später kam er wieder raus.

»Kommt nicht in Frage. Das Hotel ist viel zu unsicher für euch beide«, meinte er – und ohne eine Antwort meinerseits abzuwarten, startete er den Motor. Beim zweiten Hotel kam er kopfnickend heraus. »Das hier ist gut. Hier könnt ihr schlafen.«

Und auch ich war super zufrieden. Vor allem, als mir der Rezeptionist erzählte, dass es im Hotel sogar warmes Wasser gab. Endlich nach mehreren Wochen konnte ich wieder heiß duschen und den ganzen Dreck und das viele Kopfzerbrechen vom anstrengenden Tag den Duschabfluss runterspülen. Klang super! Noch während ich eincheckte, griffen Alexandra und Gustavo mein Gepäck, um es ins Zimmer zu tragen. Ich wollte vehement dazwischen gehen, denn schließlich hatten beide schon genug Mühen mit mir gehabt. Aber Alexandra lachte.

»Ich möchte nur wissen, wie dein Zimmer aussieht«, schmunzelte sie schelmisch, schnappte sich meinen überschweren Rucksack und verschwand bereits an der nächsten Ecke im langen Gang.

Beim Abschied fragten mich Alexandra und Gustavo mindestens zehnmal, ob sie noch mal losfahren sollten, um uns etwas zum Essen zu kaufen. Da ich noch einen kleinen Essensproviant dabeihatte, der bis zum nächsten Morgen ausreichte, lehnte ich freundlich ab. Als ich Gustavo zum Dank ein bisschen Geld in die Hand drücken wollte, weigerte er sich, dies anzunehmen. Und auch Alexandra meinte zu mir, dass das nicht nötig sei.

»Für mich ist es wichtig, dass ihr beide in Sicherheit seid und dass euch heute Nacht nichts passieren kann. Wir freuen uns, dass wir euch helfen konnten.«

Ich war gerührt von ihrer aufopfernden Hilfsbereitschaft und fühlte einen großen Kloß im Hals, denn mir war bewusst, dass Alexandra unseretwegen den letzten Bus in ihr Dorf San Lorenzo verpasst hatte.

»Und wo schläfst du jetzt«, fragte ich sie.

»Mir fällt schon was ein«, war ihre knappe Antwort, und dabei lachte sie wieder etwas verschmitzt.

Ich musste Alexandra wirklich meinen Respekt zollen, das Mädchen war super taff, entschlossen und wusste immer sofort eine Lösung.

Sie ging in die Knie, gab meinem Sohn einen Kuss auf die Stirn, und anschließend umarmten wir uns ganz fest. Am liebsten hätte ich sie nicht gehen lassen. Wie war es möglich, dass eine fremde Person dir innerhalb von ein paar Stunden so sehr ans Herz wachsen kann? Während Alexandra mit Gustavo ins Auto stieg, winkten mein Sohn und ich euphorisch den beiden jungen Honduranern zu. Noch lange blickte ich der Staubwolke hinterher, die Gustavos Auto aufgewirbelt hatte. Und erst als das Auto auf der Hauptstraße abgebogen war und auf immer aus meinem Sichtfeld verschwand, fiel mir noch mal Alexandras Alter ein. Wie jung sie eigentlich war. Sie hätte definitiv meine Tochter sein können – zumindest hier in Mittelamerika –, dachte ich und ging zurück in unser Hotel. Die erste Hälfte unseres Honduras-Abenteuers hatten wir also erfolgreich hinter uns gebracht.

Der junge Soldat mit dem viel zu großen Maschinengewehr

Am nächsten Morgen ging es bereits in der Früh weiter. Schließlich wollte ich heute endlich im langersehnten El Salvador ankommen. Die Straßen wirkten wieder friedlich. Aber in der Nacht hatte es zahlreiche Krawalle gegeben, hatte mir der Mitarbeiter im Hotel erzählt. Als ich am Busbahnhof ankam, sah ich bereits einen gelben amerikanischen Schulbus mit dem Schild »El Amatillo«. Der letzte Ort vor der Grenze nach El Salvador. In wie vielen Chicken-Bussen war ich in den letzten Tagen gefahren? Ich hatte schon längst aufgehört zu zählen.

Ich fragte den Busfahrer, wann wir losfahren würden.

»*Ahorita, ahorita.*« Jetzt gleich.

Ich bat ihn, ob er noch ein paar Minuten auf uns warten konnte, denn mein Sohn und ich hatten einen Bärenhunger und mussten uns erst mal mit ausreichend Essen für die Fahrt eindecken.

»Aber natürlich! Fürs Essen muss immer Zeit sein«, sagte der Fahrer und lachte mich an.

Ich rannte schnell zum nächsten Essensstand und bestellte zum Mitnehmen zwei große Portionen Frühstück. Reis mit Bohnen, frittierten Kochbananen und dampfend heißen Tortillas. Während der Verkäufer unser Frühstück einpackte und meinem Sohn noch eine Packung Bananen-Chips schenkte, sprach mich von der Seite ein älterer Mann an.

»*¿Para donde viajas?*«

Ich erzählte ihm, dass wir so schnell wie möglich nach El Salvador wollten.

»*Muy bien.*« Er nickte heftig mit dem Kopf und erzählte mir, dass mittlerweile die Straßen in die Hauptstadt Tegucigalpa gesperrt seien. »Gestern Nacht hat es in der Hauptstadt wieder viele Verletzte und sogar Tote gegeben.«

Ich schaute ihn traurig an. Wie sehr hatte ich mich doch auf Honduras gefreut – und jetzt musste ich zusehen, dass wir hier so schnell wie möglich wegkamen. Mir tat es leid um die Leute hier, die keine andere Wahl hatten, als abzuwarten, wie sich die Dinge entwickeln würden. Ich verließ den alten Mann, wünschte ihm viel Glück und stieg mit meinem Sohn in den Bus nach El Salvador ein.

Die Fahrt im Chicken-Bus dauerte über vier Stunden. Reichlich Zeit, um sich von Honduras noch einen Eindruck zu verschaffen. Ich beobachtete die vielen Menschen, die ein- und ausstiegen und mich mit einem verwunderten Blick grüßten. Eine Europäerin hier in dieser Gegend? Und zudem noch mit einem kleinen Kind? Zweifelsohne waren wir mal wieder die große Attraktion. Sie hielten an, um sich mit mir zu unterhalten, versperrten solange den Gang, bis sie von den nächsten Eingestiegenen unsanft nach hinten geschoben wurden. Der Smalltalk begann von vorne. Mindestens jeder zweiten Person musste ich erzählen, wohin wir fahren, wie ich Honduras finde und dass ich sehr traurig bin, dass ich das Land so schnell verlassen musste. Das war ich nämlich wirklich. Denn nur zu gerne wäre ich länger in diesem sympathischen Land geblieben, das mich immer mehr begeisterte. Vor allem die Hilfsbereitschaft seiner Menschen.

Alle paar Minuten schaute der Mitarbeiter des Busses nach mir, ob bei uns alles okay war. Aus der Ferne deutete ich ihm mit meinem ausgestreckten Daumen, dass alles in absoluter Ordnung sei. Er schien wohl ebenfalls auf uns aufpassen zu wollen. Ich wurde das Gefühl nicht los, dass er mich an irgendjemanden erinnerte mit seinen strahlend grünen Augen, dem ungekämmten Lockenkopf und dem viel zu eng sitzendes Poloshirt. Ich grübelte fieberhaft, aber es wollte mir partout nicht einfallen, mit wem er Ähnlichkeiten haben könnte.

Kurz nachdem wir das kleine Dorf San Lorenzo passiert hatten und ich schweren Herzens an meinen lieb gewonnen 19-jährigen Engel Alexandra denken musste, kamen wir in die erste Militärkontrolle. Schwer bewaffnete Soldaten stiegen ein und musterten aufmerksam jeden Passagier, bis sie bei mir ankamen. Ein Junge, der höchstens 18 Jahre alt war, hielt bei mir an. Seine Erscheinung wirkte äußerst surreal auf mich, denn das viel zu groß wirkende Maschinengewehr passte so gar nicht zu seinem zarten, bubenhaften Gesicht.

»*Pasaporte*«, forderte er spürbar nervös.

Ich hielt bereits unsere Reisepässe in der Hand und reichte sie ihm seelenruhig. Er klappte meinen in der Mitte auf, und ich erkannte sofort, dass er noch nie einen ausländischen Pass in der Hand gehalten hatte. Ich musste ein wenig schmunzeln, denn mir war klar, dass er so gar keine Ahnung hatte, worauf er achten sollte. So schaute er sich weder meine persönlichen Daten noch den Einreisestempel an, blätterte dafür aber wild ein paar Seiten weiter und gab mir mit einem hoch erfreuten Lachen unsere Pässe zurück. Ich hatte fast das Gefühl, dass er dabei rot geworden war, und stellte mir vor, wie er heute Abend voller Stolz der ganzen Familie erzählen würde, dass er zwei ECHTE Ausländer kontrolliert hatte.

Aus dem offenen Fenster schaute ich zu, wie die Landschaft an uns vorbeizog. Ich sah kleine bunte Häuser, deren Farbe abgeblättert war, zierliche Kinder, die Hand in Hand auf der staubigen Straße gingen, alte Männer, die aus ihrem klapprigen Schaukelstuhl das Geschehen beobachteten, und Frauen, die große Körbe auf ihren Köpfen transportierten. Ich versuchte, achtsam jedem noch so kleinen Detail meine volle Aufmerksamkeit zu schenken. Denn ich wollte noch so viel wie möglich von Honduras mitnehmen. Sowohl in meiner Erinnerung als auch in meinem Herzen. Mindestens jedem dritten Verkäufer, der seine Ware im Bus anbot, kaufte ich etwas ab, auch wenn meine Tasche bereits voller Reiseproviant war. Und je mehr wir uns der Grenze näherten, desto trauriger wurde ich. Natürlich war ich froh, dass wir heil und unversehrt durch das krisengebeutelte Honduras gekommen waren, aber voller Wehmut blickte ich auch auf meine kurzen Begegnungen mit den vielen hilfsbereiten Menschen zurück. 24 Stunden in Honduras waren einfach viel zu kurz. Wie gerne wäre ich an der nächsten Weggabelung einfach ausgestiegen. Wie gerne wäre ich über den nächsten Markt geschlendert? Wie gerne wäre ich geblieben, um mehr kennenzulernen ...

Unmittelbar an der Grenze stiegen wir aus. Der Mitarbeiter mit den strahlend grünen Augen reichte mir meinen Rucksack und warnte mich vor den geldgierigen Tuk-Tuk-Fahrern.

»Steig da bloß nicht ein. Die wollen dir bloß dein Geld abknöpfen. Die paar Hundert Meter kannst du zu Fuß gehen. Und dort drüben ist bereits El Salvador.« Er zeigte mit seinem ausgestreckten Finger in die Ferne, wo sich das gelobte Land befand.

Ich bedankte mich bei ihm und fragte mich immer noch, an wen er mich denn erinnerte. Ich kam nicht darauf. *Konnte es vielleicht sein, dass er mich gar nicht an eine spezielle Person erinnerte, sondern er mir einfach nur vertraut vorkam?*, dachte ich, als ich meinen Sohn in den Buggy setzte und meinen Rucksack schulterte. Der Mann mit den strahlend grünen Augen setze sich ans Steuer des Buses, fuhr einen großen Bogen um uns herum, hupte zum Abschied mehrmals und winkte mir noch ein paar Sekunden lang aus seinem offenen Fenster zu. Ich blickte dem Bus hinterher und spürte, wie mir ganz warm ums Herz wurde – und ahnte dabei nicht, was für ein Glück wir doch gehabt hatten. Denn kurze Zeit später wurden die Grenzen komplett dichtgemacht, und die Lage in Honduras eskalierte.

8. KAPITEL

If you never go, you'll never know. (Unbekannt)

Im gefährlichsten Land der Welt!

Eins haben Honduras und El Salvador gemeinsam. Sie genießen beide den Ruf, zu den gefährlichsten Ländern der Welt zu gehören ...

Als ich zur Vorbereitung auf unsere Reise nach Mittelamerika bei Google und YouTube nach El Salvador gesucht hatte, hatte es mir sofort die Sprache verschlagen. Bandenkriege, Drogenkartelle, Schutzgelderpressungen, komplett tätowierte Männer, zerstückelte Leichen und Massengräber dominieren das Bild des kleinen Landes im Internet. Zudem las ich, dass die Mordrate in El Salvador im Jahr 2016 zu den höchsten weltweit gehörte. 6.656 Mordopfer waren offiziell registriert worden, hinzu kamen weit über 2.000 Vermisste – und das bei einer Gesamteinwohnerzahl von knapp sechs Millionen. Eine erschreckende Bilanz. *Unmöglich*, hämmerte es in meinem Schädel. Ich hatte extremes Kopfkino. *Es war unmöglich, nach El Salvador zu reisen.* Ich klappte den Laptop zu und ließ die blutrünstigen Schreckensnachrichten erst mal sacken.

Ein paar Tage später war ich wieder in der Lage, mich näher mit der Gewaltproblematik in El Salvador zu beschäftigen. Ich recherchierte etwas tiefer und fand heraus, dass die organisierte Kriminalität zwischen den beiden rivalisierenden Banden – Mara Salvatrucha und Barrio 18 – ausschließlich die Armengebiete der großen Städte beherrschte. Slums, die überwiegend aus Wellblechhüten bestanden. Regionen, die aus touristischer Sicht nicht interessant waren und wohin sich dementsprechend kaum ein Ausländer verirrte. Es sei denn man war lebensmüde. Und auch die Tatsache, dass das Auswärtige Amt in Berlin gar nicht vor dem Reiseziel El Salvador warnte, sondern lediglich allgemeingültige Sicherheitshinweise aussprach, ließ mich ein wenig aufatmen. *War es vielleicht in El Salvador für Reisende doch nicht so gefährlich?* Ich durchforstete weitere Reiseblogs und YouTube-Channels.

Die Erfahrungen von anderen wagemutigen Backpackern ließen neue Hoffnung in mir aufkeimen. Ihre Sicht auf El Salvador war so ganz anders als die blutrünstigen Schlagzeilen in den anderen Medien. Paradoxerweise berichteten sie von einem wunderschönen Land mit einer malerischen Landschaft und besonders hilfsbereiten, liebenswerten Menschen. Ich recherchierte weiter und fand heraus, dass keine größeren Fälle bekannt waren, in denen Touristen zur Zielscheibe der brutalen Machenschaften der Banden wurden. Ihre Gewaltbereitschaft richtete sich ausschließlich gegen die Mitglieder der anderen rivalisierenden Bande. Und außerdem gegen die Polizei, Menschen, die in den *falschen* Vierteln wohnten oder mit *falschen* Menschen verkehrten, wie auch Dienstleistern, die nicht ihren wahnwitzigen Schutzgeldforderungen Folge leisteten ... Ich atmete tief ein. Dabei spürte ich ein aufgeregtes Kribbeln in meinem Bauch. Mein Entschluss stand fest. Ich wollte El Salvador eine Chance geben, mir ein eigenes Bild machen – und zur Not gleich weiter nach Guatemala reisen.

***

Meine ersten Begegnungen mit El Salvador waren ziemlich verstörend. Kaum hatte ich die Grenzbeamten hinter mir gelassen, bemerkte ich am Straßenrand einen Lkw mit einem protzigen Aufkleber im Ed-Hardy-Style. Unter einem Totenkopf mit einem Maschinengewehr in der Hand las ich die Aufschrift: »*La única ley es matar o morir.*« Das einzige Gesetz ist töten oder sterben. Ein eiskalter Schauer lief mir über den Rücken und hinderte mich kurzzeitig daran, weiterzugehen. Doch ein paar Hundert Meter von mir entfernt stand ein Mann, der mir hektisch zuwinkte. Es war der Busfahrer. Ich erwachte aus meiner paralysierenden Schockstarre, legte einen Zahn zu und fragte, ob er nach San Miguel fahren würde, die nächste große Stadt.

»*Sí, sí*«, war seine wortkarge Antwort. Er verstaute meinen Rucksack und den Buggy unten im Gepäckraum, ich stieg ein, und zwei Minuten später fuhr der Bus los.

Im Bus fing ich an, so richtig zu realisieren, dass ich in El Salvador angekommen war. Im angeblich gefährlichsten Land der Welt. Ich schaute mich um. Etwa vier Sitzreihen vor mir saß ein Mann, der sich die ganze Fahrt über irgendwelche Pornofilme auf seinem Handy anschaute. *Oje*, dachte ich. *Das kann ja heiter werden.* Doch es kam noch verstörender.

Plötzlich hielt der Bus irgendwo in der Einöde an. Ein alter Mann stieg ein. Er hielt in der rechten Hand ein zerfleddertes Buch und presste es kräftig auf Herzhöhe gegen seinen Körper. Mitten im Gang blieb er stehen. Er schien irgendwo in der Ferne etwas zu fokussieren, sich zu sammeln. Sein Blick war starr und wirkte auf mich ein wenig wahnsinnig. Genau in dem Moment, als ich das dachte, erhob er seine kräftige, glasklare Stimme und fing an, aus Leibeskräften zu predigen. In einer bedrohlichen sonoren Tonlage sprach er von den verlorenen Söhnen, zu denen er früher auch gehört habe, vom Teufel, der einst seine Seele bewohnt, und von der Hand Gottes, die ihn aus der Dunkelheit geführt habe. Dabei redete er sich immer mehr in Rage und schien, in eine richtige Trance zu fallen. Ich empfand den alten Mann mit der Bibel in der Hand als ziemlich unheimlich. Aber eine Frau ein paar Plätze von mir entfernt beruhigte mich.

»*El Señor está un poco loco.*« Sie tippte mit ihrem Zeigefinger gegen die Schläfe und lachte dabei.

Nun gut. Ich wusste zumindest, dass keine Gefahr drohte. Ich lehnte mich zurück und ließ das Bild des alten Predigers und des Mannes, der völlig unbeachtet weiter seine Pornofilme verfolgte, auf mich wirken.

Ein paar Minuten nachdem der alte Mann mit der Bibel in der Hand ausgestiegen war und ich gerade anfing, die Ruhe zu genießen, hielt der Bus wieder an. Wir standen auf einer großen Kreuzung. Ich fragte eine Frau, wo wir seien.

»Santa Rosa de Lima«, antwortete sie.

Ich wollte es mir gerade wieder gemütlich machen, da wir ja noch nicht in San Miguel waren, als plötzlich der Busfahrer kräftig von außen gegen meine Fensterscheibe klopfte und mir wirre Handzeichen gab. Ich verstand überhaupt nicht, was er wollte, und schaute ihn irritiert an. Zuerst blieb ich sitzen, doch eine Millisekunde später stürmte der Fahrer in den Bus.

»*Baja aquí, baja aquí!*« Hektisch gab er mir zu verstehen, dass ich hier aussteigen sollte. Aus dem Fenster konnte ich sehen, wie er bereits meinen Rucksack und den Buggy aus dem Gepäckraum holte und einfach auf der Straße liegenließ.

Na super, dachte ich. *Da bist du im gefährlichsten Land der Welt und dein Gepäck liegt unbeaufsichtigt mitten auf der Straße. Sozusagen auf dem Präsentierteller!* Panisch fing ich an, all die verteilten Spielsachen in meine Handtasche zu stopfen und nahm meinen Sohn auf den Arm, der ein paar Minuten vorher eingeschlafen war. Wie sollte es auch anders sein: Mein Sohn wollte natürlich weiterschlafen und wehrte sich vehement dagegen, jetzt aussteigen zu müssen. Bei unserer Meinungsverschiedenheit fiel sein geliebtes Lightning-McQueen-Auto zu Boden und verschwand irgendwo in der allerhintersten Ecke unter einer Sitzbank. Wie auf Kommando vergoss mein Sohn sofort riesige Krokodiltränen und schrie nach seinem roten Rennauto. Ich stand nun vor dem unüberbrückbaren Dilemma, das Auto zu suchen oder schnell das Gepäck vor irgendwelchen dahergelaufenen Dieben in Sicherheit zu bringen. Zum Glück musste ich mich nicht entscheiden, denn ein anderer Mann kroch bereits auf dem Boden rum, fand tatsächlich Lightning McQueen und drückte es meinem Sohn in die Hand.

Als ich ausstieg, fiel mir erst mal ein riesiger Felsbrocken vom Herzen. Lightning McQueen war gerettet – und Rucksack und Buggy standen auch noch da. Ich schnappte mir das Gepäck und ging erst mal ein paar Meter weiter in den Schatten. *Was nun?* Ich wollte nach San Miguel. Das wusste ich. Wie ich dahinkommen würde, wusste ich allerdings nicht. Die vielen Fragezeichen in meinem Gesicht waren den Menschen in meiner Umgebung wohl nicht entgangen. Sofort kamen drei Männer auf mich zu und fragten mich, wo ich hinwollte. Ich erzählte es ihnen.

»Kein Problem. Du musst einen Bus nehmen«, erklärte mir ein Mann mit breitem Grinsen und einer extremen Alkoholfahne.

Ich reagierte verhalten, weil ich den Männern gegenüber ein wenig skeptisch war. *Warum waren diese Männer so freundlich? Was wollten sie von mir?* Meine Gedanken wurden unterbrochen.

»*Ya viene, ya viene.*« Der eine Mann lief auf die Straße und hielt den Bus nach San Miguel für mich an. Eh ich's mich versah, nahm der Mann mit der Alkoholfahne meinen Rucksack und der andere den Buggy. Ich rannte flink hinterher, weil ich Angst hatte, dass sie jetzt mit meinen Sachen weglaufen wollten. Stattdessen verstauten sie es im Gepäckraum des ankommenden Busses. Ich war immer noch skeptisch und malte mir aus, wie die drei Männer meine Sachen schnappen würden, sobald ich in den Bus stieg.

Meine Bedenken lösten sich erst in Luft auf, als ich im Bus Platz genommen hatte und aus dem Fenster sah, wie die drei Männer unten standen, herzlich lachten und mir zuwinkten. Als der Bus losfuhr, winkte ich ihnen ebenfalls herzlich zurück.

Das Leben ist schöner mit einem Pelikan an der Seite

Nach zwei endlos langen und ereignisreichen Tagen *on the road* von Nicaragua durch Honduras bis nach El Salvador wollte ich endlich an den

Strand. Ich schlug meinen Reiseführer auf, las ein wenig quer und entschied völlig aus dem Bauch heraus, dass der Strand Playa Esteron bei El Cuco perfekt für mein Vorhaben sei. Ich lechzte nach Sonne, Strand, Meer – und vor allem zur Abwechslung nach etwas weniger Abenteuer. Ich musste mir eingestehen, dass ich nach der langen Reise völlig erschöpft war. Im Gegensatz zu meinem Sohn. Der schien immer noch vor Reiselust zu strotzen, und als wir in San Miguel ausstiegen, forderte er, dass wir noch mal mit einem anderen Bus fahren. Kinder! Ich konnte gar nicht verstehen, woher seine gute Laune kam.

Der Busbahnhof in San Miguel war voll, wuselig und unübersichtlich. Ich fragte mich durch, von wo aus der Bus nach El Cuco fahren würde, und war heilfroh, als man mir erzählte, dass er *ahorita,* also gleich, kommen würde. Aus dem Gleich wurden allerdings zwei lange Stunden, von denen ich selbstverständlich nichts ahnte. Also warteten wir, warteten und warteten weiter – ohne zu wissen, wie lange wir eigentlich noch warten mussten. Meinen Sohn störte das nicht. Im Gegenteil. Ungefragt setzte er sich neben eine Frau und zeigte ihr sein heißgeliebtes Lightning-McQueen-Auto, das wir zuvor in allerletzter Sekunde aus der dunklen Verschollenheit im Bus gerettet hatten. Einen kurzen Augenblick später kamen gleich ein paar neugierige Kinder und noch eine andere Frau hinzu. Ich nippte an meiner eisgekühlten Cola, die allmählich wieder die Lebensgeister in mir weckte, und beobachtete, wie mein Sohn es mal wieder geschafft hatte, die Herzen der Menschen in Windeseile zu erobern.

Mit einem wachsamen Auge schaute ich mich um und beobachtete sorgfältig die Umgebung. Vielleicht hatte uns ja schon jemand anvisiert, um uns gleich auszurauben. Mit detektivischer List versuchte ich, die Körpersprache aller mutmaßlichen Verdächtigen zu studieren. *Schließlich war ich ja im gefährlichsten Land der Welt!* Ich wollte dem Täter einen Schritt voraus sein, mir einen klaren Vorteil verschaffen. Doch anstelle von kriminellen Übergriffen von suspekten, komplett tätowierten Gestalten wurde ich nur angelächelt. Egal, wo ich hinblickte. Die Frauen lächelten mich an, die Kinder lachten sowieso, und sogar Männer kamen zu mir, um sich kurz mit mir zu unterhalten. Ich hielt inne, horchte in mich hinein und stellte fest, dass ich mich mittlerweile nicht mehr unsicher fühlte. Hier, mitten im Gewusel vom Bahnhof von San Miguel. Die blutrünstigen rivalisierenden Machenschaften der Mara Salvatrucha und der Barrio 18 schienen weit, weit weg zu sein ... Und fast kam es mir so vor, als ob sie nur ein Ammenmärchen wären.

Plötzlich wurde es sehr hektisch um mich herum. Der Bus nach El Cuco kam. Binnen Sekunden bildete sich eine riesige konfuse Menschentraube um den kleinen amerikanischen Schulbus. Panisch griff ich unser Gepäck mit der einen Hand und meinen Sohn mit der anderen und hatte so gar keine Ahnung, wie wir es in den Bus schaffen sollten, der von Sekunde zu Sekunde immer voller und voller wurde. Ich wusste, dass ich keine Chance hatte, vorne einzusteigen. Ich musste mit meinem ganzen Gepäck zum Hinterausgang. *Aber wie sollte ich das machen? Gemeinsam mit meinem kleinen Kind?* Ich spürte, wie eine junge Frau mir von hinten an die Schulter tippte. Etwas irritiert blickte ich sie an.

»Steig hinten ein. Ich nehme dein Kind und steige vorne mit ihm ein«, sagte sie in einem ruhigen bestimmenden Ton zu mir.

Ich war komplett durcheinander. *Sollte ich wirklich einer wildfremden Frau meinen Sohn anvertrauen? Noch dazu in EL SALVADOR?* Es war die einzige Möglichkeit, um noch in den übervollen Bus zu kommen. Ich betete innerlich, dass ich die richtige Entscheidung traf, übergab ihr meinen Sohn und quetschte mich mit weit ausgestreckten Ellenbogen und dem ganzen Gepäck durch das hektische Gewusel. Und wahrhaftig! Wie durch ein Wunder und mit massivem Körpereinsatz schaffte ich es in den Bus rein, schmiss den Rucksack und Buggy nach hinten unter die Rückbank und suchte sofort nach meinem Sohn. Zum Glück musste ich nicht lange suchen, denn sein weißblondes Haar und neongelbes Basketball-Shirt fiel in jeder Menschenmenge auf Anhieb auf. Brav hatte sich mein Sohn zu der jungen Frau gesetzt, die mir mit einem unbeschreiblich warmen Lächeln erzählte, dass sie für mich extra noch einen Sitzplatz freigehalten hatte. Ich musste tatsächlich mit den Tränen kämpfen. *Warum?* Weil ich von ihrer spontanen Hilfe so überwältigt war. Ohne sie hätten wir es mit großer Wahrscheinlichkeit nicht in den letzten Bus nach El Cuco geschafft.

✳✳✳

Kaum in El Cuco angekommen, kam auch schon ein Taxifahrer zu mir herbeigeeilt. Ich fragte ihn, was er für eine Fahrt zum Strand Playa Esteron nahm und war überrascht, als er mir fünf Dollar nannte. Genau diesen Preis hatte mir auch die hilfsbereite junge Frau zuvor im Bus genannt. *Aber ich bin doch Touristin, da musst du doch ganz andere irrwitzige Preise von mir fordern als von den Einheimischen*, wollte ich schon fast protestieren. Das war ich doch aus Mittelamerika nicht gewohnt, dass ich wirklich die gleiche Summe wie die *locals* bezahlen sollte ...

»Wo willst du denn genau hin?«, fragte mich der Taxifahrer.

Ich zeigte ihm einen Namen von irgendeinem Hostel, das ich vorher in meinem Reiseführer rausgesucht hatte.

»Aber das ist doch gar nicht an der Playa de Esteron. Das ist gleich hier um die Ecke«, sagte er lachend.

Ich schaute mich um. Sofort entschied ich mich, dass ich hier aber nicht bleiben wollte. Ich wollte unbedingt zur Playa de Esteron, wo der Strand so unglaublich schön sein sollte. Ich fragte den Taxifahrer, ob er eine andere günstige Unterkunft kannte, denn ich hatte gelesen, dass die ganzen Hotels dort sehr teuer sein sollten.

»Auf jeden Fall«, war seine Antwort. Und schon lud der freundliche Taxifahrer unser Gepäck ein.

Auf der Fahrt musste ich ein wenig schlucken, denn wir passierten ein Luxusresort nach dem nächsten. Ich war mir sicher, dass der Taxifahrer und ich uns missverstanden hatten. Er war sicherlich davon ausgegangen, dass eine Europäerin wie ich viel Geld hätte und sich diese Luxusresorts, ohne mit der Wimper zu zucken, leisten konnte. Ich sah mich schon aus Mangel an Alternativen zähneknirschend meine Kreditkarte über den Rezeptionstresen reichen, von der sofort mehrere Hundert Dollar abgebucht wurden. Etwas kleinlaut versuchte ich, dem Taxifahrer zu erklären, dass mein Budget nicht besonders üppig wäre, da wir zwei Monate lang durch Mittelamerika reisten. Er lachte nur und versuchte mich zu beruhigen

Als wir dann in die Auffahrt im La Tortuga Verde reinfuhren, war ich schon völlig gleichgültig. Mein Sohn und ich waren seit zwei Tagen ohne Pause unterwegs, ich war verschwitzt, meine Füßen waren schwarz vor Dreck und der Anblick des Luxusresorts wirkte wie eine langersehnte Fata Morgana in einer trockenen Wüste auf mich. Sofort erblickte ich den riesigen Pool und weiter hinten den wunderschönen puderweißen Sandstrand. Hier wollte ich bleiben. Koste es, was es wolle. Ich ging zur Rezeption und fragte nach dem günstigsten Zimmer. Die Mitarbeiterin schaute angestrengt auf den Monitor ihres Computers und meinte, dass sie ein Zimmer für zwölf US-Dollar pro Nacht frei hätte. Allerdings mit einem Gemeinschaftsbad. Fragend sah sie mich an. Am liebsten hätte ich laut losgeschrien. *WAAASSSS?* Nur zwölf Dollar in so einer Luxusanlage? Wo war der Haken? Oder hatte ich eine Null überhört? Als wir das Zimmer anschauten, konnte ich allerdings keinen Haken entdecken, und nach mehrmaligen Nachfragen blieb es tatsächlich bei zwölf Dollar.

Das Zimmer war zwar klein und hatte nur sehr dünne Wände, aber es hatte dafür ein großes, gemütliches Bett. Ich checkte sofort für drei Nächte ein. Als mein Sohn und ich zum Sonnenuntergang wohlverdient im riesigen Pool planschten, konnte ich mein Glück kaum fassen. Oh ja, die Fahrt hierher hatte sich schon gelohnt. Und eigentlich war mein persönlicher Eindruck von El Salvador gar nicht so schlimm ... Ich blickte zu meiner rechten Seite und sah ein Schild mit der Aufschrift »*Life is always better when there's a pelicane around*«.

Pelikan? Was das wohl bedeuten sollte? Ich hatte so überhaupt keine Ahnung.

***

Obwohl ich in der Nacht mehrmals aufwachte, weil der Bungalow ziemlich hellhörig war und ständig irgendwelche Leute umherstreunten, fühlte ich mich wie eine Prinzessin, die in einem wunderbaren Himmelbett lag. Eigentlich war es ein ganz stinknormales Bett, doch für mich war es in jenem Moment das gemütlichste und sauberste auf der ganzen Welt. Kein Wunder! Nach all den ewig langen Busfahrten und Strapazen. Mir kam es vor, als ob Monate vergangen seien, seit ich das letzte Mal in so einem komfortablen Bett geschlafen hatte. Dabei waren wir gerade mal seit drei Wochen unterwegs. Wie schnell man sich doch auf Reisen von seinen gewohnten Luxusgütern lossagen konnte, und dann so eine unsagbare Freude über Kleinigkeiten empfand, die zu Hause so gewöhnlich waren. Ich lauschte dem lauten Zirpen der Grillen vor der Tür, und kurz bevor ich endgültig in einen festen Schlaf fiel, ging mir noch durch den Kopf, wie sehr ich doch auf Reisen dieses Gefühl von Bescheidenheit, Minimalismus und Bodenständigkeit liebte ...

Am nächsten Morgen erwachte ich sehr früh. Draußen fing es gerade an zu dämmern. Ich war seelenfroh, dass heute mal keine Action auf dem Tagesplan stand, stattdessen Strand und Pool – und mein Sohn konnte den ganzen Tag mit Eimer und Schaufel im Sand buddeln. Mit einem Satz sprang ich aus meinem Himmelbett und wunderte mich ein wenig über meinen Elan, der für mich so früh am Morgen eher untypisch war. Da ich keine Uhr hatte und mein Handy kaputt war, klappte ich meinen Laptop auf. Es war 5:17 Uhr. Gleich würde die Sonne aufgehen. Ich schlüpfte in meine Flipflops, streifte ein leichtes Kleid über und startete meinen zweiten Tag in El Salvador.

Gleich am Meer begriff ich, was es mit dem gestrigen Spruch über den Pelikan auf sich hatte. Ich konnte meinen Augen kaum trauen: Den Strand entlang stolzierten mehrere Pelikane. Sie fingen die ersten goldigen Strahlen des Tages ab, machten mit krächzenden Lauten auf sich aufmerksam und inspizierten genau die menschlichen Eindringlinge, die sich in ihr Revier trauten. Mein Sohn und ich setzten uns respektvoll an den Strand und schauten den Pelikanen zu. Sofort war ich fasziniert von diesen Vögeln mit dem unverwechselbaren dehnbaren Hautsack am Unterschnabel. Von der Eleganz und Souveränität, mit der sie sich am Boden bewegten. Von der Schwerfälligkeit, mit der sie eine längere Strecke flügelschlagend auf der Wasseroberfläche liefen, ehe sie sich in die Luft erhoben. Von der immensen Spannbreite ihrer Flügel, mit denen sie durch die Lüfte segelten und sich fast schwerelos vom Wind tragen ließen. Und von der Schnelligkeit, mit der sie plötzlich aus der Höhe im senkrechten Sturzflug ins Meer glitten und zielsicher nach einem Fisch schnappten. Noch nie zuvor war ich einem Pelikan so nah gewesen. Sicherlich hatte ich schon Pelikane in einem Zoo gesehen, aber mit ihnen jetzt Seite an Seite zu sitzen, war schon eine ziemlich imposante Begegnung.

Auch die Pelikane schienen die Begegnung mit meinem Sohn und mir spannend zu finden. Zuerst beäugten sie etwas schnippisch den blonden laufenden Meter und verteidigten mit krächzenden Lauten ihr Revier. Doch kurze Zeit später gehörten wir bereits zu ihrem auserwählten Kreis. Wir durften bleiben und mit ihnen gemeinsam das Erwachen eines wunderbaren Tages zelebrieren. Und auch im Laufe des Tages wollten die Pelikane nicht so recht von unserer Seite weichen. Neugierig verfolgten sie meinen Sohn, ließen sich bei uns nieder, als wir beide eine Sandburg bauten, und als die Zeit für das wohlverdiente Mittagsschläfchen kam, machten es sich gleich drei Pelikane um den Liegestuhl meines Sohnes gemütlich und schliefen mit ihm gemeinsam ein. Was für ein Anblick! Mein schnarchender Sohn und die drei schlafenden Pelikane.

Ja, es stimmte: *Das Leben ist definitiv um einiges schöner mit Pelikanen an deiner Seite.*

Mein Bodyguard aus San Salvador

Wenn es nach mir gegangen wäre, hätte ich am liebsten einen ganz gro-ßen Bogen um San Salvador gemacht. Am besten im sicheren Radius von über 100 Kilometern. Denn ich hatte immer noch riesigen Respekt vor der Hauptstadt El Salvadors, die berüchtigt für die brutalen Gräueltaten der Banden Mara Salvatrucha und Barrio 18 war. Sie war der Schau-platz bestialischer Kriminalität und mordgieriger Machtdemonstration durch junge Männer, die selten ihren 30. Geburtstag erlebten. Doch es half nichts: Alle Wege schienen, durch San Salvador zu führen – so auch unser Weg. Denn von dort sollte es in die kleine Kolonialstadt Suchitoto gehen. Nach drei Tagen am Strand war es an der Zeit, unsere Reise fort-zusetzen.

Früh am Morgen verabschiedeten wir uns mit etwas Herzschmerz von den liebgewonnenen Pelikanen, deren Gefieder das goldene Licht der aufgehenden Sonne reflektierte, und starteten ins nächste Abenteuer. Hoffentlich würden wir so schnell wie möglich und vor allem HEIL durch San Salvador kommen. Unsere Route führte uns wieder nach El Cuco, zurück nach San Miguel, und dort stiegen wir sofort in den nächs-ten Bus in die Hauptstadt ein.

Je mehr wir uns San Salvador näherten, desto unbehaglicher wurde mir. Ich versuchte, mich damit zu beruhigen, dass wir doch nur am Bus-bahnhof aussteigen und dann höchstens ein paar Meter gehen mussten, um in den nächsten Bus nach Suchitoto einzusteigen. *Das war doch nicht so schlimm, oder?* Doch es kam mal wieder ganz anders.

Als wir nach einer mehrstündigen Busfahrt in der brütenden Vor-mittagshitze in San Salvador ausstiegen, musste ich mich erst mal im undurchschaubaren Menschengewusel orientieren. Wie gerne hätte ich jetzt unter einer schattigen Palme an der Seite der Pelikane ein kleines Nickerchen gemacht. Stattdessen kämpfte ich gegen einen nicht enden wollenden Menschenstrom an, um unseren nächsten Bus zu finden. Ich fragte einen älteren Mann, und der erklärte mir, dass der Bus nach Suchitoto seit Kurzem im Busbahnhof nicht mehr halten würde.

»Du musst raus, die große Straße runter bis zur Kreuzung, zwei Blöcke weiter und dann nach rechts. Da ist eine Tankstelle. Am besten stellst du dich genau davor und hältst dort den Bus nach Suchitoto an. Aber vorsichtig, die Straße ist dreispurig. Pass mit dem Verkehr auf«, warnte mich der Mann.

Na, super!, dachte ich. Es lief mal wieder alles anders als geplant. Ich überlegte kurz, ob ich jetzt einfach sofort in ein Taxi steigen und mich gemütlich ins 50 Kilometer entfernte Suchitoto bringen lassen sollte. Dann entschied ich mich aber, lieber meinen Geldbeutel zu schonen. Ich setzte meinen Sohn in den Buggy, schulterte meinen Rucksack, der immer schwerer und schwerer zu werden schien, verließ den Busbahnhof und trat hinaus ins berüchtigte, blutrünstige San Salvador.

Sofort fühlte ich mich erschlagen. Von dem ganzen Verkehr. Weit und breit keine Ampel. *Wie sollten wir es nur sicher auf die andere Straßenseite schaffen?* Es half nichts, irgendwie mussten wir rüber. Mehrere Minuten stand ich zögerlich am Straßenrand und ließ kilometerlange Autokolonnen an mir vorbeiziehen. Irgendwann nahm ich meinen ganzen Mut zusammen und trat einfach auf die Straße. Ich betete, dass die Autofahrer sich erbarmen und anhalten würden. Das taten sie in der Tat auch. Die erste Etappe in San Salvador war also geschafft. Wir hatten die andere Straßenseite unversehrt erreicht. Ich kämpfte mich weiter durchs Verkehrslabyrinth, bis ich tatsächlich vor der Tankstelle stand. *Hier sollte ich einen Bus anhalten?* Wie sollte mir das denn glücken? Meine Nerven lagen blank, und ich wollte nur noch raus aus dieser Stadt. *Jammern bringt dich jetzt auch nicht weiter*, spornte ich mich selbst an. Also riss ich mich zusammen, stellte mich an den Straßenrand und fokussierte mit einem akribischen Adlerblick die mir entgegenkommenden Busse. *Nummer 129, Nummer 129, Nummer 129, ...* kreiste es unentwegt in meinem Kopf herum. Nach einigen Minuten, die mir zweifelsohne wie Stunden vorkamen, erschien am Ende des Verkehrshorizonts endlich der langersehnte Bus 129. Hektisch griff ich nach unserem Gepäck, winkte dem Busfahrer zu, sah, wie der Bus sich näherte, an uns vorbeifuhr, kurz abbremste und dann doch weiterfuhr. Gemeinsam mit meinem Sohn an der Hand lief ich dem Bus noch ein paar Meter hinterher, bis ich aufgab. Verärgert konnte ich nur noch sehen, wie der Bus eine dunkle Abgaswolke hinterließ und im Chaos der Rushhour San Salvadors verschwand.

Super! Meine Gereiztheit hatte soeben ihren Höhepunkt erreicht, als ich bemerkte, dass sich uns von der Seite ein junger Mann näherte. *Was wollte der denn von mir?* Schoss es mir durch den Kopf. Er war groß, bestimmt über 1,90 Meter, korpulent, hatte große breite Schultern und ein bubenhaftes Gesicht.

»Hola, ich heiße Miguel«, stellte er sich vor und reichte mir dabei freundlich seine Hand. In einem astreinen Ami-Akzent, als ob er jahrelang in Downtown in Los Angeles gelebt hätte, fragte er mich, wohin wir wollten.

Ich nannte ihm unser Ziel.

»Oh, kein Problem. Dann musst du mit dem 129er fahren. Ich werde ihn für dich anhalten.« Und dann fing er mit einem breiten Grinsen an, mich auszufragen. Wie mir El Salvador gefalle, wohin wir noch fahren wollten und wie ich überhaupt auf die Idee gekommen sei, in dieses Land zu reisen.

Ich erzählte ein wenig von meinen weiteren Reiseplänen, und schnell fingen wir beide an, von der Schönheit El Salvadors zu schwärmen.

So unterhaltsam unser Smalltalk mitten auf dem Highway auch war, ich wusste nicht recht zu deuten, was Miguel eigentlich von mir wollte. Skeptisch überlegte ich. *Wollte er mir vielleicht etwas verkaufen? Eine Tour? Oder mich gegen ein üppiges Sümmchen Dollarnoten mit seinem Auto nach Suchitoto fahren?* Nachdem wir sicherlich bereits zehn Minuten über die touristischen Vorzüge des kleinen mittelamerikanischen Landes philosophiert hatten, fragte ich ihn etwas durch die Blume nach seiner eigentlichen Intention.

Miguel schaute mich etwas verdutzt an und meinte: »Ich möchte ganz einfach, dass euch nichts passiert. Denn diese Gegend ist sehr unsicher. Zu viele schlechte Menschen laufen hier herum. Und ich möchte nicht, dass ihr ausgeraubt werdet. Ich wünsche mir, dass ihr euch wohlfühlt in meinem Land – und dass ihr die schönen Seiten El Salvadors kennenlernt. Denn wir haben weitaus mehr zu bieten, als die blöden Bandenkriege.«

Wow! Ich war beeindruckt – immer noch von seinem astreinen Ami-Englisch, das er sich selbst aus dem Fernsehen beigebracht hatte, wie er mir auf Nachfrage erklärte, aber vor allem von seiner Hilfsbereitschaft. Ich musste zugeben, dass seine Gegenwart ordentlich Eindruck auf mich machte. Ich kam mir vor, als ob ich höchstpersönlich von einem angsteinflößenden Bodyguard bewacht würde – und fühlte mich wahrhaftig gleich um einiges sicherer. Wir unterhielten uns weiter angeregt, bis dann irgendwann erneut am Ende des Verkehrshorizonts der Bus 129 erschien. Ich wollte schon wieder hektisch mein Gepäck greifen, aber Miguel deutete mir mit einer ruhigen Bewegung an, dass er das übernehmen würde. Ich sah zu, wie der junge muskelbepackte Riese die Hand Richtung Busfahrer hob – und siehe da, der Bus blieb tatsächlich stehen. Genau vor unseren Füßen. Gemeinsam mit meinem Sohn stieg ich in den Bus ein und war sofort heilfroh, dass Miguel mir mit meinem Gepäck half. Denn anders als in den Bussen zuvor war hier ein Drehkreuz, das wir passieren mussten. Unmöglich zu bewerkstelligen mit einem riesigen Rucksack und einem Buggy unterm Arm. Ich bezahlte beim Busfahrer, der mir erklärte, dass mein Sohn unter dem

Drehkreuz durchhuschen sollte. Ich selbst hatte schon damit Probleme, mit meinem kleinen Rucksack durchzukommen, und versuchte mich irgendwie durchzuquetschen. Schnell setzte ich meinen Sohn auf einen freien Platz und eilte dann wieder zum Eingang, um mein Gepäck entgegenzunehmen, das Miguel über das Drehkreuz hievte. Viel Zeit für eine überschwängliche Verabschiedung von meinem persönlichen Bodyguard blieb nicht. Ich schaffte es nur noch, ihm ein »*Muchas, muchas gracias*« entgegenzurufen. Ich war ihm wirklich sehr dankbar für seine großzügige Hilfe.

Etwas bescheiden nickte Miguel und meinte nur: »Das habe ich doch gerne gemacht. Ich würde mich freuen, wenn du bei dir zu Hause erzählst, wie schön El Salvador doch ist. Wer weiß, vielleicht kommen dann eines Tages mehr Touristen zu uns.«

Ich versprach es ihm hoch und heilig – und dabei wurde mir ganz warm ums Herz. Miguel stieg aus dem Bus. Zurück auf meinem Platz streckte ich schnell den Kopf aus dem Fenster, um ihm zum Abschied noch mal zuzuwinken. Ich konnte ihn jedoch nicht mehr sehen. Er war genauso plötzlich verschwunden, wie er gekommen war.

Während sich der Bus Meter um Meter durch den stockenden Verkehr von San Salvador kämpfte, dachte ich an den warmherzigen Gesichtsausdruck von Miguel. Plötzlich musste ich ein wenig schmunzeln. Bedeutete *San Salvador* nicht wörtlich übersetzt *der heilige Retter*? Was für eine passende Metapher! Für mich stand fest, dass ich ab jetzt bei San Salvador immer an die große Statur von Miguel mit seinen breiten Schultern und seinem bubenhaftem Gesicht denken würde.

Back to the roots

Die Kolonialstadt Suchitoto war so ganz anders als San Salvador. Idyllisch, farbenfroh und irgendwie friedlich. Man konnte kaum glauben, dass die blutige Realität in den Randgebieten der Hauptstadt gerade mal 50 Kilometer entfernt sein sollte. Hier, weit oben in den Bergen, schien das kriminelle Treiben der jeweiligen Banden *weit, weit* weg zu sein – wie eine surreale Unterwelt, die ihr böses Unwesen hinter abgeriegelten Mauern in ihrem eigenerschaffenen, dunklen Labyrinth trieb. Sie folgte ihren eigenen Gesetzen: foltern oder gefoltert werden. Töten oder selbst sterben. Von dieser Welt war hier in den Straßen von Suchitoto nichts zu spüren. Im Gegenteil! Die bunten kleinen Häuser strahlten einen ganz besonderen Charme aus. Und auch die Menschen drum herum versprühten Lebensfreude. Die Luft war angenehm klar und kühl und der Ausblick auf die umliegenden Berge einfach malerisch schön. *Wie war es möglich, dass solche extremen Parallelwelten die Realität von El Salvador bestimmten?*

Bevor ich jedoch eine Antwort auf meine vielen Fragen finden würde, musste ich mich einem ganz anderen Problem widmen. Ich musste eine Unterkunft finden. Normalerweise buchte ich ja während der Busfahrt mit meinem Handy ein Zimmer. Das war ja jetzt nicht mehr möglich. Mittlerweile hatte ich mich komplett von meinem Handy verabschiedet und mich einigermaßen daran gewöhnt, dass ein Leben ohne Mobiltelefon tatsächlich IRGENDWIE funktionieren konnte. Die Uhrzeit schätze ich Pi mal Daumen anhand des Sonnenstandes ein. Das klappte erstaunlicherweise sehr gut – und ich war selbst überrascht, dass ich solche Fähigkeiten besaß. Fotos machte ich nur noch mit meiner Spiegelreflexkamera. Videos gab es halt nicht. Mit meinem Mann schrieb ich mir nur noch Mails – und die mediale Entschlackungskur von Facebook, Instagram und Co. fiel mir doch leichter, als ich zuvor angenommen hatte. Doch in puncto Unterkunftssuche fehlte mir das Handy immer noch extrem. Ich fühlte mich definitiv ein paar Jahrzehnte zurückversetzt. In Zeiten, in denen ich als junger Hüpfer irgendwo ankam und mich erst mal zu Fuß auf die Suche nach einem Zimmer begab. So richtig *back to the roots!* Ich klappte also an der nächsten Straßenecke meinen Reiseführer auf, tippte willkürlich auf ein günstiges Hostel und fragte den nächsten Passanten, wo genau dieses sich befinde.

»Oh, dieses Hostel gibt es nicht mehr. Das hat vor ein paar Monaten geschlossen. Allerdings gibt es ein paar Blöcke von hier eine andere Unterkunft. Die haben sicherlich ein Zimmer frei«, antwortete der Mann.

Perfekt. *Läuft doch wie geschmiert*, dachte ich. Das Reisen war also auch ohne Booking.com und die anderen Online-Portale möglich. Eine Lektion, die sich irgendwie gut anfühlte. Halt so richtig *old school*.

***

Es gibt Orte auf dieser Welt, in die verliebt man sich auf Anhieb – ohne genau begründen zu können, warum. In Kambodscha war es für mich Battambang, in Kolumbien das kleine Bergdorf Monguí und in El Salvador Suchitoto. Während ich durch die kleinen Gassen schlenderte und meinen Sohn dabei beobachtete, wie er sein neues Spielzeugauto – ein typischer mittelamerikanischer Chicken-Bus – auf dem eigenwilligen Kopfsteinpflaster abenteuerliche Kurven fahren ließ, fühlte ich eine Verbundenheit mit diesem Ort, den ich ja eigentlich erst seit einer Stunde kannte. Ich fing an zu träumen und malte mir aus, wie es wohl wäre, in dieser kleinen Stadt zu wohnen. Täglich das Straßenbild dieser farbenfrohen Häuser zu sehen. Täglich die quirlige Abendstimmung am Hauptplatz vor der Kirche zu erleben. Sich täglich am spektakulären Ausblick auf den nahegelegenen See Suchitlán zu erfreuen. Ich steigerte mich weiter in meine Tagträume hinein und stellte mir vor, wie sich ein Leben hier anfühlen würde. Wäre es für mich denkbar, hier zu wohnen? Vielleicht für ein, zwei Jahre? ...

Mein Sohn unterbrach meine ausschweifenden Gedanken. Er war müde vom Laufen und wurde quengelig. Ein guter Zeitpunkt, um sich etwas auszuruhen. Ich hielt Ausschau nach einem Lokal, wo wir eine

Kleinigkeit essen konnten, und prompt fiel mir am Ende des Parks ein kleines Kaffee auf. El Necio.

Schon am Eingang wurde ich von zahlreichen Porträts des jungen Che Guevara begrüßt. An den Wänden hingen Bilder aus dem Bürgerkrieg. Überall standen Gegenstände, die an die Revolution erinnerten. Und der Ausblick auf die umliegende Landschaft wirkte schon fast ein wenig surreal. Kaffeetrinken, das Panorama genießen und nebenbei stummer Zeuge der heldenhaften Taten der schillernden Revolutionsikonen sein? In diesem kleinen Lokal konnte man vielleicht mehr über die Geschichte Mittelamerikas lernen, als in einem Studiengang. Ich setzte mich an einen großen Tisch mit dem allerschönsten Ausblick und breitete die Spielsachen von meinem Sohn aus, die wir immer dabeihatten. Malsachen, Legosteine und ganz viele Autos. Es dauerte nicht lange, als ein junger Mann mit schulterlangen straßenköterblonden Haaren zu mir kam. Ich hatte ihn schon am Eingang bemerkt, denn nicht nur seine helle Hautfarbe, sondern vor allem seine bayerische Lederhose war mir nicht entgangen. Wir kamen ins Gespräch, und er erzählte mir, dass er das Café gerade heute mit ein paar Freunden eröffnet hatte. Ich schaute ihn verdutzt an.

»Du wohnst hier? In Suchitoto«, fragte ich.

Er lächelte mich schelmisch an und fasste dann kurz seinen Lebensweg zusammen, der ihn bis in diese kleine Kolonialstadt bei San Salvador geführt hatte. Er hatte mehrere Jahre in Belize gelebt, dann in Guatemala, eine Weile in Honduras, und eines Tages kam er nach Suchitoto – und verliebte sich sofort in diesen besonderen Ort. »Ich kann dir auch nicht genau sagen, warum. Aber zwischen mir und Suchitoto hat es gleich gefunkt.«

Ich musste grinsen. Nicht nur, weil ich fernab der eigenen Heimat, an einem Ort, wo ich es am wenigsten vermutet hätte, einen Bayern in Lederhose getroffen hatte, sondern weil ich seinen irrationalen Beweggrund, sich einfach hier niederzulassen, gut nachempfinden konnte.

***

Am nächsten Tag wollte ich einen Ausflug runter zum Lago Suchitlán machen. Da die kopfsteingepflasterten Straßen nicht unbedingt Buggy-freundlich waren, entschied ich mich, dass mein kleiner Sohn die zwei Kilometer laufen könnte. Mutig ging ich also ohne Buggy und auch ohne Trage los, was ich allerdings nach einigen Hundert Metern bereits bereute. Mein Sohn schien drei Schritte vor und wieder einen zurück zu machen. Immer wieder setzte er sich auf eine Bank, um mit seinen Spielzeugautos waghalsige Überholmanöver zu simulieren – die vielen Chicken-Busfahrten färbten wohl langsam auf ihn ab –, und irgendwann verweigerte er komplett das Laufen, obwohl er sicherlich noch sehr viel Energie hatte. Mir blieb nichts anderes übrig, als ihn die restliche Strecke zu tragen. Als ich die Avenida de 15 de Septiembre runterlief, kam ich ganz schön ins Schnauben. Mein Sohn schien immer schwerer und schwerer zu werden – und schon bald konnte ich meine Arme vor Taubheit nicht mehr spüren. Auch die Straße zum See schien einfach kein Ende zu nehmen. Konnte es sein, dass es doch viel mehr als angeblich zwei Kilometer waren, von denen der freundliche Mann in der Touristeninformation erzählt hatte?

Als ich gerade das Gefühl hatte, gleich am Straßenrand zusammenzuklappen, fuhr ein schwarzer Minibus mit getönten Scheiben langsam an mir vorbei und hielt ein paar Meter vor mir an. Ich sah, wie sich die große Schiebetür öffnete, und fragte mich, ob der Fahrer mich mitnehmen wollte. Sofort wurde ich skeptisch. Trampen in El Salvador? Zu wildfremden Menschen ins Auto steigen? Im gefährlichsten Land der Welt? Das konnte ich doch nicht tun! *Oder?* Meine tauben Arme feuerten mich an: *Klar, kannst du das tun!!!* Ein wenig zögerlich näherte ich mich dem Minibus und sagte zaghaft: »*Hola.*« Ich blickte in den Bus rein, und wie in einem einstimmigen Chor entgegneten mir mindesten 15 Personen ganz laut »*Hooola*« und fragten mich, ob sie meinen Sohn und mich bis zum See mitnehmen sollten. »Liebend gerne«, antwortete ich. Und noch eh ich die Pros und Contras gegeneinander abwägen konnte, befand ich mich bereits mit einer fröhlichen Großfamilie aus San Salvador in einem schwarzen Auto mit getönten Scheiben wieder.

Die Fahrt zum See war um einiges länger als zwei Kilometer. Dafür wurde sie extrem lustig.

Die Familie mit den vielen Tanten, Onkels, Cousins und Kinder hatte zweifelsohne viel Humor. Und sie liebten es, gemeinsam irgendwelche melodramatischen Salsa-Lieder anzustimmen. Nachdem sie alle gebannt meinen Worten gelauscht hatten, was meinen Sohn und mich ausgerechnet nach El Salvador verschlagen hatte, fingen sie auch schon an, sich lauthals kreuz und quer zu unterhalten, zu lachen und zu singen. Es dauerte nicht lange, bis ich mich dabei erwischte, dass ich ebenfalls mitsang. Zumindest leise.

Aus der kurzen Mitfahrgelegenheit wurden ein gemeinsamer ausgedehnter Spaziergang und ein noch viel längeres Picknick. Die Oma hatte darauf bestanden, dass wir mit ihnen essen sollten. Sicherlich nicht ganz uneigennützig, denn sie schien absolut vernarrt in meinen Sohn zu sein und knuddelte ihn die ganze Zeit.

Beim Abschied musste ich ihnen versprechen, dass ich, wenn ich mal ein paar Tage in San Salvador verbringen würde, unbedingt bei ihnen übernachten würde. *So schnell findet man Familienanschluss in El Salvador!*, dachte ich und musste zugeben, dass ich sehr froh darüber war, dass mein Sohn sich vehement geweigert hatte weiterzulaufen.

Ein Tarantino-reifer Auftritt

Unsere Reise in El Salvador ging weiter. Wir fuhren zur Ruta de las Flores, die vor allem für den Kaffeeanbau bekannt war, und besuchten viele kleine Dörfer, die so pittoresk und farbenfroh waren, dass ich mir vorkam, als ob ich durch ein Bilderbuch schlendern würde. Ich hatte vorher so gar keine Ahnung gehabt, wie schön das kleine Land El Salvador doch war, und musste zugeben, dass es mich total überraschte. Nach ein paar ruhigen Tagen in Juayúa, wo wir schon fast zum Dorfinventar gehörten, fuhren wir weiter. Zu unserer letzten Station in El Salvador. Nach Santa Ana.

Als ich unsere neue Unterkunft – das Hostal Casa Verde – betrat, fühlte ich mich sofort wie zu Hause. Das lag zum einen daran, dass alles so schön geordnet, sauber und liebevoll dekoriert war, aber vor allem an den liebenswürdigen Mitarbeitern und dem Besitzer Carlos. Ich musste mir eingestehen, dass ich, wenn ich Carlos irgendwo in einer dunklen Straßenecke begegnet wäre, meine Handtasche gegriffen hätte und schneller gegangen, wenn nicht sogar GELAUFEN wäre. Carlos sah auf den ersten Blick nicht zwingend vertrauenswürdig aus – und ich war mir sicher, dass er eine *wilde* Vergangenheit hinter sich hatte. Carlos hatte breite Schultern, trug ein schwarzes Shirt mit einem Totenkopf, hatte einen ordentlichen Bierbauch, und seine Stimme war tief und kratzig, als ob er letzte Nacht zu viel geraucht und zu tief in die Whiskeyflasche geschaut hätte. Doch als er mich und meinen Sohn begrüßte und uns anlachte, musste ich meine Vorurteile ihn betreffend sofort revidieren. Er strahlte eine außergewöhnliche Wärme aus, und die ganzen Tage über war er uns gegenüber so hilfsbereit und aufmerksam, dass ich ihn heimlich den *harten Rocker mit ganz viel Herz* nannte.

An unserem letzten Abend hatte Carlos Besuch von seinen Freunden. Sie parkten ihre Motorräder vorm Hostel, und mit dicken Lederjacken und finsteren Mienen marschierten sie in die Unterkunft rein. Ich musste ein wenig lachen, weil ich mir sicher war, dass, wenn der Regisseur Quentin Tarantino diesen Auftritt gesehen hätte, er sie sofort für seinen nächsten Film unter Vertrag genommen hätte. Auch sie sahen so aus, als ob man nicht unbedingt mit ihnen die gleiche Straßenseite teilen wollte. Gemeinsam mit Carlos setzten sie sich an einen Hochtisch und zischten innerhalb von ein paar Sekunden das erste Bier weg. Mein

Sohn war kurz zuvor eingeschlafen, und ich ging in die Küche, um noch schnell den Topf von unserer Nudelparty zu spülen. Auf dem Weg zurück in unser Zimmer kam ich mit der fröhlichen Männerrunde gleich ins Gespräch. Natürlich luden sie mich auf ein Bier ein, und mir wollte partout kein Grund einfallen, was dagegensprechen sollte. Also setzte ich mich zu den harten, muskelbepackten Jungs mit den vielen Tätowierungen – und es dauerte nicht lange, bis ich feststellen musste, dass die Freunde von Carlos genauso viel Herz und Humor wie der Hostel-Besitzer hatten.

Wir verbrachten einen lustigen Abend, und immer wieder fragte ich mich, welche Vergangenheit Carlos und seine Freunde hinter sich hatten. Ich war mir sicher, dass sie als junge Männer so einige Flausen im Kopf hatten und der einen oder anderen kriminellen Machenschaft nachgegangen waren. Doch das war in El Salvador vielleicht auch ganz normal. Ich stellte es mir vor allem für jugendliche Männer schwierig vor, in diesem Land NICHT mit einem kriminellen Netzwerk in Berührung zu kommen. Und es gehörte sicherlich auch sehr viel Stärke, Verstand und Selbstbewusstsein dazu, kein Mitglied einer Bande zu werden. Immer wieder versuchte ich, die Tätowierungen der Freunde von Carlos genauer zu inspizieren, um zu erkennen, ob sie irgendwelche Symbole trugen, die auf eine Bandenzugehörigkeit hindeuteten. Doch ich konnte nicht wirklich etwas Verräterisches erkennen. Ich war so extrem neugierig und hätte die Männer am liebsten mit Fragen gelöchert, aber mir war klar, dass mich das überhaupt nichts anging. Jemanden über seine Vergangenheit auszufragen, stand mir nicht zu. Und wie kam ich eigentlich darauf, dass diese Jungs hier überhaupt mal kriminell gewesen waren, fragte ich mich plötzlich. Ich kam ins Grübeln und fing an, an meiner Theorie zu zweifeln. Nur weil diese Männer Motorräder besaßen, tätowiert waren, Lederjacke trugen, gerne Bier tranken und aus El Salvador kamen, mussten sie gleich eine kriminelle Vergangenheit hinter sich haben? Offensichtlich hatte ich mich von meinen Vorurteilen leiten lassen und mir aufgrund von wenigen Merkmalen die wildesten Dinge ausgemalt. Ich beschloss, lieber auf mein Bauchgefühl zu hören, das mir sagte, dass ich neben ganz feinen Rockern mit ganz viel Herz saß.

***

Am nächsten Tag mussten wir in der Früh aufbrechen. Es sollte nach Guatemala gehen. Nach fast 20 Jahren wieder zurück in meine alte Heimat. Vor Aufregung konnte ich die Nacht über kaum ein Auge zumachen. Als wir fertig gepackt und startklar am Ausgang standen, wollte Carlos uns unbedingt zum Busbahnhof fahren. Ich sagte ihm, dass das nicht notwendig war. Schließlich war ich es gewohnt, zu laufen und mich allein durchzuschlagen. Doch davon wollte Carlos nichts wissen.

Am Busbahnhof verabschiedeten wir uns wie sehr gute Freunde. »Ihr seid immer herzlich willkommen«, sagte er und überreichte mir eine große Tüte Erdbeeren, die er extra für meinen Sohn gekauft hatte. Ich musste aufpassen, dass sich meine Augen nicht mit Tränen füllten. Denn vor so einem Rocker durfte man doch nicht zeigen, dass man traurig war. Oder?

9. KAPITEL

Mond und Jahre vergehen, aber ein schöner Moment leuchtet das Leben hindurch.

(Franz Grillparzer)

Coming home

Die Sonne brannte, ich war nass geschwitzt und verfluchte mich mal wieder selbst. Beim Grenzübergang von Honduras nach El Salvador hatte ich mich noch für ziemlich schlau gehalten, dass ich dem Rat des Busfahrers mit den strahlend blauen Augen gefolgt war und kein Tuk Tuk genommen hatte. Und auch hier war ich fest davon überzeugt gewesen, dass an der Grenze von El Salvador nach Guatemala eine Fahrt im Tuk Tuk nur reine Abzocke sei.

»No, gracias. Prefiero andar«, hatte ich den Fahrern lächelnd geantwortet und war mir dabei extrem listig vorgekommen. Frei nach dem Motto, Reisende soll man nicht aufhalten, ließen mich die Tuk-Tuk-Fahrer ungestört von dannen ziehen. Schnurstracks in mein eigenes Verderben. Denn bereits nach einigen hundert Metern schimpfte ich innerlich wie ein Rohrspatz über meinen eigenen Ehrgeiz. Die Straße von der Ausreise aus El Salvador bis zu den Grenzbeamten Guatemalas wollte und wollte einfach kein Ende nehmen – und zudem ging es ziemlich steil bergauf. Ich schnaubte und ächzte wie eine sehr alte Dampflock den Berg hoch. Meine Arme fingen vor Erschöpfung an zu zittern, als ich den schwerbeladenen Buggy mit meinem Sohn, einem kleinen Rucksack und zwei Wasserflaschen schob. Und auch das Gewicht des gro-

229

ßen Rucksackes auf meinem Rücken machte mir ordentlich zu schaffen. Ich fluchte über jedes überflüssige Kilo Gepäck und schwor mir, bei der nächsten Rucksackreise um einiges konsequenter und minimalistischer zu packen.

Ich lief und lief und versuchte, den stetigen Gedanken, *ich breche gleich zusammen*, zu verdrängen. Immer wieder hielt ich mir in solchen Situationen, die mich extrem forderten und mich an meine eigenen Grenzen brachten, vor Augen, dass ich aus freien Stücken hier war. Dass ich mich selbst zu so einem Reiseabenteuer entschieden hatte. Hoffnungsvoll fragte ich meinen Sohn, ob er nicht Lust hätte, ein Stück selbst zu gehen, damit ich wenigstens für einen kurzen Moment den Rucksack im Kinderwagen schieben konnte.

»Nein«, entgegnete er mir mit seinen strahlenden Augen und spielte weiter mit dem feuerroten Lightning-McQueen-Rennauto, das mich plötzlich mit einem ziemlich schadenfrohen Blick anzustarren schien. Nun gut. Ich trank noch einen Schluck Wasser, mobilisierte meine aller-, allerletzten Kräfte und lief weiter.

Und plötzlich sah ich sie. Beim Anblick der im Wind wehenden guatemaltekischen Flagge machte mein Herz einen riesigen Luftsprung. Schon fast wie einen lang verschollenen Liebhaber schaute ich sie an. Ihre Farben kamen mir so vertraut vor, und der Quetzal – der Nationalvogel Guatemalas – rief Erinnerungen in mir hoch. Als ich dann über der Nationalflagge das Schild mit der Aufschrift »*Bienvenidos a Guatemala*« las, spürte ich ein Kribbeln im Bauch. Wie oft hatte ich mir in den vergangenen zwei Jahrzehnten diesen Moment ausgemalt und mich gefragt, wie es sich anfühlt, wenn ich wieder zurückkomme in meine alte Heimat, wie ich Guatemala über die Jahre liebevoll genannt hatte.

Schlagartig waren das ganze Fluchen und die nass geschwitzten Klamotten vergessen. Beschwingt ließ ich auch die letzten Meter hinter mir und ging freudestrahlend zum Grenzbeamten, der mich ebenfalls anstrahlte. Mein Sohn reichte ihm stolz unsere beiden Reisepässe, und der

Grenzbeamte machte seine Späßchen mit ihm. Auf die Frage, ob wir das erste Mal nach Guatemala reisten, erzählte ich ihm in Kurzfassung, dass ich vor langer, langer Zeit knapp ein Jahr in Guatemala gelebt hatte. Dabei hörte ich, wie sich meine Stimme überschlug und ich fast wie ein kleines Kind klang. Der Grenzbeamte gab mir unsere Reisepässe zurück und hieß mich in einem sanftmütigen Ton willkommen: »*Entonces, bienvenido de nuevo en la República de Guatemala.*«

Draußen inspizierte ich unsere Stempel in den Pässen, und dabei spürte ich, wie mein Herz mittlerweile Saltos gefolgt von Loopings machte. In diesem Moment hätte ich am liebsten laut losgeschrien vor lauter Freude, ENDLICH wieder zurückzukommen. In ein paar Stunden würde ich in Antigua ankommen.

***

Mittlerweile saßen wir bereits seit fünf Stunden im Chicken-Bus. Auf der Fahrt nach Guatemala-Stadt schlief ich mehrmals kurz ein. In meinen Träumen verfolgten mich immer wieder alte Fotos aus der damaligen Zeit in Guatemala. Ich hatte sie vor der Reise vom Dachboden heruntergeholt und immer wieder angeschaut. *Mann, bist du da jung gewesen! Und wie zufrieden du doch warst!* Ich hatte einen Sprachkurs in der Kolonialstadt Antigua gemacht und anschließend dort mehrere Monate gearbeitet. Danach war ich für einen Hoteljob an die Karibikküste nach Livingston gegangen und von dort kurze Zeit später in einer sprichwörtlichen Nacht-und-Nebel-Aktion geflüchtet, weil ich mich nicht wohlgefühlt hatte. Spontan entschied ich mich, für mehrere Monate als Volunteer in einem Kinderheim auf einer Insel im Rio Dulce zu arbeiten, bevor ich später nach Südamerika weiterzog ...

Im Bus wurde es deutlich kühler. Wir hatten die Hitze hinter uns gelassen und befanden uns mittlerweile in einer bergigen Gegend. Als der Verkehr auf den Straßen zunahm und wir uns aufgrund der urbanen

Rushhour auf vollgestopften Straßen wiederfanden, nahm meine Aufregung wieder zu. Ich wusste, dass es jetzt nicht mehr lange dauern würde, bis wir am Busbahnhof von Guatemala-Stadt ankommen und dann in den Chicken-Bus nach Antigua steigen würden. Dabei konnte ich vor meinem inneren Auge ganz deutlich das Bild sehen, wie ein freundlicher Mitarbeiter uns an der Tür mit dem typischen »Antigua, Antiguaa, Antiguaaa« begrüßen würde. So, als ob gar nicht so viel Zeit vergangen wäre, seit ich das letzte Mal hier gewesen war ...

Doch kaum in Guatemala-Stadt angekommen, verließen mich bereits meine romantischen Wiedersehensbilder. Ich war ganz woanders, als gedacht. Das Taxi wollte einen horrenden Preis für die zehnminütige Fahrt, und auch der Fahrer im Bus nach Antigua begrüßte mich eher schlecht gelaunt und ziemlich ruppig. Beim Einsteigen kam ihm gar nicht in den Sinn, dass er mir vielleicht helfen könnte. Dann befahl er mir, meinen Rucksack und den Buggy auf einem anderen Sitz zu deponieren, da sonst kein Platz im Bus sei, und zu guter Letzt ließ er mich den vierfachen Fahrpreis bezahlen, da ich doch so viel Gepäck dabeihatte. *Bienvenido a Guatemala*, dachte ich etwas deprimiert und musste mir eingestehen, dass meine Wiedersehensfreude irgendwo in der stockenden Rushhour verloren gegangen war.

Ein weiteres Erlebnis ließ kurze Zeit später mein Blut in den Adern gefrieren. In Mittelamerika war es ganz normal, dass in den Chicken-Bussen verschiedene Verkäufer versuchten, ihre Ware an die Fahrgäste zu bringen. Ihre Verkaufstaktik sah folgendermaßen aus: Sie bestiegen den Bus, drängten sich von vorne nach hinten, drückten dabei jeder einzelnen Person ihre Ware in die Hand, erzählten, wie toll und vor allem preiswert sie war, und auf dem Rückweg sammelten sie entweder die Ware oder das Geld ein. Als der Verkäufer mit den Schokolade-Minze-Bonbons eingestiegen war, hatte ich ihm erst mal keine großartige Beachtung geschenkt. Zähneknirschend realisierte ich, wie er meinem Sohn die Bonbons in die Hand drückte, und anschließend war ich damit beschäftigt, mit Engelszungen auf meinen kleinen Mann einzureden, um ihn einigermaßen davon zu überzeugen, dass dieses süße Etwas überhaupt nicht schmecken würde. Da der Bus immer voller und voller wurde, nutzte ich die ruhige Laune meines Sohns, um unseren Platz zu wechseln und uns direkt neben unser Gepäck zu setzen. Die Bonbons ließ ich auf der gegenüberliegenden Sitzbank liegen. Als der Verkäufer wieder zurückging, tippte ich ihn freundlich an und zeigte auf die Bonbons, damit er sie nicht vergaß. Plötzlich überkam mich ein eisiger Schauer. Der Verkäufer schaute mich voller Hass an und fing an, mich laut zu beschimpfen:

»Bist du dir etwa zu schade dafür, mir die Bonbons selbst in die Hand zu geben«, fragte er mich wutentbrannt.

Ich spürte einen regelrechten Kloß im Hals, als ich ihn überrumpelt anblickte. Seine Augen durchbohrten mich mit einem eiskalten Blick, und ich wurde das Gefühl nicht los, dass gerade ein ganz böser Mensch vor mir stand. Ich ging davon aus, dass der Verkäufer mit hoher Wahrscheinlichkeit drogensüchtig war und auf der Straße lebte. Schnell griff ich die Bonbons, gab sie ihm und entschuldigte mich mehrmals bei ihm. Ich hoffte, dass meine unterwürfige Reaktion helfen würde, die Situation zu deeskalieren, denn ich fürchtete, dass der Verkäufer völlig durchdrehen würde. Er riss mir die Bonbons aus der Hand, schaute mich noch einige Zeit hasserfüllt an, drehte sich dann um und stieg aus. Hastig schaute ich aus dem Bus, ob der Verkäufer mit den Schokolade-Minze-Bonbons wirklich weg war, und mir fiel ein Stein vom Herzen, als ich ihn nicht mehr sehen konnte. Ich zitterte am ganzen Körper, und seine eiskalten Augen ließen mich auch lange Zeit später nicht los. Ich habe zwar gar keine Ahnung, was diesen Menschen so böse wirken ließ, aber ich war heilfroh, dass ich ihm nicht allein auf der Straße begegnet war.

***

Wir waren in Antigua angekommen. Schon beim Blick aus dem Fenster konnte ich absolut nichts wiedererkennen. Ich stieg aus, versuchte mich auf der staubigen Straße krampfhaft zu orientieren, aber es gelang mir noch nicht mal, zu erkennen, in welche Richtung es zur Hauptstraße ging. Ziemlich überfordert griff ich das Gepäck, kämpfte mich gemeinsam mit meinem Sohn durch die Menschenmasse, wunderte mich, wie viele Autos mittlerweile hier fuhren, und entschied mich, einfach ein Tuk Tuk zu nehmen, das es hier früher nicht gegeben hätte. Ich war am Ende meiner Kräfte und wollte nur noch ankommen in meiner alten Heimat. In dem Ort, nach dem ich mich fast 20 Jahre so gesehnt hatte ...

Aus dem Tuk Tuk heraus fiel es mir immer noch schwer, etwas Vertrautes zu erkennen. *Wenigstens eine bekannte Straßenecke oder ein altes Haus*, dachte ich, doch nichts kam. Und es dauerte noch ziemlich lange, bis ich ENDLICH, ENDLICH etwas wiedererkannte. Als wir bei der prächtigen gelben Kirche La Merced vorbeifuhren, pochte mein Herz um einiges schneller. Ich hatte extra ein Hostel in der unmittelbaren Nähe meines damaligen Zuhauses gewählt – und an der La Merced war ich früher in den guten alten Zeiten mehrmals am Tag vorbeigegangen, wenn ich auf dem Weg zur Arbeit war oder um Freude zu treffen. Ich spürte, wie mein Gefühl von Freude und Glückseligkeit meine Niedergeschlagenheit beiseite schubste. Im Hostel beeilte ich mich, um schnell wieder losgehen zu können. Ich wollte mehr sehen und mein geliebtes, vertrautes, altes Antigua neu entdecken.

Als Erstes wollte ich in meine alte Straße gehen. Ich hatte mir die vergangenen Jahre an die tausend Male ausgemalt, wie es wäre, wenn ich vor meinem alten Haus stehen, klingeln und mir dann Cristina aufmachen würde. Meine guatemaltekische Mama, wie ich sie immer liebevoll genannt hatte. Würde sie mich wiedererkennen? Oder müsste ich ihr auf die Sprünge helfen? Ihr zurufen, dass Gabriela aus Deutschland vor der Tür stand, die damals mit Louise aus Dänemark und Leen aus Belgien hier gewohnt hatte? Spätestens dann würde mich Cristina wiedererkennen, ihre gutmütigen indigenen Gesichtszügen würden sich aufhellen, sie würde überrascht »Gaaabrielitaaa« rufen und dann sofort runterrennen, um mich ganz fest in ihre Arme zu schließen ...

Doch ich musste feststellen, dass meine langjährigen, präzise und minutiös ausgemalten Vorstellungen kein Stück mit der Wirklichkeit übereinstimmten. Als ich in meine vermeintlich alte Straße abbog, konnte ich überhaupt nichts wiedererkennen. Die meisten Kolonialhäuser waren im Laufe der letzten Jahre renoviert und neu gestrichen worden – und alles schien völlig anders als früher zu sein. Verloren blickte ich mich um und suchte erneut verzweifelt nach etwas Vertrautem. Einem Haus, einer Fassade, einer Tür – irgendetwas, das mir bekannt vorkam. Doch je mehr ich suchte, desto mehr kam ich ins Zweifeln, dass ich wirklich in der richtigen Straße war. Ich schlich umher, ging in eine andere Straße und kehrte wieder zurück mit der Gewissheit, dass es meine alte Straße war. Doch in welchem Haus hatte ich damals gewohnt? Ich hatte gar keine Ahnung, und meine Erinnerung schien mich mittlerweile komplett im Stich zu lassen. Wie ein angeschossener Löwe lief ich die Straße auf und ab und blieb bei einem Haus stehen. *Das ist es*, dachte ich siegessicher und extrem unsicher zugleich. Ich ging weiter, blickte zurück und hielt mehrere Minuten lang inne. Plötzlich beobachtete ich einen älteren Mann, wie er ausgerechnet an die Tür dieses Hauses klopfte, und weiterging, als ihm keiner aufmachte.

»*Con permiso, señor*«, sprach ich ihn zögerlich an. Ich fragte ihn, ob in dem Haus eine Cristina wohnte.

»*No, no. Allí no vive una Cristina.*« Er schüttelte den Kopf.

Ich erzählte ihm, dass ich eine Cristina suchte, die vor 20 Jahren hier mit ihrem Sohn Vincenzo gelebt hatte. Ich versuchte, sie zu beschreiben, und als ich ihre kleine Statur von etwa 1,50 Meter andeutete, nickte der ältere Mann plötzlich.

»*Sí, sí*«, erwiderte er und zeigte ein paar Meter weiter auf ein anderes Haus. Er erzählte mir, dass dort mal eine Cristina gewohnt habe. Er habe sie flüchtig kennengelernt. Sie sei vor vielen Jahren in ein anderes Dorf

gezogen. Irgendwo nach Ciudad Vieja. Wo sie jetzt genau wohnte, wusste er nicht. Ich bedankte mich herzlich bei ihm und merkte, wie meine
triumphale Wiedersehensfreude gerade ihren Tiefpunkt erreichte.

Die verpasste Spanischprüfung

Ich beschloss, meine Suche aufzugeben. Das dunkelrote Haus, das der
ältere Mann mir gezeigt hatte, konnte ich beim besten Willen nicht wiedererkennen, und mich beschlichen Zweifel, ob er wirklich verstand, von
wem ich sprach. Fakt war, dass ich meine geliebte Cristina nie wiedersehen würde, und diese Erkenntnis versetzte mir einen spürbaren Stich ins
Herz. Ich hatte mich so sehr auf sie gefreut, auf meine guatemaltekische
Mama, der ich meinen kleinen Sohn vorstellen wollte ...

Enttäuscht und lethargisch ging ich zurück zur großen Straße, als ich
auf einmal jemanden von hinten laut rufen hörte:

»¿TU no eres la Gabriela de Hamburgo?« Bist DU nicht Gabriela aus
Hamburg?

Ich hatte keinen Zweifel. Die Person musste tatsächlich mich gemeint
haben. Aber wer war das? Wer hatte mich nach fast 20 Jahren aus der
Entfernung erkannt. Ich drehte mich um und sah, wie mir Axelito aufgeregt entgegenlief.

Das konnte nicht wahr sein! Ich traf ausgerechnet meinen alten Spanischlehrer wieder, der mich vor zwei Jahrzehnten wochen- wenn nicht
gar monatelang auf jeder Party ermahnt hatte, dass ich doch endlich zur
Spanischprüfung antreten sollte, um mein Zertifikat zu bekommen, und
den ich bis zu meiner Abreise mehr oder minder erfolgreich auf SPÄTER
vertröstet hatte.

»Axelitoooo«, rief ich begeistert. Es tat so gut, nach all den Nieder-
lagen endlich auf ein vertrautes Gesicht zu treffen. Wir schlossen uns
fest in die Arme und fingen ohne Punkt und Komma an zu reden. Wir

ließen in einem Wortschwall die Ereignisse der vergangenen Jahre auf uns niederprasseln. Dabei gab ich mir größte Mühe, aus der hintersten Ecke meines Sprachzentrums, wo seit Ewigkeiten kein spanisches Grammatik- oder Wörterbuch mehr vorbeigeschaut hatte, ein einigermaßen korrektes Spanisch hervorzubringen. Schließlich stand ich vor meinem alten Spanischlehrer, der mich damals auch in den Bars während der feuchtfröhlichen Happy Hour mit reichlich Tequila und Cuba Libre noch ermahnt hatte, wenn ich den mir so verhassten Konjunktiv nicht richtig angewendet hatte. Irgendwie ließ mich das Gefühl nicht los, dass ich gerade meine verpasste Spanischprüfung mit Axelito nachholen musste. Ganz unvorbereitet. Doch ein paar Minuten später erlöste mich Axelito von meinem quälenden schlechten Gewissen:

»Ich bin überrascht, wie gut dein Spanisch ist«, meinte er.

Mir fiel ein Stein vom Herzen. Ob er geahnt hat, dass ich die ganze Zeit an meine Spanischprüfung denken musste, vor der ich mich bis zum Schluss gedrückt hatte? Ich fühlte mich fast so, als ob ich gerade bestanden hätte – und Axelito mir mein Spanischzertifikat übergab.

***

Axelito und ich gingen durch die Straßen – und dabei zeigte er mir mein vertrautes Antigua, bei dem mein Herz wieder ordentlich zu pochen anfing. Zweifelsohne, die Kolonialstadt hatte sich seit meiner Abreise extrem verändert. Die einst so malerischen Gassen waren vollgestopft mit Menschen, es fuhren viel mehr Autos als früher, und überall waren massenweise Restaurants und Bars, die um zahlungskräftige Kundschaft buhlten. Dennoch konnte ich den Charme Antiguas wiedererkennen, der mich damals in seinen Bann gezogen und es mir so schwergemacht hatte, diesen Ort zu verlassen.

Beim Anblick der größten Sehenswürdigkeit Antiguas – dem Arco de Santa Catalina – mit dem pittoresken Blick auf den Vulkan Agua füllten sich meine Augen sofort mit Tränen. Ich war ergriffen von dieser Schönheit, die sich mit meinen langjährigen, präzise und minutiös ausgemalten Erinnerungen vermischten und eins wurden. Ich konnte ganz plötzlich vor mir sehen, wie ich als 20-Jährige hier Tag für Tag rumgelaufen war. Gearbeitet, getanzt, gelacht, geweint und geliebt hatte.

»Soll ich dir zeigen, was aus unserer alten Spanischschule geworden ist«, unterbrach Axelito meinen unerwarteten Anflug von Sentimentalität, der mich hier in den Gassen übermannt hatte.

»Unbedingt«, antwortete ich. Ich konnte es kaum erwarten mit meinem alten Spanischlehrer an den Ort zurückzukehren, wo ich mir nahezu jeden Morgen von ihm eine Rüge anhören musste, weil ich mal wieder meine Hausaufgaben nicht gemacht hatte.

Ich kam aus dem Staunen nicht heraus. Die alten Gemäuer waren kaum wiederzuerkennen. Denn in dem Haus, wo Axelito mir einst auf dem Hof unter einem großen Baum mit einer Engelsgeduld versuchte, den spanischen Konjunktiv einzuflüstern, stand jetzt ein luxuriöses Hotel. Axelito fragte an der Rezeption mit stolz geschwellter Brust, ob er seine alte Schülerin rumführen durfte. Der Rezeptionist nickte, und wir begaben uns auf die Spur der guten alten Zeiten.

Plötzlich erkannte ich alles wieder. Den langen Flur. Das Büro, in dem ich dem Besitzer an meinem ersten Tag klagte, dass mein Rucksack aus Deutschland nicht mitgekommen war. Den Partyraum, wo wir Freitagabends Salsa lernten. Die Ecke, wo ich mir nach einer durchzechten Nacht einen riesigen Kaffee gemacht hatte. Die Terrasse, auf der wir Schüler uns in der Pause die Sonne ins Gesicht schienen ließen und freudestrahlend von unseren weiteren Reiseplänen erzählten. Und sogar der große schattige Baum, unter dem Axelito und ich spanische Konversation betrieben hatten, stand noch da. Es hatte sich zwar alles verändert. Nichts war mehr so, wie es mal war. Und doch erinnerte mich alles an meine unbeschwerte und glückliche Zeit hier in Antigua.

***

An meinem letzten Abend in Antigua beschloss ich, noch einmal in meine alte Straße zurückzukehren. Zwei Tage zuvor hatte ich meinen Mann vom Flughafen abgeholt, der mich zu meiner großen Freude mit einem neuen iPhone begrüßte. Unser gemeinsamer Familienurlaub in Guatemala und Belize stand bevor. Morgen früh wollten wir bereits weiter an die Pazifikküste nach Monterrico fahren, und ich spürte, dass der Zeitpunkt gekommen war, um mich von dieser kleinen Kolonialstadt endgültig wieder zu verabschieden. Ich bat meinen Mann und meinen Sohn, schon mal ins Hostel zu gehen, und kehrte diesmal allein in meine alte vermeintliche Straße zurück. Lang stand ich still in einer Ecke, ließ die nächtliche Stimmung auf mich wirken und beobachtete aufmerksam alles um mich herum. Ich versuchte, mich zu erinnern. Ich inspizierte gründlich das grüne Haus, an dessen Tür der ältere Mann vor ein paar Tagen geklopft hatte. Er hatte behauptet, dass hier Cristina nicht gewohnt hätte. Ich hatte immer noch meine Zweifel, weil ich nach wie vor davon überzeugt war, dass das mein altes Zuhause war. Die Tür unten stimmte, oben der kleine Balkon auch, das Haus hatte zwei Stockwerke, und oben ging es zur Terrasse, von wo man doch bestimmt die beiden Vulkane Fuego und Acatenango sehen konnte. *Oder?* Entschlossen ging ich hin und klopfte an die Tür. Erst zaghaft und dann immer stürmischer. Ich wollte es endlich wissen. Als ein kleiner Mann mit einem Schnauzer öffnete, hörte ich mich stammeln:

»Entschuldigung, wissen sie, ob hier irgendwann mal eine Cristina gewohnt hat?« Ich musste meine Frage nicht weiter ausführen, denn in dem Moment, in dem der Mann die Tür geöffnet hatte, hatte ich schon erkannt, dass es nicht das richtige Haus war. Der Eingang stimmte nicht, die Treppe war an der falschen Stelle, und auch der Flur sah anders aus. Der Mann verneinte, ich entschuldigte mich noch mal für die Unannehmlichkeiten und ging weiter. Jetzt wollte ich wissen, ob der ältere Mann doch recht gehabt hatte. Ich lief bis zum dunkelroten Haus, stellte mich ganz dicht vor die Tür, blickte nach oben zum kleinen Balkon, und plötzlich konnte ich sie tatsächlich sehen. In meiner Erinnerung konnte ich die gutmütigen indigenen Gesichtszüge der kleinen Cristina sehen; wie sie damals mitten in der Nacht das Fenster geöffnet und neugierig ihren Kopf rausgestreckt hatte.

In jener Nacht war es weit nach Mitternacht gewesen. Ich hatte einen ewig langen Flug hinter mir, war mit über drei Stunden Verspätung gelandet und musste am Flughafen erfahren, dass mein Rucksack irgendwo in den USA steckengeblieben war. Völlig geschafft, aber glücklich stellte ich fest, dass der Fahrer, der mich abholen sollte, tatsächlich geduldig auf mich gewartet hatte, um mich zu meiner neuen Unterkunft zu bringen, die ich mir über einen Verein organisiert hatte. Damals wusste ich nur, dass ich bei einem Schuhmacher und seiner Familie, bestehend aus fünf Kindern, wohnen sollte. Doch statt des Schuhmachers öffnete Cristina die Balkontür. Ich kann mich noch sehr gut an ihr verdutztes Gesicht erinnern, als der Fahrer ihr von unten zurief, dass er ihr die neue Untermieterin Gabriela bringe.

»Gabrielita«, sagte sie, »von der weiß ich nichts! Aber zufälligerweise habe ich noch ein Zimmer für sie frei.« Sie kam runter, öffnete mir die Tür und begrüßte mich mit den Worten »*Bienvenido, Gabrielita, en mi casa*«, dabei nahm sie mich in den Arm und drückte mich ganz fest an ihren Busen ...

Mir wurde ganz warm ums Herz, als ich mich an die erste herzliche Begegnung mit meiner guatemaltekischen Mama zurückerinnerte. Vor fast 20 Jahren. Genau an dieser Stelle, wo ich jetzt stand. Ich war so froh, dass ich mich wieder an mehr Details erinnern konnte und dass ich schlussendlich mein altes Zuhause wiedererkannt hatte. Zwar war ich unendlich traurig, dass ich Cristina niemals wiedersehen würde – doch dann hatte ich die Idee, dass ich irgendwann zurückkehren könnte, um nach ihr zu suchen ...

Der Prinz, der nicht aufgab, nach seiner verlorenen Prinzessin zu suchen

»Diesen Ausblick wirst du nie wieder vergessen«, prophezeite ich meinem Mann im Auto. Ich war unruhig und rutschte andauernd auf meinem Sitz hin und her. Ich konnte es kaum erwarten, dass ich endlich das glitzernde königsblaue Wasser des Lago de Atitlán und seine drei Vulkane sehen würde. Immer wieder streckte ich meinen Kopf aus dem Fenster und fieberte dem Moment entgegen. Meine Unruhe wurde von Moment zu Moment extremer und zermürbender. Ich fühlte mich fast so, als ob ich einen verschollenen Geliebten nach langer, langer Zeit wiedersehen würde.

Als ich in Antigua wohnte, hatten meine Freunde und ich viele Wochenenden am Kratersee Lago de Atitlán verbracht. Es war ein außergewöhnlicher Ort, dem viele Menschen eine mystische Stimmung nachsagten. Manche waren sogar davon überzeugt, dass einem ein Hauch von Magie um die Nase wehte, wenn man auf den See blickte, der vor vielen Tausend Jahren durch eine gigantische Vulkanexplosion entstanden war. Vielleicht hatte auch Aldous Huxley diese Magie verspürt, als er das Gewässer – mit den kleinen traditionellen Dörfern und den hohen Bergen in der Umgebung – den schönsten See auf der ganzen Welt nannte. Auch Antoine de Saint-Exupéry soll lange an seinen Ufern gestanden, übers Leben nachgedacht und schlussendlich einige Erkenntnisse, die er hier gewonnen hatte, in sein Meisterwerk »Der kleine Prinz« eingearbeitet haben. Ob magisch oder nicht magisch, zumindest hatte der Lago de Atitlán etwas Inspirierendes. Und ich glaubte fest daran, dass man auf viele Fragen im Leben eine Antwort erhalten würde, wenn man seinen Blick nur lang genug über den See schweifen ließ.

»Da, da hinten. Siehst du den Vulkan? Und den wunderschönen See?«, rief ich meinem Sohn zu, der mittlerweile genauso aufgeregt aus dem Fenster schaute wie ich. Er nickte. Gemeinsam beobachteten wir das majestätische Panorama, das sich uns bot. Als wir unten im Hauptort Panajachel angekommen waren, konnte ich es kaum glauben: Ich war endlich da – am Lago de Atitlán, um den sich so viele Legenden rankten. So erzählten sich die Einwohner hier, dass der starke Wind – genannt Xocomil –, der regelmäßig zur selben Stunde nachmittags das spiegelglatte Wasser aufpeitschte und alle Boote durch einen heftigen Wellengang in Bedrängnis brachte, ein Prinz sei. Seit Tausenden von Jahren suchte dieser Prinz täglich nach seiner verlorenen Prinzessin, die auf dem Wasser einst verunglückt war.

Und auch Forscher und Archäologen hatten vor ein paar Jahren mitten im See in mehr als 300 Metern Tiefe das versunkene Dorf Sambajal entdeckt. Sie waren sich sicher, dass dieses Dorf einst von großer religiöser Bedeutung war. Allerdings ist es ihnen bis heute nicht gelungen, das Rätsel um das versunkene Dorf zu klären und zu verstehen, warum die Einwohner damals so fluchtartig ihre Häuser verlassen und ihr ganzes Hab und Gut zurückgelassen hatten.

An all diese Legenden musste ich unentwegt denken, als unser Boot mit ohrenbetäubendem Motorengeräusch über das Wasser auf die andere Seite bretterte. Als wir jedoch im geschäftigen Hafen von San Pedro ausgestiegen waren, wo wir Weihnachten verbringen wollten, waren die mystischen Geschichten spurlos aus meinem Kopf verschwunden. Ich musste aufpassen, dass ich von der mir entgegenkommenden Menschenmasse nicht erschlagen wurde. Von all den Tuk-Tuk-Fahren, Reiseveranstaltern und Hotelanbietern. Aber nun gut, ich hatte gewusst, dass sich das Dorf San Pedro seit meinem letzten Aufenthalt sehr verändert hatte. Früher hatte es hier nur ein Restaurant gegeben, kein Internet, viele Unterkünfte hatten kein fließendes Wasser gehabt, in den kleinen Läden hatte man fast nur Kekse kaufen können, und auch das Stromnetz war immer wieder zusammengebrochen. Jetzt gab es hier alles im reichlichen Überfluss. Unterkünfte für jeden Anspruch, laute Musik, Bars, Restaurants und Aussteiger aus der ganzen

Welt. Vor allem für die Israelis hatte sich San Pedro in den vergangenen Jahren zu einem hippen Eldorado für Ich-weiß-zwar-nicht-was-ich-gerade-suche-aber-ich bleibe-trotzdem-erst mal-hier entpuppt. Und wenn ich ehrlich war, konnte ich deren Beweggründe ein klein wenig nachvollziehen. Denn als wir die Hauptstraße hinter uns gelassen hatten, die kleinen Trampelpfade am See entlangliefen und uns immer wieder vom prächtigen Anblick des Vulkanes einlullen ließen, konnte ich es wieder ganz deutlich spüren: Der Lago de Atitlán war ein ganz besonderer Ort. Und Jeder konnte hier das finden, wonach er gerade suchte. Ob Yogis, die in den morgendlichen Stunden am Steg dem Vulkan ihre Sonnengrüße widmeten. Krisengebeutelte Spirituelle, die ihre Erleuchtung suchten. Feierwütige Hippies, deren aktuelle Lebensphase Wo-ist-die-nächste-Party hieß. Gestresste Individuen, die Abstand benötigten, um die Dinge wieder klarer zu sehen. Oder ganz normale Midlife-Gestrandete, die einfach ihre ausufernden Gedanken schweifen lassen wollten. All die Dörfer, die jeweils den Namen eines der 12 Apostel trugen, verzauberten mit ihrem ganz eigenen Charme – und gaben Antworten auf die unterschiedlichsten Fragen.

Mein Mann sah das alles ganz anders. Er war zwar schon ziemlich beeindruckt von dem See, der über 1.600 Meter über dem Meeresspiegel lag, aber Magie konnte er beim besten Willen nicht spüren. Er ließ seinen Blick längere Zeit über den See schweifen, aber als ich ihn fragte, ob er etwas Besonders spürte, antwortete er ganz trocken: »Ja, Hunger!« Damit war das Thema Mystik und Legenden für ihn abgehakt, und er ging lieber der irdischen Frage nach, wo man hier gut essen konnte.

Kurze Zeit später hatten wir direkt am See ein hervorragendes israelisches Restaurant mit sensationell leckerem orientalischem Essen gefunden. Damit war auch die Frage geklärt, wo wir uns über Weihnachten die Bäuche vollschlagen würden.

***

Doch leider verlief Weihnachten ganz anders als gewünscht. Pünktlich zum Heiligabend fing mein Sohn an, zu brechen und Durchfall zu haben. Ich verbrachte die Heilige Nacht damit, ständig die Bettwäsche zu wechseln, und war der Mitarbeiterin unserer Unterkunft unendlich dankbar, dass sie mir irgendwann den Schlüssel der Kleiderkammer überließ, wo ich mich gefühlt alle 20 Minuten mit sauberen Bettlacken und Kissen eindecken durfte. Zu allem Übel fing im Morgengrauen des ersten Weihnachtstages mein Mann ebenfalls an, über Magenschmerzen zu klagen. Dementsprechend gehörten wir zum Club der Jetzt-hat-es-euch-auch-erwischt. Denn die Einwohner erzählten mir, dass es ganz normal war, am Lago de Atitlán an Magen-Darm-Problemen zu leiden. *Na, prima*, dachte ich, der perfekte Zeitpunkt. Ich versuchte, nicht ständig daran zu denken, dass gerade das Fest der Feste war. Während ich mit meinem Sohn kuschelte und dabei meinem eigenen Magengrummeln kein Gehör gewährte, blickte ich von unserer Hängematte aus immer wieder zum See. Ich beobachtete die kleinen Fischerboote, die ruhig auf der glatten Wasseroberfläche dahinschipperten. Ich sah den einheimischen Frauen dabei zu, wie sie im See eimerweise ihre Wäsche wuschen. Und immer wieder blieb mein Blick an dem gegenüberliegenden Felsen hängen, dessen Silhouette das Profil eines liegenden Indianers mit einer ziemlich großen Nase formte.

Ich dachte an die guten alten Zeiten, die ich hier vor sehr vielen Jahren verbracht hatte. Auf einmal kam mir der verrückte Italiener mit dem fehlenden Daumen in den Sinn, der einfach nicht den Weg zurück in seine Heimat finden konnte. Der war ganz schön schräg, aber irgendwie auch lustig gewesen. Ich fragte mich, was wohl aus ihm geworden war? Dann musste ich an meine gute Freundin Lotte denken, mit der ich mir damals nicht nur ein Zimmer in Antigua geteilt, sondern auch so einigen Unfug getrieben hatte. Nach Guatemala hatten wir noch lange Kontakt gehabt, aber seit sie vor zehn Jahren als Entwicklungshelferin in den Südsudan gegangen war, hatten wir nichts mehr voneinander gehört.

Vor meinem inneren Auge sah ich die alten Fotos, die ich vor meiner Reise akribisch durchforstet hatte. Ich sah das Foto mit der Dänin Louise und mir auf den Pferden. Sie war mittlerweile zweifache Mutter. Ich sah kleine Kinder mit einem großen Fisch am Wasser spielen. Mittlerweile waren sie längst erwachsen. Ich sah Fotos von meiner damaligen Clique und mir, wie wir mit vom Kiffen geröteten Augen in die Kamera lachten. Jetzt lebten alle wild verteilt auf dem Erdball in verschiedenen Ländern und waren um einiges vernünftiger geworden. Ich hing meinen Erinnerungen nach. Alte Bilder flammten in mir auf und erloschen wieder, um anderen Platz zu machen. Ich sinnierte über das, was mal war, und darüber, dass sich das meiste in eine ganz andere Richtung entwickelt hatte, als geplant. Aber ich kam zu dem Ergebnis, dass alles genau so richtig war.

Ich hinterfragte den Sinn meiner Reise ausgerechnet nach Guatemala, meiner alten Heimat, in der ich nicht mehr heimisch war. Was hatte ich mir vorgestellt und gewünscht? Und war ich enttäuscht, weil alles anders war als in der guten alten Zeit? Ich horchte tief in mich hinein und stellte fest, dass ich keineswegs enttäuscht war. Klar hatte ich mir mein Wiedersehen anders vorgestellt. Irgendwie glanzvoller. Glorreicher. Mit mehr Fanfaren und Trompeten. Schließlich hatte ich es mir vorher so oft in meinen Gedanken ausgemalt. Und doch war ich glücklich, dass ich mich zu einem Comeback ins alte Gefilde entschieden hatte.

Ein Zitat des Dalai Lamas kam mir in den Sinn: »Gehe einmal im Jahr irgendwohin, wo du noch nicht warst.«

Diese Lebensweisheit hatte ich mir bereits in sehr jungen Jahren auf die Fahne geschrieben. Und es stimmte. Jeder Mensch sollte öfters mal an einen neuen Ort fahren, um die Welt aus einer neuen Perspektive zu sehen. Doch plötzlich kam mir meine persönliche Erkenntnis, dass es auch gut war, alle Jahre mal irgendwohin zu gehen, wo man lange nicht mehr gewesen ist ... Ich fand Gefallen an dieser neuen Idee und beschloss, sie künftig in meine Reisepläne einzubauen. Alle zwei bis drei

Jahre wollte ich in ein Land reisen, wo ich seit mindestens zehn oder gar zwanzig Jahren nicht gewesen war.

Ich nickte dem Indianer mit der großen Nase zufrieden zu. Durch ihn hatte ich eine neue Antwort in meinem Leben gefunden, einen neuen Leitfaden. Ich mochte das Konzept, meine neuen Reisekarten hin und wieder mit alten zu mischen.

Am nächsten Tag ging es meinem Sohn zum Glück wieder besser. Und auch mein Mann fühlte sich bereit für neue Reiseabenteuer. Es sollte weiter zu den Ruinen nach Tikal gehen, die tief verborgen im guatemaltekischen Regenwald lagen. Die mächtigen Tempel aus der prächtigen Maya-Zeit, die Archäologen und Forschern immer noch große Rätseln aufgaben. Während der Fahrer unseres Shuttles mehr oder minder erfolgreich versuchte, den vielen Schlaglöchern auszuweichen, spürte ich in mir eine Unruhe aufkommen. Immer wieder schaute ich zurück. Ich wollte mir den wunderschönen Ausblick auf den Lago de Atitlán in all seinen Einzelheiten einprägen. Ihn festhalten, unvergesslich machen und tief in meinem Herzen vergraben, weil ich wusste, dass ich ihn lange nicht mehr wiedersehen würde. Mir kam es fast so vor, als ob ich mich von einem Geliebten verabschieden müsste. Kurz bevor der See endgültig aus meinem Sichtfeld verschwand, blickte ich voller Herzschmerz ein letztes Mal zurück. Ich konnte deutlich erkennen, dass ein starker Wind wieder die Wasseroberfläche aufgepeitscht hatte und die Boote in Bedrängnis brachte. Ich schloss meine Augen und dachte an Xocomil – den Prinzen, der auch nach Tausenden von Jahren nicht aufgab, nach seiner verlorenen Prinzessin zu suchen.

Auf den Spuren von Skywalker und Han Solo

Die Fahrt in den verborgenen Dschungel Guatemalas war sehr holperig und vor allem eisig kalt. Unser Shuttle-Fahrer setzte uns einfach am

Parque Central in Antigua ab und erklärte, dass man uns hier in einer Stunde wieder abholen würde, um uns zum Busterminal nach Guatemala-Stadt zu bringen, von wo aus es weiter mit dem Nachtbus gehen sollte. Ich war ein wenig überrumpelt, da ich davon ausgegangen war, dass man uns gleich in die Hauptstadt bringen würde. In weiser Voraussicht konnte ich noch eine Visitenkarte vom Fahrer abstauben, für den Fall der Fälle, dass keiner kommen würde.

Dieser Fall trat selbstverständlich auch ein. Zum vereinbarten Zeitpunkt war weit und breit kein Shuttle zu sehen. Nachdem mehr als eine halbe Stunde vergangen war, wurde ich immer nervöser. Hatte man uns vergessen? Im Minutentakt schaute ich auf die Uhr. Es wurde immer später und später, und das ungute Gefühl beschlich mich, dass wir den Nachtbus nach Flores verpassen würden. Ich entschied mich, zu handeln. Ich rannte in ein Café rein, fragte irgendwelche Guatemalteken, ob ich mit ihrem Handy telefonieren dürfte, und rief beim Fahrer an. Gleich mehrmals. Doch der vertröstete mich jedes Mal aufs Neue, dass der Shuttle *ahorita* kommen würde. Aus dem Gleich wurde eine geschlagene weitere halbe Stunde. Mittlerweile hatten wir über eine Stunde Verspätung, und da ich wusste, wie unberechenbar der Verkehr nach Guatemala-Stadt war, wurde ich immer panischer. Schlussendlich entdeckte ich einen Fahrer der gleichen Agentur und verdonnerte ihn dazu, dass er sich jetzt um unser Problem kümmern sollte. Ich erntete zuerst einen ziemlich verdutzten Gesichtsausdruck, aber dann telefonierte er mehrmals hin und her und fand heraus, dass ein anderer Shuttle auf der anderen Seite vom Park stand. Gemeinsam gingen wir rüber, und der andere Fahrer schaute uns ebenfalls ziemlich verdutzt an. Als ich auf seine Liste mit den Namen der Passagiere schielte, sah ich, dass unsere Namen gar nicht drauf waren. Die Stille Shuttle-Post hatte also nicht funktioniert – der Fahrer nahm uns trotzdem mit.

Im Gegensatz zu mir und meinem Sohn hasste mein Mann Busfahrten. Vor allem, wenn sie über zehn Stunden dauern sollten. Kurz vorm

Einsteigen erinnerte ich ihn daran, noch schnell lange Klamotten an-
zuziehen, da ich befürchtete, dass die Klimaanlage wieder auf Höchst-
leistung laufen würde. Ich sollte leider Recht behalten. Unsere langen
Klamotten und Strandtücher, mit denen wir uns zudeckten, erfüllten
aber kaum ihren Zweck. Wir hatten noch nicht mal die Straßen der guatemaltekischen Hauptstadt hinter uns gelassen, als wir das kollektive
Bibbern, Zittern und Fluchen begannen. Im Bus war es eisig kalt. Und je
mehr wir uns in der Peripherie Guatemalas verloren, desto kälter schien
es zu werden. Nach einer halben Stunde gab mein Mann seinen eigenen
Sitzplatz auf und kuschelte sich zu meinem Sohn und mir. Zusammen-
gequetscht auf zwei Sitzplätzen versuchten wir krampfhaft, die Köper-
wärme des anderen zu erhaschen. Irgendwann mitten in der Nacht bekam ich im Halbschlaf mit, wie eine Mutter mit einem Baby auf dem
Arm kurz vorm Aussteigen ein paar Worte mit meinem Mann wechselte.
Ich schloss wieder die Augen und spürte kurze Zeit später, wie es auf
einmal mollig warm wurde. Wie herrlich doch dieses erlösende Gefühl
war … Doch woher kam es? Verdutzt öffnete ich die Augen und sah, dass
wir mit einer Wolldecke zugedeckt waren.

»Wo kommt die denn her«, fragte ich meinen Mann verschlafen.

»Die hat uns gerade die Frau da geschenkt«, antwortete er.

***

Hoch in den Baumwipfeln über uns schrie ein Affe. Auf dem Boden
bahnten sich Aberhunderte von windigen Blattschneideameisen ihren
Arbeitsweg zurück zum Bau. Hinter den Bäumen flitzte eine Kolonne
von Nasenbären entlang. Im Hintergrund konnte man immer wieder
das Krakeelen von Vögeln hören. Plötzlich ertönte ein ohrenbetäubendes Gebrüll. Fragend schaute ich unseren Tourguide Manuel an.

»Bestimmt ein Jaguar, der sich aus dem Gebüsch da hinten gleich
auf unsere Gruppe stürzen wird«, erklärte er mit einem breiten Lachen.

Obwohl ich auf Manuels Witz nicht reinfiel, wurde mir ganz mulmig zumute, denn ich wusste, dass hier im dichten Dschungel rund um Tikal tatsächlich einige Jaguar hausten. Doch Manuel klärte mich auf:

»Das sind die Brüllaffen, die gerne ihre Späßchen mit den Besuchern treiben und sie öfters mit Kot beschmeißen. Also pass auf, was da so von den Bäumen runterkommt.« Er lachte laut auf und schien sich köstlich über meinen Gesichtsausdruck zu amüsieren.

Wir blieben vor einem gigantischen Ceiba-Baum stehen. Manuel erklärte uns, dass für die Maya diese Baumart die kosmologische Weltordnung verkörperte. Mein Blick folgte seinen Erklärungen. Er zeigte auf die riesigen Wurzeln und erklärte unserer Gruppe, dass sie für die Unterwelt standen. Der Stamm repräsentierte das jetzige Leben, und die Baumkrone verkörperte den Himmel beziehungsweise das nächste Leben.

»Noch heute kommen die Maya zu diesem Baum, um ihre Rituale zu begehen. Besonders zur Sonnenwende verwandelt sich dieser Ort zu einer bedeutsamen religiösen Stätte«, erläuterte Manuel.

Mit schnellen Schritten gingen wir weiter und bahnten uns den Weg durch den dichten Dschungel, denn schließlich wollten wir heute noch viel sehen. Ich versuchte, mit der Gruppe mitzuhalten und kam dabei immer mehr ins Schwitzen. Ich spürte, wie mir die Suppe den Rücken herunterlief, mein Gesicht sich krebsrot färbte und ich ganz schön schnauben musste. Kein Wunder! Schließlich schleppte ich ein 17-Kilo-Paket vor der Brust angeschnallt. Obwohl mein Sohn mittlerweile fast drei Jahre alt und eigentlich etwas zu groß für die Trage war, blieb mir keine andere Wahl, als ihn zu tragen. Eigentlich hatte ich die Hoffnung gehabt, dass er selbst laufen würde. Doch gleich am Eingang wurden meine Hoffnungen im Keim erstickt. Mein Sohn hatte keine Lust auf fußläufige Expeditionen durch den Dschungel. Stattdessen machte er es sich in der Trage gemütlich und bettete sich zum Mittagsschläfchen.

Ich beschloss, meine Kräfte gut einzuteilen. Als unsere Gruppe den Tempel VI erreichte und alle aufgeregt losrannten, um die Stufen zu erklimmen, blieb ich in weiser Voraussicht unten stehen. Denn ich wusste von meinem letzten Tikal-Besuch vor gut 20 Jahren, dass da noch sehr viele Stufentempel mit einer spektakulären Aussicht auf uns warteten.

Bevor es zum Gran Plaza ging – wo vor über 1.500 Jahren zu Ehren der Götter Ballspiele gehalten, deren Verlierer anschließend als Opfergabe von den hohen Priestern die Stufen der Tempelpyramiden hinabgestoßen wurden – erklärte uns Manuel minutiös das Zahlensystem der antiken Maya, das für kalendarische Angaben und komplizierte Berechnungen verwendet wurde.

»Könnt ihr euch vorstellen, dass es der Hochkultur der Maya gelungen war, ein Zahlensystem zu schaffen, das nur mit drei Symbolen auskam?«, er schaute uns fasziniert an, und ich konnte klar und deutlich die Leidenschaft in seinen Augen sehen, die sich bei dieser Thematik entfachte.

»Punkt, Strich und Muscheln: Mehr benötigten sie nicht, um den exakten Verlauf der Sonne und Sternenkonstellation zu berechnen, Handel zu betreiben oder das Ende der Welt vorherzusagen.« Manuel schaute in anerkennende Gesichter, die gebannt seinem mathematischen Diskurs über Punkt, Strich und Muscheln folgten. Er erklärte uns weiter, dass die Archäologen und Forscher fälschlicherweise davon ausgegangen waren, dass die Welt am 21.12.2012 untergehen sollte, denn der Maya-Kalender endete dort. Endzeitszenarien und Apokalypsen wurden von Schwarzmalern prophezeit. Doch sie hatten sich geirrt. Denn das Ende der Berechnungen des Mayakalenders bedeutete keineswegs das Ende der Welt, sondern einfach nur, dass jemand aufgehört hatte, sie weiterzuführen.

Als wir dann endlich am Gran Plaza mit den zwei über 40 Meter hohen Haupttempeln, die sich gegenüberlagen, ankamen, fing mein Herz an, wild zu pochen. Ich sah es ganz genau vor mir. Das Bild, wie ich als junge 20-Jährige mit offenem Mund auf diesem Platz gestanden hatte, und meinen Augen kaum trauen konnte. Damals hatte alles so mysteriös und unheimlich faszinierend gewirkt. Ich konnte mich noch sehr gut daran erinnern, wie ich mich an einen schattigen Platz gesetzt und ganz gebannt die beiden Tempel bestaunt hatte. Mich immer wieder gefragt hatte, wie es sich für die Teilnehmer der entsandten Expedition im Jahre 1848 angefühlt hatte, als sie das sagenumwobene Tikal wiederentdeckten. Zu ihrer Blütezeit hatten in dieser glanzvollen Metropole über 100.000 Menschen gelebt. Obwohl Tikal von den Archäologen und Wissenschaftlern seit der Wiederentdeckung sehr gut erforscht und dokumentiert war, wurde die Ursache des plötzlichen Unterganges dieser Hochkultur noch immer heftig diskutiert. Brach eine Epidemie aus und löste ein Massensterben aus? Starb die Bevölkerung aufgrund einer verheerenden Dürreperiode? Hatten sich die Maya in einer großen Schlacht alle gegenseitig getötet?

»Es gibt sogar vermeintliche Experten, die behaupten, dass die Maya von den Außerirdischen mit einem Ufo abgeholt wurden, um auf einem anderen Stern zu leben«, witzelte Manuel.

Ich musste lachen. Oh, ja, von diesen Theorien hatte ich auch bereits gehört.

Anschließend gab uns Manuel eine halbe Stunde Zeit, um das Hauptzentrum der antiken Maya auf eigene Faust zu erkunden. Natürlich sollte es hoch hinauf auf den einen Tempel gehen, von dem man einen spektakulären Blick auf den gegenüberliegenden Tempel hatte. Doch mein enthusiastischer Aufbruch zum Tempel wurde bereits nach den ersten Stufen vehement gehemmt. Meine Höhenangst meldete sich laut und spürbar zu Wort. Immer lauter und lauter. Von Stufe zur Stufe wurde ich unsicherer und ängstlicher. Mein Mann kannte diese Panikanfälle sehr gut und versuchte mich abzulenken. Ich biss die Zähne zusammen, denn meine Neugierde und Abenteuerlust waren ein kleines Stückchen größer als meine Höhenangst. Dennoch verlangte es mir einiges ab, den Tempel zu erklimmen.

Auf dem Weg nach oben fragte ich mich immer wieder, wann sich diese blöde Höhenangst in mein Leben geschlichen hatte. Ich hatte gar keine Ahnung. Ich wusste nur, dass ich damals bei meinem Tikal-Besuch nicht den leisesten Schimmer einer Höhenangst verspürt hatte. Aus jetziger Sicht war ich todesmutig auf alle Tempel geklettert und konnte mich nicht sattsehen an dem herrlichen Panorama. Doch jetzt spürte ich, wie sich meine Beine wie Pudding anfühlten und ich mächtig zitterte.

***

Dieses Zittern wurde noch um ein Vielfaches verstärkt, als es zum Sonnenuntergang auf den berühmten 65 Meter hohen Tempel gehen sollte – allen Fans von »Star Wars« bestens bekannt. Denn auf diesem Tempel wurde im Jahr 1977 eine Sequenz für »Episode 4« gedreht. Der Ausblick über die Baumwipfel, das dichte Blättermeer des Dschungels und in der Ferne die Spitze eines anderen Tempels waren phänomenal schön. Fast schon magisch, fand übrigens mein Mann plötzlich auch. Ich wusste nicht, ob er den Ort wirklich magisch fand oder nur das Gefühl hatte, ihn magisch zu finden, weil bereits Skywalker, Han Solo und Chewbacca hier ihre großen Fußstapfen hinterlassen hatten. Allerdings blieb mir nicht viel Zeit zum Überlegen. Meine Höhenangst meldete sich wieder zurück, und als ein lebensmüder Ami meinte, irgendwelche akrobatischen Kunststücke aufführen zu müssen und immer wieder am Rand balancierte, reichte es mir. Magie hin oder her – ich wollte nur noch festen Boden unter den Füßen spüren, ließ deswegen meinen Mann und Sohn sich am Ausblick erfreuen und ging schon mal runter.

Kaum war ich unten angekommen, fing es plötzlich an zu regnen. Vielleicht war es die Strafe der erzürnten Maya-Götter gewesen für das bekloppte Kunststück des lebensmüden Amis, der sein Schicksal gerade mächtig herausgefordert hatte. Wie auch immer. Mittlerweile goss es wie aus Eimern, sodass ich mich entschlossen hatte, den Tempel IV zum Sonnenuntergang nicht mehr zu besteigen. Während mein Mann hochkraxelte und von oben sogar einen Regenbogen über den Baumwipfeln sah, warteten mein Sohn und ich unten unter einem Baum. Wir waren triefend nass. Doch genauso plötzlich, wie der Regen gekommen war, zog er auch wieder von dannen. Und nach ihm kam die tiefschwarze Nacht.

»Wir müssen uns beeilen«, ermahnte uns Manuel.

Mit schnellen Schritten und im Lichtkegel der Taschenlampe marschierten wir zurück, noch mal am Gran Plaza vorbei und dann hinein in den dichten Dschungel. Begleitet wurden wir nicht nur von einem Schwarm nerviger Mücken, sondern auch von einem fabelhaften Soundtrack an Tierstimmen und Naturgeräuschen.

»Der Dschungel erwacht gerade zum Leben und mit der Nacht kommen auch die Geister meiner Ahnen zurück«, witzelte Manuel. Er wollte unserer Gruppe ein bisschen Angst machen. Und ja, ein klein wenig war es ihm tatsächlich auch gelungen, denn der Rückweg wirkte auf mich um einiges mythischer als der Hinweg.

Die weltbesten Tortillas

Mein Herz pochte schon wieder ganz wild. Wir befanden uns mitten auf dem offenen Meer in der Karibikküste, und das kleine Speedboot schwankte ungestüm hin und her. Soeben hatten wir Belize hinter uns gelassen, wo wir einige entspannte Tage am Strand verbracht und das Inselmotto von Caye Caulker, »Go Slow«, vorbildlich in die Tat umgesetzt hatten. Unsere nächste Station war Livingston in Guatemala, ein Ort, zu dem ich in der Vergangenheit ein zwiespältiges Verhältnis gehabt hatte. Einerseits hatte mich die lebhafte Kultur der hier ansässigen Garifuna und der zu jeder Tageszeit Joints rauchenden Bob-Marley-Verschnitte, die teilweise in Baumhütten mitten im Dschungel lebten, extrem fasziniert. Auf der anderen Seite hatte ich mich an diesem Ort nie so richtig wohlgefühlt. Damals wollte ich für ein paar Monate im Hotel eines guten Freunds von mir arbeiten. Marcos Blanco war ein groß gewachsener Schwarz-Guatemalteke, der eigentlich in den USA lebte. Er hatte das Hotel von seinen Eltern übernommen und war vor irgendwas – was genau, wollte er mir nie verraten – aus seiner Heimat geflohen. Ich war damals davon ausgegangen, dass er eine Lebenskrise durchlitten hatte und sich erst mal ein wenig Klarheit in seinem Leben verschaffen wollte. Deswegen fragte ich ihn nie nach seinen wahren Beweggründen.

Fakt war, dass Livingston ein perfekter Ort war, um die Seele mal ordentlich baumeln zu lassen und bei Reggae-Beats seine Alltagssorgen zu vergessen. Doch irgendwie hatte Livingston auch eine unheimliche Seite. Den Menschen, die mich tagsüber mit einem breiten *Don't-worry-be-happy*-Lachen angrinsten, traute ich nachts nicht so recht über den Weg. Immer wieder hörte man Geschichten von Frauen, die mit K.-o.-Tropfen außer Gefecht gesetzt und anschließend vergewaltigt wurden. Und die meisten Männer betäubten sich mit einem undefinierbaren Drogencocktail, um für ein paar Stunden ihrer tristen Realität zu entfliehen – oder endlich ihrem Guru Bob Marley persönlich zu begegnen. Frei nach meinem geliebtem Motto, »*love it or leave it*«, entschloss ich mich nach ein paar Wochen, in einer Nacht-und-Nebel-Aktion mein Karibik-Hotel-Projekt abzubrechen. Im Morgengrauen weckte ich Marcos und weihte ihn in meine Pläne ein. Das war das letzte Mal, dass wir beide uns gesehen haben.

***

Der Grenzbeamte von Livingston war der freundlichste und witzigste, dem ich je auf Reisen begegnet war. Er war ein kleiner alter Mann, der uns wie seine eigenen verlorenen Kinder begrüßte, die nach vielen Jahren zurückgekehrt waren. So eine Herzlichkeit war ich von Grenzbeamten nicht gewohnt, die dich eigentlich eher mit einem mürrischen und strengen Blick inspizierten. Dieser Grenzbeamte war so ganz anders.

Und am liebsten hätte ich mich stundenlang weiter mit ihm unterhalten. Ich erzählte ihm, dass er der freundlichste Grenzbeamte auf der ganzen Welt war – und daraufhin freute er sich wie ein kleines Kind. Ach, wie sehr ich doch solche Begegnungen liebte.

Als wir dann die Straße Richtung Zentrum hochgingen, merkte ich schnell, dass sich Livingston in meiner Abwesenheit nicht großartig verändert hatte. Trotz Karibikküste vor der Tür war es immer noch kein besonders attraktiver Urlaubsort, und auch das Leben am Dorfrand wirkte eher trist als bunt und fröhlich. Am Anfang fiel es mir ein wenig schwer, mich zu orientieren. Viele neue Geschäfte und Restaurants waren hinzugekommen. Und wo war eigentlich Marcos Hotel? Mehrmals blickte ich mich um, als ich in einem unerwarteten Moment plötzlich davorstand. Das ehemalige Casa Blanca, das jetzt als Wohnhaus diente. Die vergangenen Jahrzehnte hatten deutliche unschöne Spuren am Gebäude hinterlassen. Die Farbe blätterte ab, der Putz war abgebröckelt, und überall an den Wänden konnte ich großflächige Schimmelflecke entdecken. In einer Ecke konnte ich sogar die Spuren von den fehlenden Buchstaben erkennen, die hier einst mal gehangen hatten: Casa Blanca. Oje! Das Gebäude war in einem miserablen Zustand, und doch freute ich mich, wieder genau an der Stelle zu stehen, wo ich mein kurzes Karibik-Garifuna-Abenteuer erlebt hatte.

Abends nach dem Abendessen lud ich meine Familie zu einem Nachtisch ein. Wir setzten uns in die Eisdiele genau gegenüber von meiner ehemaligen Arbeitsstelle, und während mein Sohn und Mann genüsslich ihr riesiges Eis schleckten, schwelgte ich in alten Erinnerungen. Ich beobachtete die Einwohner, die ständig in dem ehemaligen Hotel ein- und ausgingen. Jedes Mal, wenn eine Tür aufging, versuchte ich, einen Blick in das jeweilige Zimmer zu erhaschen. In der Tat erkannte ich nach und nach einzelne Details: alte Kronleuchter, Regale, und in einigen Zimmern hingen sogar noch dieselben Bilder. Wieder flammten alte Erinnerungen auf. Ich sah Marcos Gitarre spielen und wie wir direkt vor der Tür zum Jahrtausendwechsel Feuerwerkskörper gen Himmel sandten und mit ihnen unsere Wünsche fürs neue Jahr. Ich sah mich in der Hängematte liegen und auf das gegenüberliegende leere Gebäude starren, wo sich jetzt die Eisdiele befand, in der meine Familie und ich gerade saßen ...

»Mama, ich habe aufgegessen«, unterbrach mein Sohn meine Gedanken – und hielt mir dabei seine klebrigen Hände ins Gesicht.

Auch wenn ich gerne noch stundenlang das ehemalige Casa Blanca von Marcos beobachtet hätte, spürte ich, dass es Zeit war, zu gehen. Denn morgen erwartete uns ein weiterer aufregender Tag.

***

Weiße Reiher, Pelikane und Kormorane waren unsere Wegbegleiter.

»Wenn ihr ganz genau die Wasseroberfläche beobachtet, dann könnt ihr vielleicht auch ein Augenpaar von einem Krokodil entdecken«, erzählte uns der Bootsführer.

Wie sehr ich mich auch anstrengte, ich konnte kein Krokodil entdecken. Weder auf der Wasseroberfläche noch an den Ufern des Río Dulce. Kurze Zeit später gab ich meine Krokodilsuche auf. Ich ließ mir den Fahrtwind um die Ohren pusten, unterhielt mich mit dem älteren mexikanischen Pärchen neben mir, bestaunte die gigantische Felswand, die sich vor uns auftat, und sah, wie sich die Farbe des Flusses stetig veränderte.

Nach knapp zwei Stunden waren wir im Hauptort Fronteras angekommen. Da wir Hunger hatten, gingen wir erst mal zur Hauptstraße. Bereits im Boot hatte ich meinem Mann vorgeschwärmt, dass ich hier in Fronteras die weltbesten Tortillas gegessen hatte, als ich in einem Kinderheim am Río Dulce gearbeitet hatte.

Nach meiner Nacht-und-Nebel-Aktion in Livingston, hatte ich überhaupt keinen Plan gehabt, wo ich als nächstes hinwollte. Ich nahm das erstbeste Boot, das aus Livingston fuhr, und strandete ein paar Stunden später am Río Dulce. Zufälligerweise lief ich einer Holländerin über den Weg, die mir von ihrer Volunteer-Arbeit in einem nahegelegenen Kinderheim erzählte. Ich wurde neugierig, löcherte sie mit endlos vielen Fragen, und schlussendlich traute ich mich:

»Meinst du, dass die noch einen Volunteer benötigen«, fragte ich sie zaghaft.

»Bestimmt!«, antwortete sie prompt – und schlug vor, dass ich einfach mitfahren sollte, um mit der Leitung des Kinderheimes zu sprechen. »Doch vorher müssen wir unbedingt noch etwas essen, denn hier, gleich um die Ecke, gibt es die weltbesten Tortillas.« Dabei fingen ihre Augen an zu strahlen.

Das war der Beginn meiner Zeit in der Casa Guatemala, wo ich mehrere Monate arbeitete. Das Kinderheim lag auf einer Insel im Dschungel, zirka eine halbe Stunde mit dem Boot von dem nächsten größeren Ort entfernt. Während meiner Zeit dort hatte ich viele Jobs. Ich arbeitete in der Küche, war am Bau eines neuen Esszimmers beteiligt, eröffnete eine Bücherhalle für die Kinder, brachte ihnen lesen und schreiben bei, und abends versammelten sich die großen Mädchen um mich herum, damit ich ihnen aus dem großen Elfenbuch vorlas. Obwohl die Arbeit hart war, mein Tag von vier Uhr morgens bis neun Uhr abends ging, unser Leben sehr spartanisch war und wir praktisch nur Reis und Bohnen zum Essen bekamen, war es dennoch eine sehr prägende und intensive Zeit, an die ich oft zurückdachte. Unser größtes Highlight war damals der Freitagabend. Bereits seit Montag fieberten alle Volunteers dem großen Abend entgegen, an dem wir Ausgang bekamen, um für ein paar Stunden nach Fronteras zu fahren. Neben Einkaufen stand vor allem TORTILLAS ESSEN auf dem Programm. Und zwar die weltbesten Tortillas, die nicht aus Mais, wie normalerweise, sondern aus Mehl gemacht wurden. Ausgehungert stürzten wir uns dann jeden Freitagabend auf die riesigen Tortillas, die über den

Tellerrand runterhingen, tranken dazu unseren eisgekühlten Milchshake und fühlten uns jedes Mal wie im siebten Himmel.

»Mama, ich habe Hunger«, sagte mein Sohn und riss mich aus meinen Gedanken. Ich schaute mich um, fand aber kein Restaurant, wo wir hätten essen können. Wir wechselten die Straßenseite, und schlagartig sah ich ein Schild vor mir: »Tortilla de Harina«. Ich konnte meinen Augen kaum trauen, denn ich hatte überhaupt nicht damit gerechnet, dass es diesen einfachen Laden wirklich noch gab.

»Da, da ...«, stammelte ich nur und zeigte aufgeregt auf das kleine Straßenrestaurant.

»Was gibt es da?«, fragte mein Mann gelangweilt.

»Na, die weltbesten Tortillas«, schrie ich ihn an. Nicht nur, weil der Straßenlärm so ohrenbetäubend laut war, sondern vor allem, weil ich mich so sehr freute. Sofort lief ich los und ließ mich auf meinen alten Stammplatz plumpsen. Ich konnte es kaum glauben, aber die Drehhocker waren exakt die gleichen wie vor 20 Jahren auch. Ich inspizierte das Inventar des Restaurants und stellte freudestrahlend fest, dass sich hier absolut nichts verändert hatte. Die hellbraunen Kacheln mit dem undefinierbaren Muster waren immer noch dieselben. Der Tresen sah immer noch so schäbig aus wie früher, und ich hätte wetten können, dass sogar die Mixer aus der damaligen Zeit stammten.

Aufgeregt bestellte ich drei *tortillas de harina con frijoles* und dazu eisgekühlte Erdbeershakes. Während die Frau unsere Getränke zubereitete, wich ich ihr nicht von der Seite. Trotz gellender Latinoklänge aus dem Lautsprecher neben uns, erzählte ich ihr aufgeregt wie ein kleines Kind, dass ich vor sehr langer Zeit hier bereits gegessen hatte. Sie lächelte mich etwas unbeteiligt an, und ich konnte erkennen, dass sie meine Aufregung überhaupt nicht nachvollziehen konnte. Während sie Eiswürfel in den Retro-Mixer gab, betrachtete ich sie etwas genauer. Ich schätze ihr Alter auf höchstens 20 Jahre, wenn nicht sogar etwas jünger. Als meine Volunteer-Freunde und ich uns hier am Tresen die Bäuche mit unserem Wochen-Highlight vollschlugen, war sie noch ein Baby gewesen. Ich konnte nicht genau erklären, warum, aber irgendwie fand ich die Vorstellung ziemlich amüsant.

Mein Sohn saß auf dem einstigen Stammplatz der Holländerin, die mich zur Casa Guatemala gebracht hatte. Genüsslich stopfte er sich seine Tortilla rein, wippte dabei seinen blonden Schopf im Takt der Salsa-Musik und drehte den Hocker langsam um die eigene Achse, um alles im Blick zu behalten.

»Und?«, fragte ich euphorisch meinen Mann.

»Was und?«, entgegnete er mir mit vollem Mund.

»Wie schmeckt dir die Tortilla?«, fragte ich ihn neugierig.

»Ja, ganz okay. Keine Offenbarung, aber durchaus essbar.«

Ganz OKAY??? Ich musste aufpassen, dass ich nicht von meinem Hocker runterfiel. *Wie konnte er sie nur als ganz okay bezeichnen?*, dachte ich entrüstet. Für mich stand fest, dass diese Tortillas, deren Rand immer noch über den Teller hing, die weltbesten Tortillas waren. *Ever, ever, ever!*

Zufrieden lehnte ich mich zurück und musste dabei höllisch aufpassen, dass ich nicht von diesem wackeligen Drehhocker fiel. Ich ließ das Ambiente des in die Jahre gekommenen, schäbigen Tortilla-Restaurants an der staubigen, lauten Straße auf mich wirken. Wie sehr ich mich doch freute, dass ich endlich einen Ort in Guatemala gefunden habe, der sich in den vergangenen Jahrzehnten nicht verändert hatte. Obwohl ich pappsatt war, bestellte ich mir noch einen eisgekühlten Erdbeershake. So wie früher.

10. KAPITEL

Glück ist, wenn der Verstand tanzt, das Herz atmet und die Augen lieben.
(Unbekannt)

Ein folgeschwerer Fehler

Mein Sohn und ich saßen im Chicken-Bus zur Grenze von El Salvador. Ein paar Stunden zuvor hatte ich mich in Guatemala-Stadt von meinem Mann verabschiedet. Obwohl wir nur noch knapp zwei Wochen hatten, bis es für meinen Sohn und mich ebenfalls nach Hause ging, verlief der Abschied mal wieder tränenreich. Also, ausschließlich von meiner Seite aus. Mein Mann musste jedes Mal schmunzeln, warum ich bei Abschieden heulen musste wie ein Schlosshund. Immer wieder nahm ich mir vor, nicht zu weinen. *Warum auch?* Ich freute mich ja riesig auf die bevorstehenden Reisen, mein Sohn und ich waren mittlerweile ein perfekt eingespieltes Reiseteam (bis auf die Trotzphasen, die uns ab und zu begleiteten), und ohne meinen Mann hatten wir auch Spaß. Aber wenn es um Abschiede ging, waren meine Tränen nie zu bremsen. So auch diesmal nicht. Tränenüberströmt und laut schluchzend winkte ich meinem Mann noch aus dem Auto heraus hinterher.

Doch viel Zeit für meine Trauer blieb mir nicht. Denn schnell musste ich realisieren, dass der junge Fahrer so gar keine Ahnung hatte, wo wir hinwollten. Seine Aufgabe war es gewesen, uns zum Bus nach El Salvador zu bringen.

»Kein Problem«, hatte er seinem Chef geantwortet. Doch es wurde ein stundenlanges Problem für ihn. Wir fuhren und fuhren – und irgendwie wurde ich das Gefühl nicht los, dass wir im Kreis fuhren. Nachdem wir bereits das dritte Mal den Flughafen passiert hatten, hakte ich nach. Der junge Fahrer nickte und sah dabei noch ratloser als zuvor aus. Irgendwann machte er an einer Tankstelle halt, lud das Guthaben seines Handys auf und fuhr anschließend mit einem Navi weiter. Dennoch irrte er weitere geschlagene zwei Stunden durch die City. Irgendwann erkannte ich das Problem. Er wusste nicht so richtig, von wo aus ein Bus nach El Salvador fuhr. Ich schlug ihm vor, jemanden zu fragen, daraufhin hellte sich sein Gesichtsausdruck auf, und ich fragte mich ernsthaft, warum er selbst nicht auf diese Idee gekommen war. Ich ersparte mir jeden weiteren Kommentar, trotz stundenlanger Verspätung, und fand mich damit ab, dass wir es heute beim besten Willen zu unserem eigentlichen Ziel – dem Bergdorf Alegría – in El Salvador nicht mehr schaffen würden.

***

Als wir die Grenze hinter uns gelassen hatten und offiziell in El Salvador eingereist waren, spürte ich, wie mein Herz unkontrollierte Luftsprünge machte. Mein Puls hämmerte gegen meine Schläfen, und ich bekam schwitzige Hände. Ich freute mich extrem, wieder hier zu sein, in dem kleinen zentralamerikanischen Land, das es vor ein paar Wochen geschafft hatte, mein Herz im Sturm zu erobern. Eigentlich hatte eine zweite Runde durch El Salvador gar nicht auf meinem Reiseplan gestanden. Da sich die Lage in Honduras allerdings immer noch nicht entspannt hatte, entschied ich, dass ich El Salvador noch besser kennenlernen wollte. Und ich spürte auf Anhieb, dass das genau die richtige Entscheidung war.

Als wir in den nächsten Bus stiegen, stand die Sonne bereits tief. *Wo sollten wir schlafen?* Ich musste eine Entscheidung treffen. Ich entschied mich für die Stadt Sonsonate, die laut meinem Reiseführer einen üblen Ruf genoss: Schmutzig, gefährlich und kriminell – so lautete die kurze Charakterisierung dieser Stadt. Ich war davon überzeugt, dass jeder Ort besser als die Hauptstadt San Salvador sei – und tröstete mich mit dem Gedanken, dass es ja auch nur zum Schlafen war. Gleich am nächsten Morgen sollte es ja weitergehen.

Als ich am Busbahnhof ankam, merkte ich, wie ich um einiges entspannter war, als an meinem ersten Ankunftstag in El Salvador. Ich vermutete nicht in jedem jüngeren Mann ein Bandenmitglied und wurde auch nicht von der ständigen Angst verfolgt, dass ich gleich ausgeraubt würde. Ich nahm ein Taxi, das mich zu irgendeiner preiswerten Unterkunft bringen sollte. Jedoch war die Auswahl in Sonsonate nicht besonders üppig, da hier kaum Touristen strandeten. Zur späten Stunde kamen wir bei einer Familie an, die auch einen Sohn hatte. Ich fühlte mich sofort wohl und freute mich immer noch über den absolut günstigen Preis von zehn Dollar, als mein Sohn einen folgeschweren Fehler beging. Etwas, was er zuvor auf unseren ganzen Reisen noch NIE getan hatte.

Er zog das Spannbettlaken ab, und beim Anblick der Matratze, der sich mir unerwartet und absolut ungewollt bot, wurde mir ganz übel. *Oh Mann!* Wie sollte ich es schaffen, jetzt in diesem Bett zu schlafen. Ich verfluchte meinen heißgeliebten Sohn und dachte darüber nach, ob ich noch schnell die Unterkunft wechseln sollte. Da es aber bereits spät war und es keine richtigen Alternativen gab, musste ich schlussendlich in den sauren Apfel beißen. Ich entschied mich für die Variante *Augen zu und irgendwie einschlafen*. Ich wusste allerdings, dass mir eine ordentliche Herkulesaufgabe bevorstand.

Ein großes, eisgekühltes Bier würde mir sicherlich beim Einschlafen helfen. So zumindest war mein Plan, nachdem ich den Anblick unserer Matratze einigermaßen verdaut hatte. Ich fragte die Besitzerin, ob sie eins für mich hätte, und ein paar Minuten später hockte ich mit ihr, ihrem Mann und Sohn bereits im Wohnzimmer. Unsere Kinder waren sofort ein Herz und eine Seele. Sie tollten herum, spielten mit ihren Autos und machten Purzelbäume von der abgewetzten Couch. Und auch die Besitzer und ich verstanden uns auf Anhieb. So verbrachten wir die halbe Nacht gemeinsam im Wohnzimmer, unterhielten uns über Gott, die Welt und El Salvador, öffneten ein zweites großes, eisgekühltes Bier, und danach fiel ich todmüde ins Bett. Zwar verfolgte mich der Anblick der Matratze weiterhin in meinen Träumen, aber ich fühlte auch eine behagliche Wonne in mir, wieder zurück in El Salvador zu sein.

Mittellos im Dorf der Glückseligkeit

Am nächsten Morgen sollte es weiter ins Bergdorf Alegría gehen – das Dorf der Glückseligkeit und Freude, wortwörtlich übersetzt. Leider hatte ich aber mal wieder keine Ahnung, wie ich hinkommen sollte. In meinem Reiseführer fand ich nur einen ganz kleinen allgemeinen Absatz zu Alegría, und auch im Internet wurde ich nicht fündig. Ich entschied mich, einfach loszufahren. Denn ich war mir sicher, dass wir irgendwann dort ankommen würden. Bevor wir zum Busbahnhof fuhren, wollte ich noch Geld abheben. Vergebens. Aus unerklärlichen Gründen konnte ich in Mittelamerika kein Geld mit meiner Visa-Karte abheben. Das Problem kannte ich bereits, doch als ich diesmal meine Master Card in den Geldautomaten steckte, färbte sich das Display auf einmal blau, und ein komischer Name erschien mit der Endung .jpg. Anschließend stand da: Keine Auszahlung möglich.

Was war das? Äußerst merkwürdig. So etwas hatte ich noch nie gehabt. Hoffentlich wurde meine Karte gerade nicht von unbefugten Personen ausgelesen, die anschließend mein komplettes Konto plünderten. Ich hatte schon die wildesten Geschichten von Reisenden gehört, denen das tatsächlich passiert war. Trotz wachsender Sorge versuchte ich, ruhig zu bleiben, und vertagte das Geldabheben auf später. Ich hoffte, dass ich in Alegría Geld bekommen würde. Ein großer Irrtum, wie ich später erfahren musste.

Mein Sohn und ich verabschiedeten uns herzlich von unseren neuen Freunden im düsteren Sonsonate. Ich musste ihn versprechen, dass wir eines Tages wiederkommen würden. Etwas zögerlich nickte ich, denn die unruhige Nacht auf der schmutzigen Matratze, die mich bis in den Traum verfolgt hatte, steckte mir noch immer in meinen müden Knochen. Dafür verlief die Fahrt nach Alegría viel besser, als gedacht. In San Salvador nahm ich ein Taxi, das uns zu einem anderen Busterminal brachte. Dort diskutierte der Taxifahrer wild mit anderen Busfahrern, wie wir am besten weiterfahren sollten. Als es dann hieß, dass wir in zwei Stunden einen Bus nehmen könnten, mischte sich ein anderer Mitarbeiter in die Diskussion ein.

»Sie kann mit diesem Bus nach Santiago de María fahren. Und dort steigt sie in einen anderen Bus ein«, dabei zeigte er auf einen Chicken-Bus, der gerade den Bahnhof verließ. Schnell halfen mir alle umstehenden Männer mit meinem Gepäck, und binnen Sekunden saßen wir im nächsten Bus.

Als wir in Alegría ankamen und prompt direkt am Park eine Unterkunft mit exzentrischer Ausstattung und allen möglichen religiösen Schnitzereien und Bildern fanden, wollte ich nur noch eins: erst mal ganz DRINGEND Geld abheben. Ich ging zum einzigen Geldautomaten im Dorf und stellte voller Schrecken fest, dass dieser nur Visa akzeptierte. *Oh nein,* schoss es mir panisch durch den Kopf. Trotzdem versuchte ich, Geld mit meiner Visa Karte abzuheben, aber mein Versuch blieb mal wieder erfolglos. *Was sollte ich jetzt tun?* Ich hatte nur noch ein paar Dollarnoten und musste dringend an Bargeld kommen. Ich fragte die älteren Männer, die vorm Rathaus standen, ob es noch eine andere Möglichkeit gab, Geld abzuheben.

Plötzlich artete mein finanzielles Problem zu einem kollektiven Dorfproblem aus. Die Männer diskutierten wild, machten und verwarfen Vorschläge, bis Juan mit dem Schnauzer und dem großen Cowboyhut das Ruder in die Hand nahm. Er bot mir an, mich in die nächste Stadt zu fahren. Und eh ich mich überschwänglich für seine angebotene Hilfe bedanken konnte, befanden wir uns auch schon auf dem Weg in den 20 Kilometer entfernten Ort. Als wir da bei der Bank angekommen waren, musste ich wieder feststellen, dass hier nur Visa-Karten akzeptiert wurden. Vergebens versuchte ich es noch mal und gab schnell wieder auf. Doch der listige Juan hatte schon eine weitere Lösung parat. Er fand heraus, dass sich auf dem Gelände eines Krankenhauses ein Geldautomat befand, der auch Master Cards akzeptierte. Hoffnungsvoll fuhren wir hin, aber genau wie morgens in Sonsonate bekam ich auch mit meiner zweiten Kreditkarte kein Geld. *Warum bloß?* Ich konnte mir gar keinen Reim darauf machen, denn ich wusste hundertprozentig, dass ich noch genug Geld auf dem Konto hatte. Daran konnte es nicht liegen. War mein Magnetstreifen kaputt? Oder wurde mein Konto doch geplündert? Fragen über Fragen prasselten auf mich nieder. Leider war es mittlerweile zu spät, um bei meiner Bank in Deutschland anzurufen. Ich musste also bis zum nächsten Tag warten.

Ich hatte mir immer nur vorgestellt, wie schlimm es sein musste, wenn man irgendwo im Ausland plötzlich ohne Geld dastand. Jetzt wusste ich, dass dieses mittellose Gefühl einfach nur grauenhaft war. Niedergeschlagen und ohne Geld fuhren wir nach Alegría zurück. Ich war am Boden zerstört. Die wildesten Hirngespinste spukten in meinem Kopf. Was sollte ich jetzt bloß ohne Geld machen?

Zurück im Zimmer fing ich das wilde Zählen an. Ich holte aus den unterschiedlichsten Verstecken mein *emergency money* hervor, das ich auf jeder Reise dabeihatte und wirklich nur im Notfall angerührt werden sollte. Zweifelsohne war jetzt so ein dringender Notfall. Dummerweise war ich bereits in Guatemala aus reinen Bequemlichkeitsgründen an dieses Notfallgeld herangegangen. Ich zählte und zählte und hätte mir selbst in den Hintern treten können. Mir blieben noch exakt 107,35 Dollar für zehn Tage. Ich zählte noch einmal. Davon musste ich Unterkunft, Essen und die Rückfahrt nach Guatemala-Stadt bezahlen, von wo aus unserer Flieger ging. Je mehr ich rechnete, desto sicherer wurde ich mir, dass ich unmöglich die restlichen Tage mit so wenig Geld auskommen konnte. Unentwegt kreisten meine Gedanken um die Frage, warum ich kein Geld abheben konnte – und wie ich verdammt noch mal an Bargeld rankommen sollte, hier, im weit entlegenen Bergdorf Alegría irgendwo in El Salvador.

Als ich abends Juan mit dem großen Cowboyhut an seinem Stand mit hausgemachtem Honigschnaps wiedertraf, hatte er schon die nächste Lösung für mich parat. Ich könnte mir doch zur Not per UPS Geld schicken lassen. Das nächste Büro von UPS sei in Berlín.

»In Berlin?«, fragte ich Juan ungläubig.

»Ja, Berlín. Dieser Ort liegt etwa 25 Kilometer von hier in die andere Richtung«, erzählte er mir. Er war sichtlich stolz auf seine Spitzfindigkeit. Ich nickte – und war froh, dass wir jetzt zumindest einen Notfallplan geschmiedet hatten.

∗∗∗

Am Abend gingen mein Sohn und ich in einem einfachen Straßenrestaurant essen. Das Problem mit dem Geld beschäftigte mich nach wie vor extrem. Ich hatte wirklich Angst, bald mittellos hier in Alegría – im Dorf der Glückseligkeit – zu stehen. *Was für eine Ironie,* dachte ich hämisch. Dabei merkte ich nicht, dass ich beim Verlassen des Straßenrestaurants mein nagelneues iPhone einfach auf dem Tisch liegengelassen hatte. Erst zwei Stunden später fiel es mir auf. Und der Schock war natürlich RIESIG! Unaufhörlich kramte ich hektisch in meinem Beutel, schüttelte panisch dessen Inhalt auf dem Bett aus und nahm sinnbefreit jeden noch so kleinen Gegenstand einzeln in die Hand. Doch mein Handy war weg. Einfach futsch!

Ich lief schnell zur Besitzerin der Unterkunft und bat sie, mich anzurufen. Ich hatte noch den allerletzten Hoffnungsschimmer, dass mein

Handy unters Bett oder in eine andere Ecke gefallen war. Doch als es bei ihr klingelte und im Zimmer nichts zu hören war, wusste ich, dass ich mein brandneues Handy im Wert von über 800 Euro nie mehr wiedersehen würde. Denn ich war mir ganz sicher, dass es jemand sofort mitgenommen hatte. Eine unendliche Wut kam in mir auf, die sich selbstverständlich einzig und allein gegen mich richtete. *Wie konnte ich nur so doof und unvorsichtig sein und mein sündhaft teures Smartphone einfach liegenlassen?* Sozusagen auf dem Präsentierteller für den nächsten, der vorbeikam. Und noch dazu in El Salvador, dem kriminellsten Land der Welt! Ich war der Verzweiflung nah: Ich hatte kaum noch Geld in der Tasche, vielleicht wurde mittlerweile auch schon mein Konto geplündert und mein neues Telefon war auch noch weg.

Die Besitzerin der Unterkunft versuchte, mich aufzumuntern.

»Wo hast du denn als letztes dein Handy in der Hand gehabt?«, fragte sie.

»In der Pupusería Cristina«, sagte ich bestimmt. Ich konnte mich ganz deutlich erinnern, dass ich es da noch benutzt hatte.

»Also, schnell! Wir laufen jetzt dahin«, rief sie enthusiastisch.

Ich hatte so gar keine Hoffnung, aber ihr Enthusiasmus wirkte ansteckend auf mich. Ich schnappte mir meinen Sohn, der bereits einen Schlafanzug anhatte und keine Schuhe mehr trug, nahm ihn auf den Arm und rannte sofort der Besitzerin hinterher, die bereits ein paar Hundert Meter Vorsprung hatte.

Diesen Gesichtsausdruck würde ich ein Leben lang nicht vergessen, das wusste ich: Als wir die Pupusería Cristina erreicht hatten, strahlte die Mitarbeiterin uns bereits vom Weiten an. Sie hatte ein schelmisches Grinsen und wartete erst gar nicht unsere Frage ab.

»Ich wusste, dass du wiederkommst«, sagte sie lachend und holte dabei mein Handy unterm Tresen hervor. Ich fiel aus allen Wolken und konnte es nicht glauben. Das, was ich da gerade erlebt hatte, wollte mein rationaler Verstand einfach nicht begreifen. Hätte mich jemand vor meiner Reise gefragt, was passiert, wenn man sein sündhaft teures Handy in El Salvador einfach irgendwo an einem öffentlichen Platz liegen lässt, hätte der Fragesteller nur einen abschätzigen Blick von mir geerntet: Was für eine *dumme, dumme* Frage! Es wäre weg. Das war doch klar. Vor allem in El Salvador! Denn ich war mir sicher, dass es auch in meiner *nicht-kriminellen*, idyllischen, kleinen Vorstadt an der Elbe weggewesen wäre. Hätte der Fragesteller mich wiederum gefragt, ob ich mit ihm eine Wette eingehen möchte, dann hätte ich eingeschlagen. Natürlich, denn ich wäre felsenfest davon überzeugt gewesen, dass ich diese Wette nur gewinnen konnte ...

Als ich allmählich realisierte, dass ich mich komplett geirrt hatte, sprang ich der Kellnerin um den Hals. El Salvador hatte überdurchschnittlich viele ehrliche und hilfsbereite Menschen: Das wusste ich spätestens seit diesem Tag.

***

Am nächsten Morgen wachte ich auf und rief gleich meine Bank an. Mir war klar, dass das der einzige Weg war, um mein Geldproblem effektiv zu lösen. Ich steckte meine deutsche Sim-Karte ins gerettete Handy rein, ärgerte mich wahnsinnig, dass man Banken nicht per WhatsApp erreichen konnte, und telefonierte erst mit zwei verschiedenen Ansprechpartnern beim Kreditkarteninstitut und anschießend zweimal mit meinem Bankberater. Das Problem war schlichtweg, dass der monatliche Dispo meiner Master Card aufgebraucht war. Ich hatte es mit meinem Mann tatsächlich geschafft, innerhalb von drei Wochen in Guatemala und vor allem in Belize eine Unsumme an Geld auszugeben. *Urlaub mit meinem Mann war immer teuer*, dachte ich zähneknirschend. Das andere Problem war, dass meine Bank sicherheitshalber meine Karten gesperrt hatte, weil ich am Tag zuvor an unterschiedlichen Orten auffällig oft versucht hatte, Geld abzuheben, und zusätzlich auch noch mehrmals meine PIN falsch eingegeben hatte.

»Wissen Sie, eigentlich habe ich schon Feierabend. Aber ich werde mich gleich um alles kümmern und verspreche Ihnen hoch und heilig, dass Sie spätestens in einer halben Stunde wieder Geld abheben können«, sagte mein Bankberater am Telefon.

»Sie haben bereits Feierabend? Wie spät ist es denn gerade in Deutschland?«, fragte ich ihn ahnungslos. Die deutsche Zeit war für mich mittlerweile zu weit entfernt.

»16 Uhr. Sie haben großes Glück, denn eigentlich war ich bereits mit einem Fuß im Wochenende.« Ich realisierte erst jetzt, was für ein Glück ich gehabt hatte. Denn hätte ich ein paar Minuten später angerufen, wäre er nicht mehr dagewesen – und ich hätte ihn frühestens am Montagmorgen erreicht. Diese Erkenntnis entschädigte mich ein wenig für die Tatsache, dass mich die vier Telefonate nach Deutschland über 80 Euro gekostet hatten. Und auch das Gefühl, als ich am Geldautomaten auf dem Gelände des Krankenhauses wieder druckfrische Dollarnoten in den Händen hielt, war einfach unbezahlbar schön.

Irgendetwas stimmt hier nicht

Mit ausreichend Geld und einem Handy in der Tasche waren meine Probleme schlagartig aus der Welt geschaffen. Zurück in Alegría konnte ich mich endlich wieder auf die angenehmen Seiten des Reisens stürzen. Ich schlenderte mit offenen Augen und einem sorgenfreien Kopf durch das so idyllisch und authentisch anmutende Bergdorf. Obwohl Alegría ziemlich klein und überschaubar war, sodass man innerhalb von 20 Minuten alles gesehen hatte, hätte ich sofort einen Monat oder sogar länger hier verbringen können. Dieser Charme, die extreme Freundlichkeit der Bewohner, überall die vielen bunten Blumen an den Häuserfassaden, die farbenfrohen Bilder an den Wänden, das spektakuläre Panorama auf die umliegenden Berge ... Für mich stand fest, dass man Alegría erlebt haben muss, um zu verstehen, was dieses Bergdorf so besonders machte.

Bereits nach ein paar Tagen schienen uns alle im Dorf zu kennen. An jeder Ecke musste ich eine kleine Pause einlegen, um mit den vorbeikommenden Einwohnern zu quatschen. Sie waren alle neugierig. In ihren Augen waren mein Sohn und ich eine ganz besondere Attraktion, denn Touristen kamen relativ selten nach Alegría. Als ich abends wieder bei Juans Stand anhielt, denn das gehörte mittlerweile zu meinem täglichen Ritual, erzählte er mir bei einem Honigschnaps, dass mein Sohn und ich die ersten Personen aus Deutschland seien, die er bisher in seinem Leben getroffen habe. Ich konnte in seinen Augen sehen, wie stolz er darauf war – und stellte mir vor, wie er ab jetzt immer wieder die Geschichte von der mittellosen Mama aus Deutschland erzählen würde, der er mit Tat und Rat geholfen hatte. Ich war sehr berührt und spürte, wie mir bei diesem Gedanken das Herz aufging.

***

An unserem letzten Tag im Bergdorf unternahmen mein Sohn und ich einen Ausflug zum malerischen Kratersee Laguna de Alegría. Die Wanderung dorthin war schweißtreibend, aber auch wunderschön. Die Landschaft war traumhaft, wir waren fast allein, und das Wasser des Sees, dem sogar heilende Wirkungen nachgesagt wurden, war herrlich erfrischend. Mein Sohn und ich setzten uns in den Garten eines Kiosks, spielten mit den kleinen Welpen des Betreibers, und auf dem Rückweg machten wir noch einen kleinen Toilettenstopp beim freundlichen Mann am Kassenhäuschen. Gemeinsam amüsierten wir uns über seinen großen Hund, der im Schatten lag und so laut schnarchte, dass man kaum sein eigenes Wort hören konnte. Kurze Zeit später verabschiedeten wir uns und machten uns auf den Rückweg. Allerdings waren wir gerade mal 300 Meter gegangen, als ich plötzlich aus dem heiteren Himmel ein ungutes Gefühl verspürte. Ich hatte aus dem Augenwinkel beobachtet, wie ein junger Motoradfahrer langsam an uns vorbeifuhr, mich ganz merkwürdig musterte, etwa hundert Meter von uns entfernt aus einem unerklärbaren Grund mitten in der Wildnis anhielt und einfach stehen blieb. Meine Alarmglocken schrillten laut. Mein Bauchgefühl brüllte mich an: *STOOOPP! Irgendetwas stimmt hier nicht!* Ich blieb stehen und ließ den Motoradfahrer vor mir keine Millisekunde aus den Augen. Ich wusste nicht, ob ich ihm unrecht tat, aber ich wurde das ungute Gefühl nicht los, dass er es auf meine Spiegelreflexkamera, die ich sichtbar über der Schulter trug, und meine Handtasche abgesehen hatte. Warum war er sonst stehengeblieben? Ich grübelte und grübelte – aber mir fiel kein anderer plausibler Grund für sein sonderbares Verhalten ein.

Ich ging ein Stück zurück bis zur Kurve, von wo aus ich wieder auf das Kassenhäuschen blicken konnte. Das Wissen, dass ich zur Not um Hilfe rufen könnte und der Mann mit dem schnarchenden Hund mich auch hören würde, schenkte mir eine gewisse Sicherheit. Damit mein Sohn von der prekären Situation nichts mitbekam und nicht unnötig Angst hatte, fing ich am Straßenrand an, mit ihm zu spielen. Dabei behielt ich den jungen Motorradfahrer argwöhnisch im Blick. Ich verstaute meine Spiegelreflexkamera, nahm vorher noch meine Speicherkarte mit all meinen Fotos von unserer Reise raus, versteckte sie in meinem BH und klemmte ebenfalls mein Handy dort ein. Es vergingen mindestens zehn Minuten des bangen Wartens. Irgendwann stieg der junge Mann vom Motorrad ab und ging einen kleinen Berg hoch. Als ich ihn plötzlich nicht mehr sehen konnte, stieg mein Puls enorm an. *Wo war er? Und warum war er abgestiegen?*, fragte ich mich unaufhörlich. Einen kurzen Moment später entdeckten meine Augen ihn wieder. Er hielt sich in einem kleinen Gebüsch versteckt und beobachtete mich von dort aus.

Damit war das Maß voll. Ich wusste, dass ich unmöglich die einsame Straße runter ins Dorf gehen konnte. Denn der Motorradfahrer hätte mir überall auflauern können. Ein anderer Plan musste her. Ich ging zurück zum Mann im Kassenhäuschen und erzählte ihm, was gerade passiert war.

»Wartet hier«, er verwies energisch auf sein Büro und ging los, um sich einen Überblick zu verschaffen. Mittlerweile war auch der laut schnarchende Hund aufgewacht und positionierte sich direkt neben uns, als ob er uns beschützen wollte. Etwa fünf Minuten später sah ich den Mann vom Kassenhäuschen hinter der Kurve wiederauftauchen. Er winkte mir zu, dass ich kommen sollte. *Was hatte er vor?* Ich schnappte meinen Sohn und ging zu ihm. Hinter der Kurve sah ich einen großen Lkw. Er war extra zu einer Baustelle gelaufen und hatte die Arbeiter gefragt, ob sie mich zurück zur Hauptstraße fahren könnten. Das taten sie dann auch. Ich war ihnen so unendlich dankbar und fühlte mich wesentlich sicherer. Auf dem Rückweg hielt ich akribisch Ausschau nach dem suspekten jungen Motorradfahrer. Aber er war spurlos verschwunden.

Zurück an der Hauptstraße, wo wieder wesentlich mehr Leute waren, merkte ich, wie eine extreme Anspannung von mir wich. Mein Bauchgefühl sagte mir, dass ich gerade knapp einem Überfall entkommen war.

***

Am nächsten Morgen brach ich in aller Früh auf. Um niemanden unnötig zu wecken, schlich ich mich auf leisen Sohlen aus der Unterkunft. Ich setzte mich am Parque Central unter einen großen Baum und wartete auf den Bus. Währenddessen gingen mir einige Gedanken durch den Kopf. Was ich alles in den vergangenen Tagen erlebt hatte. Ich hatte erfahren müssen, wie es sich anfühlte, wenn das Geld langsam aber sicher ausging und kein Nachschub kam, ich war mit einem heftigen Schock konfrontiert gewesen, als ich mein Handy einfach liegengelassen hatte, und ich war sehr vielen guten Menschen begegnet – und einem Mann, der höchstwahrscheinlich nicht so gut war. In Summe waren es zahlreiche intensive Momente, die ich hier in Alegría – im Dorf der Glückseligkeit – verbracht hatte. Als ich das dachte, hörte ich, wie von hinten eine Person angerannt kam. Es war die Besitzerin der Unterkunft. Sie hatte also doch mitbekommen, dass wir uns rausgeschlichen hatten. Zum Abschied übergab sie mir einen quietschgelben Jutebeutel mit einem Foto von ihrer Unterkunft drauf. Ganz ehrlich! Dieser Stoffbeutel gehörte sicherlich zu den hässlichsten, die ich je gesehen hatte – und dennoch hätte mir die Besitzerin kaum ein schöneres Abschiedsgeschenk machen können.

Die nächsten Tage verbrachten wir in Palmarcito am Strand bei Ivan und Maria, deren Haus wir zufällig entdeckt hatten, und bei denen gerade auch die Enkeltochter zu Besuch war. Wir gehörten sofort zur Familie, Maria kochte für uns, und Ivan spielte mit den beiden Kindern so lange im Pool, bis sie todmüde in die Hängematte fielen und binnen Sekunden eingeschlafen waren. Am späten Nachmittag gingen wir zum Strand, aßen ein Eis, und während mein Sohn Sandburgen baute, schaute ich etwas melancholisch auf den weiten Horizont. Eine lange Reise neigte sich ihrem Ende zu. Eine Reise voller Abenteuer und turbulenten Erlebnissen. Obwohl es gerade mal zwei Monate waren, kam es mir vor, als ob ich eine Ewigkeit von zu Hause weggewesen wäre. Ich musste zwar zugeben, dass ich in keinem Moment Heimweh verspürt hatte, aber dennoch freute ich mich auf mein getrautes Heim.

Dieses Gefühl war absolut neu für mich. Denn normalerweise überkam mich am Ende meiner Reisen immer eine leichte Panikattacke. Alles in mir wehrte sich dann dagegen, dass es wieder zurück ins alte Leben gehen sollte. Zurück in die Tretmühle und kopfüber in den Alltagstrott. Doch diesmal blieb die Panikattacke aus. Im Gegenteil. Ich fühlte, wie es im Bauch leicht anfing zu kribbeln. Ich hatte richtig Lust, wieder zurückzukommen, und noch mehr, mich wieder in die Arbeit zu stürzen. Mit

vielen neuen Inspirationen und Ideen mein eigenes Business voranzu-
treiben. Und ich wusste, dass ich mir jederzeit wieder ein Ticket buchen
konnte, wenn mich das Fernweh packte.

Was für eine Freiheit! Unbezahlbar.

11. KAPITEL

Die Welt ist ein Buch. Wer nie reist, sieht nur eine Seite davon.

(Augustinus von Hippo)

Eine halsbrecherische Rallye

Georgien war so ganz anders und mit keinem der Länder zu vergleichen, die ich bis dahin bereist hatte. Schon lange hatte dieses kleine, unscheinbare Land – irgendwo zwischen Europa und Asien – auf meiner Reiseliste gestanden. Jedoch musste das Reiseziel Georgien Jahr für Jahr zugunsten einer anderen Destination weichen. Doch nachdem ich mir eingestehen musste, dass ich mittlerweile Asien, Süd- und Mittelamerika verhältnismäßig gut kannte, war es mal Zeit für einen komplett neuen Erdteil. Georgien schien hierfür perfekt zu sein. Ich brannte vor Neugier und dabei fiel mir auf, dass ich von dem kleinen Land, das in meiner Kindheit noch zur damaligen Sowjetunion gehört hatte, überhaupt nichts wusste. Ich hatte keine Ahnung, dass in Georgien bereits seit über 7.000 Jahren Wein angebaut wurde – und dass nicht Frankreich oder Spanien das Ursprungsland des Weinanbaus war, sondern tatsächlich Georgien. Ich hatte keinen blassen Schimmer, wie unheimlich lecker die georgische Küche schmeckte und wie auch die einfachsten Lokale in ländlichen Regionen es schafften, mit wenigen Zutaten und Gewürzen die leckersten Gerichte zu zaubern. Dass die Georgier sogar eine eigene verschnörkelte Schrift hatten, die so ganz anders war als die kyrillische der russischen Sprache, war mir auch völlig fremd. Und bis auf die

Hauptstadt Tbilisi – von der ich auch eher zufällig mal etwas gelesen hatte – hätte ich vor meiner Reise keine großartigen Sehenswürdigkeiten Georgiens benennen können.

Doch je mehr ich mich mit diesem Land beschäftigte, desto mehr ahnte ich, wie unheimlich faszinierend Georgien war. Und halt so ganz anders. Ich staunte über Bilder von der pulsierenden Hauptstadt, die gerade aus ihrem Dornröschenschlaf aufzuwachen schien, zahlreichen Klöstern auf abgelegenen Bergkuppeln mit einem atemberaubenden Ausblick, Eremiten, die auf der entlegensten Spitze eines hohen Berges wohnten, unterirdischen Höhlen, mediterranen Städten, mittelalterlichen Bergdörfern, Hochhaussiedlungen im typischen trist-grauen Sowjet-Stil, extremen Wetterumschwüngen, der wilden Berglandschaft des Großen und Kleinen Kaukasus, Ushguli – dem höchstgelegenen dauerhaft bewohnten Dorf Europas –, Steppen, Halbwüsten und als absolutes Kontrastprogramm von der Skyline des Hotspots Batumi am Schwarzen Meer, dem neuen osteuropäischen Dubai mit einem Hauch von Las Vegas und Macao.

»Da will ich auch hin«, sagte mein Mann urplötzlich, als ich ihm von meinen Georgien-Reiseplänen erzählte. Damit hatte ich ganz ehrlich so gar nicht gerechnet. Denn eigentlich tat sich mein Mann mit meiner Auswahl an Reisezielen sehr schwer und meinte immer eher: »Da kannst du gerne allein hin. Das Land interessiert mich nicht.«

Und dann gab es da noch einen anderen Grund, warum mein Mann uns meistens auf den ganzen Reisen nicht begleitete. Er ließ äußerst ungern seine eigene Firma allein. Bis auf den gemeinsamen Weihnachtsurlaub über die Feiertage im Winter war es mit ihm immer ein extremer Kampf. Wenn es nach ihm gegangen wäre, würde er ständig arbeiten und nur einmal im Jahr für ein paar Tage verreisen. Jedoch hatte in den vergangenen Monaten offensichtlich ein Umdenken bei ihm stattgefunden. Immer häufiger sprach er davon, wie sehr er mich doch beneidete, dass ich von überall aus arbeiten konnte und sogar mit dem Reisen

Geld verdiente – und dass das Leben doch nicht ausschließlich aus der Arbeit bestehen könnte. Solche Worte kannte ich von ihm nicht. Und entsprechend überrascht war ich, als er mir mitteilte, dass er auch mit nach Georgien wollte.

»Und was ist mit der Firma«, fragte ich ihn erstaunt.

»Die muss irgendwie ohne mich klarkommen«, antwortete er.

***

Nach den ersten Stunden in Tbilisi war für mich bereits klar, dass das eine ganz große Liebe werden würde. Ich empfand die Hauptstadt Georgiens als extrem kontrastreich. Alt, mürbe und zerfallend, zugleich aber auch so modern, elegant und futuristisch. Neben alten Holzhäusern mit wunderschön verzierten Balkonen, bei denen man Angst haben musste, dass sie im nächsten Moment vor den eigenen Augen zusammenfallen würden, standen hochmoderne Bauten. Und ich kam aus dem Staunen nicht raus, wie mondän und multikulturell diese Stadt mit über 1.500 Jahren Geschichte wirkte. Wenn es nach mir gegangen wäre, hätte ich Tbilisi am liebsten gleich zu meiner neuen Sommerresidenz für die kommenden Monate erkoren. Doch wir hatten andere Pläne. Schließlich wollten wir einen Roadtrip durchs Land machen. Nach zwei Tagen holten wir also unseren SUV bei der Autovermietung ab – und das große Georgien-Abenteuer konnte beginnen.

Bei der Planung hatten wir allerdings nicht beachtet, dass schon das Autofahren selbst ein riesiges Abenteuer werden würde. Schnell mussten wir erkennen, dass die Georgier einen SEHR gewöhnungsbedürftigen Fahrstil hatten. Eigentlich war ich davon überzeugt gewesen, dass mich in Sachen Verkehr nichts mehr schocken könnte. Immerhin hatte ich bereits den Verkehr in Istanbul, Jakarta und zahlreiche Chicken-Busfahrten in Mittelamerika überlebt. Doch die Verkehrssituation auf den Straßen Georgiens toppte so ziemlich alles, was ich bis dato gesehen und erlebt hatte. Und schnell wurde klar, dass für unseren Roadtrip eine Sache besonders vonnöten war: sehr, sehr gute Nerven!

Als wir die Straßen der Hauptstadt allmählich hinter uns gelassen hatten, war noch alles gut. Klar war uns aufgefallen, dass sich kaum ein Verkehrsteilnehmer an die Geschwindigkeitsbegrenzung hielt. Doch das empfanden wir als weniger besorgniserregend. Mehr Sorgen machte uns bald der Zustand der Straße. Denn aus einer gut asphaltierten Straße wurde plötzlich eine Schotterpiste mit vielen Schlaglöchern. Zudem bekamen wir eine Ahnung davon, dass auf den staubigen Pisten das Recht des Stärkeren und vor allem SCHNELLEREN deutlich mehr Gewichtung hatte als jegliche banale Verkehrsregel. So schienen rasantes Fahren, wagemutige Überholmanöver und Spaßhaben die einzigen Gesetze zu sein, über die sich alle Autofahrer einig waren.

Mir kam es vor, als ob wir an einer halsbrecherischen Rallye teilnehmen würden. Es wurde überholt, was das Gaspedal hergab, wer als Erstes blinken sollte, würde ohne Vorwarnung disqualifiziert werden – und nur, weil eine Straße einspurig gebaut war, hieß es noch lange nicht, dass sich nicht auch mal zwei bis drei Autoreihen nebeneinander bilden konnten. Und wer hatte eigentlich behauptet, dass im Rechtsverkehr ausschließlich nur links überholt werden durfte? Beim ersten stinkenden Lada aus den 70ern, der uns rechts überholt hatte, konnte ich mir das Fluchen nicht verkneifen. *Wie gemeingefährlich!* Doch spätestens nach dem Dritten, sah ich es wesentlich entspannter. Man muss sich halt den neuen Bedingungen anpassen.

Was jedoch noch viel gefährlicher als der stinkende überholende Lada auf der rechten Seite war, war definitiv der Zustand der Autos. Es kam uns vor, als ob wir durch ein *Open-Air-Automuseum* fahren würden. Denn alte deutsche Mercedes, BMWs oder Transporter, die bei uns seit einer halben Ewigkeit nicht mehr gesichtet wurden, nahmen voller Enthusiasmus an der halsbrecherischen Rallye teil. Dabei wurden selbstverständlich bei den unterschiedlichsten Autoschäden großzügig beide

Augen zugedrückt. Und die Frage, ob alle Autos auf den georgischen Straßen wirklich verkehrssicher waren, erübrigte sich somit auch. Zudem schienen die uralten Ladas, Skodas und Co. seit mehreren Jahrzehnten die treuen Weggefährten der Georgier zu sein, auf deren Dächer durchaus auch der halbe Hausstand transportiert werden konnte – und zur Not bei fehlenden Türen auch eine zehnköpfige Familie Platz fand.

Doch auf dieser Rallye galt es nicht nur, rasant zu fahren und waghalsig zu überholen, sondern auch lebenden Hindernissen auszuweichen. Denn die umherlaufenden Kühe, die sich von hupenden Autos keineswegs aus der Ruhe bringen ließen, gehörten zum normalen *Rallye-Bild* dazu. Seelenruhig liefen sie umher, warfen dir einen muhenden Blick hinterher und trappten weiter die Rennstrecke entlang. Einmal tauchten sie in einer Herde sogar auf einer Autobahn auf oder sie saßen völlig ruhig in einem nicht beleuchteten Tunnel, wohlwissend, dass die Autofahrer schon ausweichen würden.

Nach unserem ersten Tag auf den Straßen Georgiens ging mir immer noch die Pumpe. Mein Mann sah das wesentlich entspannter.

»Diese Georgier«, pflegte er zu sagen, wenn wir Augenzeugen des nächsten rasanten Überholmanövers wurden, das in der allerletzten Sekunde noch mal glimpflich ausging, »ein sehr sympathische Völkchen!«

Ich musste zugeben, dass sich mein Mann für meinen Geschmack etwas zu SCHNELL an die neuen Bedingungen angepasst hatte. Aber er hatte sichtlich Spaß – und ich wurde den Verdacht nicht los, dass für ihn auf den Straßen Georgiens der große Traum von der Teilnahme an einer halsbrecherischen Rallye endlich in Erfüllung ging.

Der kuriose Regen

Während für meinen Mann das größte Highlight unserer Reise das Autofahren zu sein schien, konnte ich mich nicht entscheiden, was mich in Georgien am meisten begeisterte. Immer wieder kam ich aus dem Staunen nicht raus, welche außergewöhnlichen Sehenswürdigkeiten dieses kleine unscheinbare Land doch zu bieten hatte, von denen ich zuvor nie etwas gehört hatte. Wie zum Beispiel die groteske alte Höhlenfestung Uplisziche in der Nähe von Stalins Geburtsort Gori. An dieser Stadt hoch oben auf einem Berg führte einst die Seidenstraße vorbei, sodass hier vor etlichen Jahrhunderten Karawanen anhielten, um mit den Bewohnern Handel zu betreiben. Schätzungen zufolge sollen in Upliziche im Mittelalter bis zu 20.000 Menschen gelebt haben.

Mühselig stiegen wir die vielen steilen Treppen empor und erkundeten die unterschiedlichen Höhlen. Obwohl die Mongolen die Stadt teilweise zerstört hatten und selbstverständlich auch der Zahn der Zeit seine sichtbaren Spuren hinterlassen hatte, konnte ich ganz deutlich die Überreste eines Wasserleitungssystems, verschiedener Weinkeller, einer Apotheke und sogar eines Theaters erkennen. Absolut spektakulär war auch der Ausblick auf die Umgebung: auf den Fluss Mtkwari, die Berge, Wälder, saftigen Wiesen, wilden Pferde ...

Und auch von der Prometheus-Höhle bei Kutaisi, die erst im Jahre 1984 entdeckt wurde, war ich schwer beeindruckt. Da wir am Eingang keine Lust hatten, eine weitere halbe Stunde extra auf eine englischsprachige Führung zu warten, schlossen wir uns kurzerhand einer georgischen Gruppe an. Doch die junge, motivierte Katarina, die die Führung leitete, übersetzte extra unseretwegen alles noch mal ins Englische – und gab sich dabei die größte Mühe, mir den Unterschied zwischen Stalaktiten, Stalagmiten und Stalagnaten zu erklären. Da ich sie nicht enttäuschen wollte, folgte ich aufmerksam ihren dezidierten Tropfstein-Ausführungen, nickte jedes Mal ganz eifrig, wenn ich das Gefühl hatte, dass ich gerade einer äußerst wichtigen Information gefolgt war, und gab mir die größte Mühe, zu vertuschen, dass ich eigentlich nur Bahnhof verstand.

Für mich war nicht zwingend wichtig, die Entstehung und Vielschichtigkeit dieser riesigen Höhle zu verstehen. Viel mehr ließ ich mich bei unserem 1.400 Meter langen, unterirdischen Gang von diesem sagenhaften Naturphänomen leiten. Bereits der erste Saal war beeindruckend. Ich konnte versteinerte Wasserfälle erkennen und skurrile Tropfsteinwände, in denen sich die unterschiedlichsten Silhouetten erahnen ließen. Ähnlich wie in der unterirdischen Salzkathedrale in Zipaquirá in Kolumbien wurde auch hier die Höhle in verschiedenen Farb-Lichtern angestrahlt, was dem Ganzen eine noch mystischere Atmosphäre verlieh.

»Siehst du da oben den Stein? Erkennst du die Form?«, fragte mich Katarina.

Ich überlegte kurz und konnte es plötzlich ganz klar erkennen. Es war die Landkarte von Georgien. »Ja, absoluter Wahnsinn«, antwortete ich etwas wortkarg angesichts dieses unterirdischen Naturspektakels. In den weiteren Sälen zeigte mir Katarina noch andere Steine, die in der Form eines Elefanten, Pferdes, Affen oder einer Frau waren. Ich nickte jedes Mal und musste dabei aufpassen, dass ich vor lauter Staunen nicht mit offenem Mund stehenblieb.

Zum Abschluss entschieden wir uns, noch eine Bootstour zu machen. Am Ufer des unterirdischen Flusses wartete bereits ein schwach beleuchtetes Boot. Bevor wir einstiegen, bekamen wir noch Helme in die Hand gedrückt. Ich fragte mich, ob es wirklich notwendig war, diese aufzusetzen. Doch nachdem das Boot durch das tiefschwarze Wasser glitt, wurde mir schnell klar, dass das keine übertriebene Vorsichtsmaßnahme war. Immer wieder wurde das leise monotone Plätschern der Paddel auf der Wasseroberfläche von einem lauten, warnenden »Heeeaad« unterbrochen. Dann mussten sich alle Bootsinsassen tief ducken, um einer niedrigen Steindecke auszuweichen. Als wir dann langsam Richtung Höhlenausgang fuhren und am Ende wieder Tageslicht erblickten, kam es uns so vor, als ob wir in eine ganz andere Welt glitten, an deren grelle Helligkeit sich unsere Augen erst mal gewöhnen mussten.

***

Doch das größte Highlight war für mich die atemberaubende Landschaft des Großen Kaukasus in Swanetien an der russischen Grenze. Je höher wir die Serpentine Richtung Mestia hochfuhren, desto aufgeregter wurde ich. Obwohl mir bei den schwindelerregenden Abhängen ganz schön mulmig zumute war, konnte ich es kaum erwarten, endlich die schneebedeckten Bergkuppeln in der Ferne zu erblicken. Denn für mich als Nordlicht war ja der heimische Süllberg in Blankenese an der Elbe mit seinen 75 Metern schon hoch.

Die Fahrt in den Großen Kaukasus war schon ziemlich abenteuerlich. Zum Glück hatten die Autofahrer auf der Straße, die kilometerlang eher eine Schotterpiste mit Schlaglöchern war, ihren Fahrstil den gegebenen Umständen angepasst, sodass mir nicht immer das Herz in die Hose rutschte, wenn wir überholt wurden oder uns auf der schmalen Piste ein stinkender Lada entgegenkam. So konnte ich mich mehr auf die umliegende Landschaft konzentrieren, die immer ursprünglicher wurde. Wir fuhren an weiten, blumenbedeckten Graslandschaften, dichten Wäldern und tiefen Schluchten vorbei. Am Wegesrand standen zahlreiche Bienenstöcke, um die herum Tausende von Bienen summten. Wir sahen verwilderte Hausschweine, Pferde und natürlich eine Menge Kühe. Wir machten Halt in einem kleinen Lokal, wo eine herzliche alte Frau deftigen Eintopf servierte, und als ich nach dem Essen auf die Toilette ging, konnte ich zuerst meinen Augen kaum trauen. Auf ein Plumpsklo war ich ja eingestellt. Aber dieses war schon etwas wagemutig, denn es stand direkt am Bergabhang. Zuerst traute ich mich nicht, reinzugehen – und mein Zögern wurde von mindestens zehn Männern mit einem breiten Grinsen beobachtet. Weil ich aber dringend musste, ging ich todesmutig rein. Ich schloss die Tür hinter mir, sah mich um, warf einen Blick ins Plumpsklo rein und konnte gleich erkennen, dass es *sehr, sehr* tief hinunterging. Ob diese Konstruktion wirklich sicher war? Mit einem flauen Gefühl im Bauch verrichtete ich so schnell wie möglich mein kleines Geschäft und konnte es kaum erwarten, diese fragwürdige Toilettenkonstruktion heil zu verlassen.

Wir fuhren weiter, passierten kleine urige Bergdörfer und sahen Kinder, die im Bach badeten. Der Trubel der nächsten größeren Stadt lag weit, weit hinter uns, und vor uns erstreckte sich eine Welt, die schon wieder ganz anders war. Idyllisch, ursprünglich, traditionell – wie vor 50 Jahren.

Und plötzlich, hinter der nächsten Kurve, konnte ich sie sehen, die vielfach gefalteten Berge mit ihren schroffen, schneebedeckten Gipfeln, die teilweise sogar über 5.000 Meter hoch waren. Ich hätte bei dem Anblick sofort in Tränen ausbrechen können, und obwohl ich mich mit den schwindelerregenden Abhängen immer noch nicht so recht angefreundet hatte, musste ich sofort aus dem Auto steigen.

***

Das mittelalterliche Dorf Mestia in unmittelbarer Nähe zu Russland war bereits seit einigen Jahren kein verstecktes, geheimes Paradies mehr. Im Gegenteil: Viele Einwohner hatten sich mittlerweile voll und ganz auf den Wandertourismus im Sommer und die Skisaison im Winter eingestellt. Die einstige Idylle musste zahlreichen Baustellen und Großprojekten weichen. Ich hatte vorab gelesen gehabt, dass für den Bau des kleinen Flugplatzes, des Skihanges, des Sessellifts sowie einiger Hotels viele Bauern enteignet wurden. Da ihnen die Besitzurkunden für ihren eigenen Hof schlichtweg fehlten, weil es früher üblich war, den Erwerb eines Grundstückes per Handschlag zu bestätigen, wurden sie einfach von ihrem Land vertrieben. Dieses Wissen verursachte in mir ein mulmiges Gefühl. Die Enteignung der Bauern und Familien war eine Schattenseite des Tourismus in Mestia. Und dennoch erzählte mir ein älterer Mann, dass dieser den Einwohnern auch viele Vorteile gebracht hat. Nicht nur eine lukrative Einnahmequelle für das Dorf, sondern auch eine passable Infrastruktur und den Anschluss an eine moderne Welt.

Das Thema beschäftigte mich noch lange. War der Tourismus nun gut oder schlecht für diese Region mit ihrer atemberaubenden Landschaft. Es war mir nicht möglich, eine zufriedenstellende Antwort auf diese Fragestellung zu finden. Die Wahrheit lag wohl – wie so oft – irgendwo in der Mitte.

Ich konnte mich nicht sattsehen. Der Anblick der Berge wirkte fast schon hypnotisierend auf mich. Eigentlich hatte ich früher gedacht, dass ich eher der Strand-&-Meer-Typ als der Bergliebhaber war. Doch ich habe während meiner Reisen gemerkt, was für eine ungemeine Faszination die Berge auf mich ausüben. Immer wieder dachte ich, dass hier oben die Welt noch in Ordnung sei und dass solche Orte perfekt dafür geeignet waren, um wieder einen klaren Kopf zu bekommen.

Am liebsten hätte ich meinen Rucksack gepackt und wäre tagelang wandern gegangen. Doch das war mit einem dreijährigen Kind natürlich nicht möglich. So unternahmen wir ein paar kurze Wanderungen, erfreuten uns an der malerischen Landschaft, dem strahlendblauen Himmel mit seinen weißen Wattewolken, die schon fast so wirkten, als ob sie eine künstlich erstellte Attrappe seien, grüßten die Bauern, die einsam in den Bergen lebten, und beobachteten die unterschiedlichsten Tiere. Was für eine Welt! Dem Himmel so nah und dem Alltagstrott so fern.

Doch während ich auf unserer Wanderung meine Gedanken schweifen ließ, merkte ich gar nicht, wie sich von einer Sekunde auf die andere der Himmel zugezogen hatte. Der strahlendblaue Himmel verwandelte sich in eine bedrohlich wirkende, wolkenbehangene, tiefschwarze Kulisse. Gleich würde ein extremes Gewitter aufziehen. Das war uns sofort bewusst. Wenn wir noch trocken zu unserer Unterkunft kommen wollten, mussten wir uns definitiv sputen. So liefen wir schnellen Schrittes zurück, und aus der Ferne hörten wir es bereits heftig donnern. Erst ein Donner. Dann kam ein starker Wind auf, gefolgt von einem zweiten und dritten Donner. Und kurz nachdem wir unsere Unterkunft erreicht hatten, fing auch der Regen an.

Ich ging auf den Hof und traute meinen Augen kaum in Anbetracht des Naturspektakels, das sich mir darbot: Ich konnte genau erkennen, dass es auf der einen Hälfte des Hofes kräftig regnete und dass auf der anderen Hälfte die Sonne schien. Wie konnte das sein? Ich schnappte mir einen Kaffee, setzte mich in den Liegestuhl, der auf der Sonnenseite stand, und beobachtete den Regenfall knapp einen Meter von mir entfernt. Ich ging davon aus, dass die bedrohliche Wolke gleich wieder weiterziehen würde. Doch ich hatte mich geirrt. Das Wetter und die Wolken schienen im wilden Kaukasus ihren eigenen Regeln zu folgen. Ich lehnte mich also in meinem Liegestuhl zurück und ließ mir die Sonne auf die Nase scheinen, während es um mich herum wie aus Eimern schüttete.

Nach einer guten Stunde ließ der Regen nach. Obwohl ich die ganze Zeit über draußen war, hatte ich keinen einzigen Tropfen abbekomme. Für mich glich das einem Wunder. Die Mitarbeiterin der Unterkunft erzählte mir jedoch, dass so ein Phänomen öfters in dieser Region vorkam. Und während ich mich noch ein wenig mit ihr über die extremen Wetterumschwünge und die unberechenbaren Launen des Himmels in dieser Region unterhielt, sah ich in der Ferne einen prächtigen Regenbogen, der sich über den schneebedeckten Berggipfel erstreckte.

Offroad durch die Halbwüste

»Ups, hier endet ja die Straße.« Wir befanden uns in der Halbwüste im äußersten Osten des Landes und waren auf dem Weg zu Dawit Garedscha, dem ältesten Kloster Georgiens. Der Wind pustete brennend heiße Luft durchs offene Fenster. Ich hatte vorher bereits gelesen, dass der Weg dahin sehr schlecht war und über eine unbefestigte Schotterpiste führen sollte. Insgeheim hatte ich aber gehofft, dass wir so lange wie möglich auf einer geteerten Straße fahren könnten. Doch hier war eindeutig Schluss, und wir standen vor dem nächsten großen Abenteuer: offroad durch die Halbwüste.

»Meinst du, unser Auto schafft das?«, fragte ich meinen Mann skeptisch.

»Keine Ahnung«, entgegnete er achselzuckend.

Mehrere Minuten schauten wir beide in die Ferne und versuchten das Risiko einer Autopanne realistisch einzuschätzen. Aber so hoch es uns auch erschien, wir waren uns schnell einig, dass wir es trotzdem versuchen wollten.

Entschlossen trat mein Mann das Gaspedal durch und blieb bereits nach wenigen Metern ruckartig stecken. Der Wagen bewegte sich keinen Zentimeter mehr nach vorne. Also Rückwärtsgang – und noch mal Vollgas. Wir blieben erneut stecken. Ich hörte, wie die Räder bedrohlich ächzten. *Sollte unser abenteuerlicher Trip hier bereits zu Ende sein?* Auf keinen Fall! Beim fünften Mal schafften wir es und fuhren endlich weiter. Die unbefestigte Schotterpiste wurde nach ein paar Kilometern zu einer Sandpiste und mündete bald in einem holperigen Acker. Das Thermometer stieg an. Es wurde immer heißer und heißer. Auch die Landschaft um uns herum wurde immer trockener und karger. Ich schloss die Fenster und drehte die Klimaanlage voll auf. Draußen flirrte die Luft. Zum Glück hatten wir genug Wasser dabei. Bereits beim Gedanken, in dieser Gegend ohne ausreichend Wasser zu sein, spürte ich, wie meine Kehle sofort austrocknete und anfing zu kratzen. Und auch die Vorstellung, hier ohne Benzin zu sein, glich einem Alptraum. Wie gut, dass ich auf dem Hinweg noch keine Ahnung hatte, dass uns tatsächlich noch das Benzin ausgehen sollte ...

Ich schaute auf mein Handy. Kein Empfang. Weit und breit keine Menschenseele. Nur ab und zu begegneten wir vereinzelten Autos, die sich ebenfalls für das gleiche wagemutige Abenteuer entschieden hatten wie wir. Allerdings waren die anderen im Gegensatz zu uns mit einem Jeep unterwegs. Wir nur mit einem SUV.

»Warum haben wir nicht auch einen Jeep gemietet?«, fluchte mein Mann.

»Weil ein Jeep zu teuer war«, entgegnete ich ihm trocken.

Damit war unsere Diskussion beendet. Ich spürte, dass mein Mann mich noch eine Weile innerlich verfluchte, weil ich auf unseren Reisen andauernd auf die Kostenbremse trat. Doch sein Ärger verflog ziemlich schnell. Denn plötzlich sahen wir, wie ein Jeep vor uns, auf einem Berg stecken blieb. Dementsprechend entschieden wir uns für einen anderen Weg und sahen aus dem Augenwinkel, wie das andere Auto wieder rückwärts den Berg runterfuhr. Glück gehabt! Ein Gefühl von Angst und Unsicherheit kam in mir hoch. Was würden wir tun, wenn wir steckenblieben? Hier, mitten in der Halbwüste, wo weit und breit karge Einsamkeit herrschte. Doch meine Angst verflog wieder schnell. Denn die Neugier und die Abenteuerlust waren einfach größer.

Von Abbiegung zu Abbiegung wurde der Weg schlechter. Wir wurden immer unsicherer, ob wir wirklich richtig waren, und an zahlreichen Stellen dachten wir, dass es unser Auto nicht schaffen würde und wir notgedrungen umkehren müssten. Doch langsam kamen wir voran und drangen immer weiter in die georgische Steppe hinein. Wir durchquerten eine meterhohe Schlammfurche und fuhren gradewegs auf den Grenzstrich Aserbaidschans zu. Nur ein paar hundert Meter trennten uns von dem Nachbarland im Osten.

Irgendwann kam endlich das langersehnte Schild: David Gareja, 3 Kilometer. Wir waren also kurz vorm Ziel. Die restlichen holperigen Kilometer brachten wir auch noch hinter uns, und als wir unseren SUV am Parkplatz abstellten, wunderten wir uns über die erhebliche Anzahl der Autos. Mir fiel sofort ein alter roter Lada auf. Das war doch unmöglich, oder? Kopfschüttelnd musterte ich das museumsreife Auto und kam zu dem Entschluss, dass diese alten Kisten doch um einiges zäher sein mussten, als wir Westeuropäer immer annahmen.

Das georgisch-orthodoxe Kloster aus dem 6. Jahrhundert lag auf einem hohen Berg. Wir erkundeten einige Felshöhlen, bewunderten auf den Wänden kunstvolle Fresken, besuchten das Kloster, von dem aus man einen spektakulären Blick hatte, und in einer Höhlenkirche zündete ich eine Kerze an. Während Mann und Kind im Hof umherrannten, blieb ich ganz bedacht stehen. Ich schaute mir die vielen Heiligenbilder an und fragte mich, wie es sich anfühlen musste, an so einem weit entfernten Ort zu leben. Nahezu am Ende der Welt ... Doch meine beiden Männer ließen mir nicht mehr Zeit für langatmige Gedanken. Sie hatten beide Hummeln im Hintern und wollten weiter.

Wir schafften es gerade noch rechtzeitig aus dem Kloster, bevor ein großer Reisebus voll mit niederländischen Rentnern kam. *Wie hatte es bloß dieser Reisebus durch die Halbwüste geschafft?* Noch so ein Mysterium, auf das ich so gar keine plausible Antwort wusste. Ich sah zu, wie die Rentner mit hochroten Köpfen ihre Wasserflaschen füllten, ihre Wanderschuhe noch fester schnürten und entschlossen losliefen.

∗∗∗

»Ich habe schlechte Nachrichten«, sagte mein Mann plötzlich auf dem Rückweg.

»Welche denn?«, fragte ich etwas verdutzt.

»Schau mal unsere Tankanzeige an. Wir fahren bereits auf Reserve.«

Ups, wie konnte das denn passieren? Auf dem Hinweg hatte ich noch gedacht, dass man ja richtig doof und lebensmüde sein musste, wenn man nicht mit ausreichend Benzin in die Halbwüste fuhr. Jetzt waren wir die Blöden. Zwar waren wir mit einem gut gefüllten Tank losgefahren, allerdings hatten wir auf dem schlechten Untergrund und mit voll aufgedrehter Klimaanlage natürlich viel mehr Benzin verbraucht als unter normalen Umständen.

Das Zittern und Bangen begann. Keine Menschenseele weit und breit. Ich blickte immer wieder auf mein Handy. Kein Empfang. Wir stellten die Klimaanlage aus und kurbelten alle Fenster runter. Die Luft war immer noch brennend heiß. Bloß nicht stehen bleiben, betete ich inbrünstig.

Als wir uns nach einer halben Stunde langsam der Zivilisation näherten, waren wir uns einig, dass wir einen anderen Weg zurückfahren müssten. Denn bis zur nächsten Ortschaft würden wir es auf keinen Fall schaffen. Wir fuhren in die andere Richtung, fuhren durch einen ganz kleinen Ort, doch weit und breit war keine Tankstelle in Sicht. Wir mussten weiter, und mit Ach und Krach schafften wir es tatsächlich noch bis zu einer anderen Ortschaft. Mir fiel ein Felsbrocken vom Herzen, als ich vereinzelt wieder Menschen auf der Straße sah. Juhu, wir waren aus der Halbwüste raus.

Ein paar Minuten später wurden wir von unserem Bangen erlöst. Wie sehr man sich doch über ein Tankstellenschild freuen kann. Ich klopfte mir noch den zähen Staub der Halbwüste von den Ärmeln, lächelte aus vollem Herzen den Tankwart an und sagte: »*Full, please.*«

12. KAPITEL

Maybe it's not about happy ending. Maybe it's about the story.

(Unbekannt)

Der wilde Osten

Ich lag im Nachtzug nach Kiew und konnte nicht schlafen. Das lag nicht zwingend daran, dass der Zug aus den guten alten Sowjetzeiten ungemütlich war und ich mir mein Abteil mit drei Männern teilte, die sich bis auf die Unterhose ausgezogen hatten und jetzt auf ihrer Pritsche schnarchten. Viel mehr lag es daran, dass ich in den vergangenen zwei Wochen eine Menge erlebt und viele Begegnungen zu verarbeiten hatte.

Gemeinsam mit meinem Sohn und meinem Mann hatte ich meinen 40. Geburtstag bei 13 Grad und Regen in Warschau verbracht, während es zu Hause wonnige 31 Grad und strahlend blauer Himmel waren. Zuerst war ich ganz schön knatschig, da ich mich an meinem Ehrentag auf einen herrlichen, chilligen Sommerspaziergang durch Polens Hauptstadt gefreut hatte. Natürlich in Flipflops, leichter Kleidung und mit einem erfrischenden Cocktail in der Hand. Stattdessen war ich wie eine Besessene durchs Shoppingcenter gerannt, um eine warme Jacke zu suchen, und war kurz davor, mir an der Weichsel einen Glühwein zu kaufen. Doch im Laufe des Tages fand ich mich mit den herbstlichen Temperaturen ab und versuchte, meinem Motto »*besser unterwegs als zu Hause*« treu zu bleiben. Denn ich freute mich bereits auf das tolle Geschenk, das mich im Anschluss an Warschau erwartete: neun Tage ganz allein auf Reisen! Ohne Kind. Nur ich. Ein Wahnsinnsgefühl!

Ich hatte dieser Reise wochenlang entgegengefiebert – und es fühlte sich für mich an, wie in meiner Schulzeit, als die Sommerferien kurz bevorstanden und einem die Welt und viele neue Türen offen standen. Freiheit. Abenteuer. Und Leichtigkeit.

Ich hatte mich entschieden, meinen Solo-Trip in die Ukraine zu machen. Denn seit meiner Begegnung mit Tatiana, damals in Bulgarien, musste ich oft an das Versprechen denken, das sie mir damals abgeluchst hatte. Ich hatte ihr doch versprochen, dass ich mal in die Ukraine reisen würde, damit ich abgesehen von Tschernobyl, den gewaltvollen Auseinandersetzungen auf dem Maidan und den Klitschko-Brüdern mehr über ihr Heimatland erfahren würde. Und ich musste zugeben, dass ich mich riesig auf meine bevorstehende Reise in den wilden Osten gefreut hatte.

Vielleicht sogar ein wenig zu doll, denn vor lauter Aufregung hatte ich tatsächlich meinen kleinen Koffer auf dem Weg in die Ukraine am Warschauer Hauptbahnhof stehen lassen. Inklusive Laptop, Kamera, Reisepass und Kreditkarten. Da ich es überhaupt nicht gewohnt war, mit einem Koffer zu reisen, weil ich ja ansonsten ausschließlich mit einem Rucksack unterwegs war, hatte ich erst mal auch nichts vermisst. Gemütlich, mit einem Kaffee in der Hand war ich zum Bahngleis geschlendert und hatte dann plötzlich innegehalten. Ein merkwürdiges Gefühl hatte mich beschlichen … *Da war doch etwas. Oder besser gesagt: Da fehlte doch etwas …* Mein Herz rutschte einige Stockwerke runter, als ich realisierte, dass ich meinen kleinen Koffer mit meinem ganzen Hab und Gut einfach hatte stehen lassen. PANIK! Ganz GROSSE Panik kam in mir auf! Denn in jenem Moment war ich mir sicher, dass mein Ukraine-Abenteuer bereits zu Ende war, bevor es überhaupt begonnen hatte. *Oh Mann,* wie sehr ich mir in jenem Moment gewünscht hätte, so schnell wie der jamaikanische Sprinter Usain Bolt zu sein, der 100 Meter in 9,76 Sekunden schafft. Ich gab Hackengas, rannte los. Ein Stockwerk, das nächste Stockwerk, Terminator-Blick durch die gesamte Bahnhofshalle, und ganz weit hinten konnte ich ihn tatsächlich erblicken: meinen kleinen Koffer, den ich vor 20 Minuten einfach vorm Bäcker hatte stehen lassen. Als ich ihn erreichte, war die fünfköpfige Truppe an Security-Leuten mit bedrohlichen Waffen, die sicherlich eine Bombe in dem kleinen grauen Etwas vermuteten, keine zehn Meter mehr entfernt. Mir war klar, dass ich jetzt schnell und vor allem richtig handeln musste. Also legte ich mein unschuldigstes Lächeln auf, stammelte etwas von »*I completely forgot*«, schnappte mir meinen Koffer, nutzte das Überraschungsmoment, da ich die Security mit großer Wahrscheinlichkeit ein wenig überrumpelt hatte. Ohne eine Reaktion von den Männern abzuwarten, ließ ich sie unverrichteter Dinge stehen und rannte einfach los, um noch in letzter Sekunde meinen Zug Richtung Ukraine zu erwischen. Puh!

Im Zug musste ich mir eingestehen, dass das gerade für meine mittlerweile 40-jährigen Nerven etwas zu viel Reiseabenteuer war. Ich zitterte am ganzen Körper, und mir wurde immer noch schlecht bei dem Gedanken, wie es weitergegangen wäre, wenn mein Koffer mit meinen ganzen Sachen weggewesen wäre. Oder noch schlimmer, wenn sie meinetwegen den Warschauer Hauptbahnhof gesperrt hätten ...

Von meinem Schock erholen konnte ich mich auf der Zugfahrt in die Ukraine allerdings nicht, denn mich erwartete bereits die nächste Odyssee. Der Zug hatte Verspätung, man versprach mir hoch und heilig, dass der ukrainische Zug nach Lwiw am Grenzübergangsort Przemyśl warten würde, doch noch bevor ich mich dort am Bahnsteig orientieren konnte, rief mir ein Mitarbeiter bereits hektisch »*street, street*« zu. Ich hatte gar keine Ahnung, fragte noch mal nach und merkte, dass ich in der polnischen Dorf-Realität angekommen war, in der keiner Englisch sprach. Mit einer Menschenmasse rannte ich daraufhin zur Straße, fragte wild umher, wie ich weiter ins ukrainische Lwiw käme, bis jemand auf einen kleinen Bus zeigte. Hoffnungsvoll zeigte ich dem Busfahrer mein Zugticket nach Lwiw, der schaute mich verdutzt an, murmelte etwas auf Polnisch, biss in sein Fleischwurstbrötchen mit Krautsalat und wies mich an, dass ich mich reinsetzen sollte. Ich hatte die Hoffnung, dass er uns vielleicht zu einem anderen Bahnhof oder zur nächsten Station bringen würde, wo wir noch in den Zug nach Lwiw steigen konnten. Nach ein paar Kilometern musste ich meinen naiven Wunsch allerdings begraben. Laut Straßenschildern näherten wir uns zumindest der ukrainischen Grenze. *Auch okay!* Also ging ich zu Fuß über die Grenze, vorbei an einem nicht enden wollenden Zaun, an dem ich beobachtete, wie Menschen durch große Löcher im Drahtseil hindurchhuschten. Aus dem Augenwinkel beobachtete ich etwas argwöhnisch das Geschehen und konnte mir so gar keinen Reim darauf machen, warum sie das taten. Ich beschloss, dass es besser wäre, sie dabei nicht zu stören, ging brav an ihnen vorbei, tat so, als ob ich nichts Illegales bemerken würde, und erreichte schlussendlich den Schalter einer mürrischen ukrainischen Grenzbeamtin, der ich freudestrahlend meinen kurz zuvor am Warschauer Hauptbahnhof geretteten Reisepass entgegenhielt. Sie schaute mich lange und mit einem durchdringenden Blick an, als ob sie all meine biometrischen Merkmale selbst erfassen wollte. Sie musterte mich so lange, bis ich fast schon ins Grübeln kam, ob ich irgendetwas ausgefressen hatte. Eingeschüchtert versuchte ich, ihrem Blick freundlich standzuhalten, und war erleichtert, als der lang ersehnte Stempel mit einem lauten Rums in meinem Pass landete. Ich hatte es geschafft und durfte endlich offiziell die Ukraine betreten.

Tatiana hatte keineswegs übertrieben mit ihrem Loblied an ihr Heimatland. Und obwohl ich nur spärlich begründen konnte, warum, spürte ich sofort, wie mich die Ukraine in ihren Bann zog. Die Fahrt nach Lwiw und dann weiter zu meiner Unterkunft gestaltete sich zwar etwas kompliziert, aber eine holprige Busfahrt und zwei Straßenbahnen später erreichte ich dann endlich mein Ziel. Ich muss zugeben, dass ich ziemlich überrascht war, wie europäisch diese Stadt anmutete und wie sehr sie mich doch an Krakau – oder auch Budapest und Prag in einer kleineren Version erinnerte. Von der Ukraine hatte ich immer ein ganz anderes Bild gehabt. Irgendwie trist, grau, bedrückend, mit ein paar orthodoxen Kirchen halt. Dass die Ukraine aber so pulsierend, vielfältig und beeindruckend ist, hatte ich beim besten Willen nicht gedacht. Ich fühlte mich von Lwiw sofort umgehauen – von der Fülle an Sehenswürdigkeiten, malerischen Gassen, wunderschönen Häusern in sämtlichen Baustilen der vergangenen Jahrhunderte, urigen Kaffeehäusern im traditionellen Stil, in denen armenischer Kaffee auf heißem Lavasand zubereitet wurde, und der besonderen expressiven Individualität. Und auch die Einwohner Lwiws brachten mich des Öfteren ordentlich zum Staunen. An kleinen Ständen verkauften sie Toilettenpapier und Fußmatten mit Putins Abbild, in einem Hinterhof entdeckte ich einen Friedhof der vergessenen Kuscheltiere, in einem anderen Hinterhof schaute ich mir eine beachtliche Sammlung an sowjetischen Bildern und Waffen an, auf der Dachterrasse einer Bar trank ich ein Bier neben einem Trabi, und dann gab es noch die vielen Themenrestaurants, die ein wenig eigenwillig waren. Im Katzenrestaurant konnte man nicht nur eine abstruse Sammlung an Porzellankatzen bewundern, sondern auch mit zahlreichen frei laufenden Katzen seinen Pfannkuchen teilen. Oder man konnte in einem anderen Restaurant seine Getränke aus Reagenzgläsern trinken. Beim Entdecken dieser Stadt, die in meinem Freundeskreis kaum jemand kannte, musste ich ständig an Tatiana denken. Wie recht sie doch hatte: Die Ukraine hatte sehr viel zu bieten. Ich war so froh, dass sie mir damals das Versprechen abgenommen hatte, denn ohne sie wäre ich mit Sicherheit nie auf die Idee gekommen, hierherzureisen.

***

An meinem letzten Abend in Lwiw wollte ich mich gerade auf den Nachhauseweg zu meiner Unterkunft machen, als mir noch eine weitere Skurrilität einfiel, die ich unbedingt mit eigenen Augen sehen wollte.

Ich hatte ein YouTube-Video über eine geheime Bar gesehen, in die man nur mit einem Passwort reinkam. Diese unterirdische Bunker-Bar sollte sich irgendwo hier im Zentrum befinden. Und da ich mir für meine Ukraine-Reise vorgenommen hatte, hin und wieder Dinge zu tun, die ich gemeinsam mit meinem Sohn nicht tun konnte, beschloss ich, für einen Absacker diese geheime Bar aufzusuchen – ohne natürlich die genaue Adresse oder das Passwort zu kennen. Ich rannte also um den Platz herum, und nach ein paar Minuten fiel mir ein dunkler Eingang auf, der zu einem unscheinbaren Haus führte. Das musste die Bar sein. Plötzlich öffnete ein paar Meter von mir entfernt ein Soldat mit einem langen grauen Bart und einer Kalaschnikow in der Hand eine große schwere Holztür, ließ eine kleine Gruppe an Leuten rein und verriegelte sie wieder. Jetzt war ich mir sicher, dass ich die geheime unterirdische Bar gefunden hatte, aber wie lautete wohl das Passwort? Ich schaute mich um und wandte mich spontan an die drei Frauen hinter mir.

»*English?*«, fragte ich sie hoffnungsvoll.

»*Nie angielski. Polski!*«, antworteten sie wie aus einem Munde.

Irgendwie schafften wir es dennoch, uns zu verständigen, und sie kannten sogar das Passwort: слава украïні – Ruhm der Ukraine.

»слава украïні! слава украïні!«, wie ein Mantra wiederholte ich das Passwort. Immer wieder. Als ob es um mein Leben ging, strengte ich mich an, es bloß nicht zu vergessen. Kurze Zeit später kam mein großer Auftritt. Der Soldat mit dem zotteligen grauen Bart öffnete erneut die große schwere Holztür und schaute mich mit einem argwöhnischen, angsteinflößenden Blick an. Er wollte wissen, mit wem ich da sei. Spontan zeigte ich auf die drei polnischen Frauen hinter mir, die freudestrahlend nickten. Gemeinsam gingen wir in einen kleinen Vorraum. Die große schwere Tür wurde wieder verschlossen, und dann wurde ich mit finsterer Miene nach dem Passwort gefragt. »слава украïні!«, stammelte ich stolz. Im Nu verwandelte sich der strenge Gesichtsausdruck des Soldaten mit der Kalaschnikow in der Hand in ein breites Lachen, er schenkte uns Schnäpse ein und befahl, diese in einem Zug auszutrinken. Erst dann öffnete er einen schweren schwarzen Vorhang, und wir durften endlich das gelobte Land betreten. Wir gingen eine schmale Treppe tief in die Unterwelt hinunter und staunten nicht schlecht über die vielen Kalaschnikows und Handgranaten an der Wand, die Partisanen, die an den Tischen bedienten, das zünftige Essen, das man im Campinggeschirr servierte – und ich wurde das Gefühl nicht los, dass jedes russische Wort hier umgehend mit der Todesstrafe bestraft werden würde. Ich musste ein wenig schmunzeln, denn ich fand, dass die Ukrainer durch diesen Umgang mit ihrer Historie durchaus Humor bewiesen.

Die drei Polinnen und ich verbrachten gemeinsam einen wunderbaren, witzigen Abend, obwohl sie kein Englisch sprachen und meine Polnischkenntnisse sich nur auf ein paar Wörter begrenzten. Aber mit Händen und Füßen und einigen lustigen polnischen Trinksprüchen klappte unsere Kommunikation erstaunlicherweise ziemlich gut – und spätestens als wir alle unsere Handys auf den Tisch legten, um Fotos von unseren Kindern und gar Enkelkindern zu zeigen, verstanden wir uns prächtig.

Für den kleinen Hunger zwischendurch brachte der Partisanen-Kellner ein Holzbrett mit Brot und rohen Zwiebeln und schnitt dicke Scheiben von einer weiß-bräunlichen Masse ab. Ich hatte es fälschlicherweise für Käse gehalten und biss herzhaft in mein dick belegtes Brot rein. Doch prompt musste ich feststellen, dass das vermeintliche Käsebrot irgendwie anderes schmeckte. Fragend schaute ich die drei Frauen an, und mit grunzenden Lauten erklärten sie mir, dass es pures Schweineschmalz war. Als ich verstand, überlegte ich, ob ich nicht gleich würgen musste. *Schmalz?* Ich erinnerte mich, dass ich zuletzt vor sehr, sehr vielen Jahren Schmalz gegessen hatte – und zwar bei meiner Uroma als kleines Mädchen –, und ich wusste noch genau, dass ich mich damals übergeben musste. Doch als ich ein zweites Mal – zaghafter – in mein Schmalzbrot biss, musste ich mir eingestehen, dass es gar nicht so schlecht schmeckte. Im Gegenteil, gemeinsam mit dem würzigen Bier und der passenden unterirdischen Bunker-Revolutions-Atmosphäre schmeckte es sogar ziemlich gut.

Drahtseilakt, 2. Teil

Der Nachtzug nach Kiew ratterte laut. Von meiner Pritsche oben konnte ich sehen, wie alle im Abteil fest schliefen. Ich blickte auf mein Handy. Es war 0:27 Uhr. In knapp sechs Stunden würde ich in der Hauptstadt der Ukraine ankommen. In der Heimatstadt von Tatiana. Ich konnte immer noch nicht einschlafen, denn immer wieder kam mir mein Horror-Brücken-Erlebnis mitten in der ukrainischen Wildnis in den Sinn. Sofort konnte ich wieder den Pudding in meinen Beinen spüren, als ich mich an die größte Mutprobe meines Lebens erinnerte, die ich erst vor ein paar Tagen in den Karpaten absolviert hatte. Die verrostete, vermoderte Brücke aus den glorreichen, längst vergangenen Sowjetzeiten. Die Brücke mit den losen Holzbrettern. Nur bei dem Gedanken, wie ich sie Schuhlänge um Schuhlänge überquere, wurde mir wieder ganz übel. Es war mir immer noch ein Rätsel, woher ich diese Entschlossenheit genommen hatte. *Ausgerechnet ich! Der absolute Schisser, der an panischer Höhenangst leidet.* Aber es war genau dieser Moment, in dem ich gedacht hatte *jetzt oder nie!*

Ich schmunzelte, denn ich war mir sicher, dass ich die Geschichte von der Horror-Brücke – die ich dank Google Maps erleben durfte – noch sehr oft erzählen würde. Sicherlich würde ich irgendwann auch meine Enkelkinder damit nerven. Denn auch meine weitere Wanderung zu den Dowbusch-Felsen war ein kleines Abenteuer für sich gewesen ...

Obwohl die Landschaft der Wald-Karpaten, die zu den letzten Urwäldern Europas gehören, wirklich phänomenal schön ist, konnte ich irgendwann nur noch an meine schmerzenden Füße und die aufgeplatzten

Blasen unter meinen Zehen denken. Nachdem ich die Brücke überquert hatte, verwandelte sich mein anfängliches Auf-rosaroten-Wolken-schweben-Gefühl schnell in ein Welcher-Teufel-hat-dich-bloß-geritten-Wehklagen. Ich musste mir eingestehen, dass ich mich mit den 20 Kilometern zu den Dowbusch-Felsen im Urwald überschätzt hatte. Aber wie war es noch mal mit dem *Point of no return?*

Ich lief und lief und verfiel irgendwann in einen regelrechten Trancezustand. Immer wieder blickte ich auf mein Handy, um die verbleibenden Kilometer runterzuzählen. 8, Kilometer. 7,1 Kilometer. 5,9 Kilometer. Die Wanderung wollte einfach nicht enden. Triumphierend nahm ich irgendwann die Zahl eins auf meinem Handy wahr. Ich hätte vor Freude anfangen können zu tanzen – vorausgesetzt ich hätte dazu noch die notwendige Energie gehabt – als ich dachte, dass ich nur noch einen Kilometer bis zu den Dowbusch-Felsen bewältigen musste. *Doch Moment mal!* Ich blickte erneut auf mein Handy und musste feststellen, dass ich mich in meinem ganzen Wanderwahn getäuscht hatte. Es war nicht EIN Kilometer, sondern noch EINE Stunde bis zum Ziel.

Mürrisch lief ich weiter, und als tatsächlich nur noch ein paar Hundert Meter bis zu den lang ersehnten Dowbusch-Felsen vor mir lagen, fiel mir urplötzlich ein, dass es hier im Waldgebiet der Karpaten ja sogar Braunbären geben sollte. Bei dem Gedanken wurde mir ganz bange – und so wurde ich auf den letzten Metern zusätzlich von der vehementen Angst verfolgt, dass ich gleich neben dem nächsten Nadelbaum meine erste Begegnung mit einem ausgehungerten Braunbären machen würde.

Doch der Anblick der Dowbusch-Felsen, auch bekannt unter dem Namen »Stonehenge der Ukraine«, ließ mich sofort all die Gedanken an Braunbären, Strapazen, schmerzende Füße, aufgeplatzte Blasen und wackelige Horror-Brücken vergessen. Eine riesige Felsformation erhob sich vor mir gen Himmel. Ich konnte in diesen Felsen, die über 70 Millionen Jahre alt waren, klar und deutlich Tierfiguren und verschiedene Gesichter erkennen. Der Legende nach soll sich hier einst Oleksa Dowbusch – der Robin Hood der Karpaten – versteckt und eigenhändig mit einer einfachen Axt ein über zwei Kilometer langes Tunnelsystem gebaut haben.

Ich war überwältigt von diesem Ort, doch viel Zeit zum Bewundern blieb mir leider nicht. Ich blickte auf mein Handy: 18:57 Uhr, die Zeit drängte. Höchste Zeit, mir einen konkreten Plan für meine Rückkehr nach Skole zurechtzulegen. Denn den gleichen Weg zurück konnte ich nicht nehmen. Erstens würde es spätestens in zwei Stunden dunkel werden, und in der völligen Dunkelheit durch die Wildnis der Karpaten zu rennen, war sicherlich ein waghalsiges Unterfangen, dem ich definitiv nicht gewachsen war. Und dann war da ja noch die Brücke, die ich auf gar keinen Fall ein zweites Mal in meinem Leben überqueren wollte. Noch dazu im Dunkeln! Ich hatte überhaupt keine Ahnung, wie ich zurückkommen sollte. Google Maps ließ mich jetzt ebenfalls im Stich. Als ich nach einer Route zum nächsten größeren Ort suchte, blieb die Suche erfolglos. Mir war klar, dass ich möglichst schnell handeln musste, wenn ich meine Nacht nicht irgendwo im Wald verbringen wollte.

Ich setzte mich auf einen dicken Baumstamm, trank den letzten mickrigen Schluck aus meiner Wasserflasche und schaute mich um. Zum Glück war ich bei den Dowbusch-Felsen nicht ganz allein. Hinter mir nahm ich einen stämmigen Mann wahr, der mindestens zwei Meter groß war. Er erzählte etwas und mehrere Personen standen um ihn herum. Ich schloss, dass er ein Tourguide war und sprach ihn an.

»*Do you speak English*«, fragte ich ihn hoffnungsvoll. Allerdings kam das »*little*« von ihm so zögerlich, dass ich die Hoffnung, eine brauchbare Information zu erhalten, gleich wieder aufgab. Mit Händen und Füßen versuchte ich ihn zu fragen, in welche Richtung es nach Trukhaniv ging, von wo aus ich hoffentlich einen Bus nach Tyshivnytsya und dann einen weiteren nach Skole nehmen konnte. Doch plötzlich mischte sich meine Rettung in die schleppende Kommunikation ein: Piotr. Er kam aus Polen und sprach tatsächlich Englisch! Ich fühlte mich wie im siebten Himmel, als er für den Tourguide Viktor anfing zu übersetzen. Viktor wollte erst mal von mir wissen, wie ich zu den Dowbusch-Felsen gekommen war, und als Piotr ihm meine Geschichte erzählte, schaute er mich ungläubig an. Ich musste mindestens fünfmal beteuern, dass ich allein von Skole aus die 20 Kilometer durch den Wald gelaufen war.

»Aber wie hat sie denn den Weg gefunden?«, hakte Viktor skeptisch nach. »Nur die Erfahrensten kennen diesen Weg.«

Ich zeigte ihm mein Handy und erklärte ihm, dass auch Google Maps diesen Weg kannte. Daraufhin brach Viktor in ein schallendes Lachen aus, klopfte mir kräftig auf die Schulter, zollte mir damit seinen großen Respekt und versprach, sich darum zu kümmern, dass ich nach Skole zurückkomme.

***

Viktor hielt sein Versprechen. Ich durfte mit der Reisegruppe in den Bus rein, und bevor er mich an einem Busbahnhof absetzen wollte, sollte es erst mal einen Zwischenstopp in einem Restaurant geben. Ganz ehrlich: Ich hätte sofort ein halbes Schwein auf Toast essen können, so ausgehungert war ich. Statt dem Schwein gab es einen deftigen ukrainischen Eintopf und hausgebrannten Schnaps aus Baumwurzeln. Meine Lebensgeister waren also wieder geweckt – und meine Wasserflasche füllte ich an einem Brunnen auf, dessen Wasser sogar heilende Wirkung nachgesagt wurde. Anschließend brachte mich Viktor in den 40 Kilometer entfernten Ort Stryj und suchte verzweifelt nach einem Bus. Da es mittlerweile aber bereits 21 Uhr war, fuhr kaum noch ein Bus. Doch Viktor schien diese Art von Mensch zu sein, die für alle Probleme im Leben eine praktische Lösung fand. Während er von einer Marschrutka zu anderen lief, folgte ich ihm brav wie ein kleines Mädchen. Und schlussendlich wurde er fündig. Er wechselte ein paar Sätze mit dem Fahrer des Minibusses, nickte zufrieden und erklärt mir mithilfe meines polnischen Übersetzers

Piotr, dass mich diese Marschrutka in den Ort Dubyna bringen würde und von dort wären es nur noch zehn Kilometer bis nach Skole. Als mich Viktor genau neben dem Busfahrer platzierte, wollte ich ihm unauffällig ein kleines Trinkgeld für seine großzügige Hilfe in die Hand drücken. Viktor weigerte sich vehement. Und so blieb mir nichts anderes übrig, als mich herzlich beim ukrainischen Zwei-Meter-Mann zu bedanken und hinter seinem Rücken heimlich Piotr das Geld in die Hand zu drücken mit der Bitte, es ihm anschließend zu geben.

Als ich beobachtete, wie Viktor und Piotr wieder von Dannen zogen, kam es mir fast so vor, als ob ich mich gerade von guten Freunden verabschiedet hätte. Ich war so heilfroh, dass ich den beiden begegnet war, und wunderte mich, wie schnell einem doch unbekannte Menschen ans Herz wachsen konnten. Vor allem auf Reisen.

Nach einer einstündigen Marschrutka-Fahrt stieg ich in Dubyna aus und war bereit, die restlichen zehn Kilometer an der Straße zu Fuß zu gehen. Doch nach zwanzig Minuten hielt tatsächlich ein Auto an. Ohne mit der Wimper zu zucken, stieg ich ein und ließ mich direkt vor meiner Haustür abliefern ...

Ich lauschte dem gleichmäßigen Rattern des Nachtzuges. Es war höchste Zeit zum Schlafen, denn ich musste unbedingt fit für mein nächstes Abenteuer sein, das mich in der Nähe Kiews erwarten würde: das unsichtbare Gespenst aus meiner Kindheit.

Das unsichtbare Gespenst

Schritte knarrten. Ich spürte, wie unter mir die Holzdielen nachgaben. Vorsichtig tastete ich mich voran. Alle im Haus schienen den Atem anzuhalten wegen des morbiden Anblicks, der sich uns bot. Ich ging ins angrenzende Zimmer, den ehemaligen Schlafsaal eines Kindergartens, der vor 32 Jahren schlagartig evakuiert worden war. Natürlich hatten die vergangenen Jahrzehnte ihre Spuren hinterlassen. Die Fensterscheiben waren zerbrochen, die Holzrahmen drum herum zersplittert, die einst so kraftvolle Farbe an den Wänden ließ sich nur noch blass erahnen, der Putz bröckelte von der Decke, und Äste drangen ins Hausinnere ein und eroberten sich Stück für Stück ihren Lebensraum zurück. Und dennoch konnte ich sie ganz klar erkennen, die Gegenstände und Details, die ihre kleinen Alltagsgeschichten erzählten. Von der Zeit vor der größten Nuklearkatastrophe des vergangenen Jahrhunderts. Vom einstigen prestigereichen Leben, bevor sich diese Gegend in eine Sperrzone verwandelt hatte. Der Name Tschernobyl ist mittlerweile zum Synonym für die Gefahr durch unbeherrschbare Technologien geworden – und dieser trostlose Ort gab uns eine Vorstellung, wie ein Endzeitszenario aussehen konnte.

Auf den Kinderhochbetten lagen noch zahlreiche zerknautschte Kissen und Decken in einer einheitlichen Farbe. Fast so, als ob sie vor Kurzem erst aufgeschlagen wurden. Ich blieb vor einer Puppe stehen und konnte meinen Blick nicht von ihr wenden. Auf eine erschreckende Weise schien sie mich mit weitaufgerissenen Augen zurückanzustarren. Ihr linker Arm hatte sich im grobmaschigen Draht verheddert, der einst dafür sorgte, dass die kleinen Kinder nicht aus ihren Bettchen fielen. Meine Fantasie fing an, verrückt zu spielen. Die Puppe wurde mir unheimlich. Ich musste meinen Blick von ihr lösen. Ich ging weiter. Auf einem anderen Bett entdeckte ich einen weißen Mädchenschuh mit zarten Riemchen. Ich schätzte die Schuhgröße auf 26. Wo war der andere Schuh geblieben? Ich blickte mich um, konnte ihn aber nicht finden. Stattdessen entdeckte ich direkt neben ihm ein vergilbtes Märchenbuch. Aufgeklappt auf Seite 67. War dieses Buch hier bereits seit über 32 Jahren auf derselben Seite aufgeklappt? War die Geschichte mit den quietschfidelen Enten die letzte, die die Kindergärtnerin ihren kleinen Schützlingen vorm Mittagsschlaf vorgelesen hatte? Mir stockte der Atem, und ich konnte spüren, wie mein Herz anfing, schneller zu schlagen. Ich ging zur Tür, warf einen letzten Blick in den Schlafsaal und zählte noch schnell die Bettchen durch. Zwölf Hochbetten. Insgesamt hatten in diesem Raum mal 24 kleine Kinder friedlich geschlafen. Kleine Geschöpfe, die mittlerweile fast so alt waren wie ich. Ich drehte mich um und kehrte dem Schlafsaal den Rücken zu.

Im nächsten Raum stand ein großes Wandregal mit allen möglichen Dingen. Hohe Papierstapel, verschiedene Flaschen, ein offenes Tintenfass, ein geflochtener Korb, eine kleine rote Gießkanne, eine gelbe Plastikente, noch mehr Märchenbücher und viele Bilder. Kinder hatten darauf einst ihre bunte, fröhliche Welt gemalt. Auf der Fensterbank in der Ecke saß in sich zusammengesackt eine Handpuppe. Ich ging näher und erkannte, dass es ein Löwe war. Dem Löwen fehlte ein Auge. Neben ihm lag ein offenes Notenbuch. Obwohl ich noch nie gut in Notenlesen war, betrachtete ich das Buch eine Weile. Angestrengt versuchte ich, das Kinderlied zu erkennen. Vergebens. Plötzlich hörte ich direkt neben mir ein ohrenbetäubendes, alarmierendes Piepen. Ich zuckte heftig zusammen. Doch schnell erkannte ich, dass es nur der Geigerzähler eines anderen Touristen war.

Draußen ertönte Anastiacias Stimme. Sie rief ihre Gruppe zusammen. Unsere Tschernobyl-Tour sollte weitergehen an den nächsten Ort des Schreckens. Ich bahnte mir meinen Weg zurück ins Freie. Meine Schritte knarrten, und ich konnte spüren, wie unter mir erneut die Holzdielen nachgaben. Im Flur passierte ich die Spinte der Kinder, die hier einst wild umherliefen. Auf jede Tür war ein anderes Bild gemalt: ein Fisch, ein Kreisel, eine gepunktete Teekanne ... Ich hörte von draußen wieder Anastiacias Stimme.

»*Hey guys, we have to leave now.*« Diesmal klang sie um einiges fordernder. Es war höchste Zeit, dieses Gebäude, den Kindergarten von Kopachi, zu verlassen. Beim Ausgang hielt ich noch kurz inne und blickte in das Gesicht einer Puppe, die auf einem Regal thronte und einen gepunkteten Hut trug. Ihr Gesicht war schwarz gefärbt. War das Ruß oder

Asche? Auch sie schien mich, auf eine erschreckende Weise mit weit aufgerissen Augen anzustarren.

***

Anastiacia hatte dieses Glänzen in den Augen, und sie war ein absoluter Freak. Sicherlich war das eine Grundvoraussetzung, um Tourguide in der Tschernobyl-Sperrzone zu sein. Sie war bis zum Hals tätowiert, ihre rote Lockenpracht war streng zu einem wilden Pferdeschwanz zusammengebunden, und sie trug Army-Klamotten. Zudem hatte sie – passend zur Farbe ihrer Fingernägel – einen gewöhnungsbedürftigen schwarzen Humor, wenn sie uns häppchenweise detaillierte Hintergrundinformationen zu diesem postapokalyptischen Ort gab, an dem wir uns gerade befanden. Zum verrücktesten Ort der Welt, wie sie immer mit einem verschmitzten Lächeln sagte. Und ich gab ihr Recht: Obwohl ich in meinem Leben schon sehr viele Dinge gesehen hatte – auch unterschiedliche Lost Places –, war die Strahlenwüste Tschernobyls das Morbideste, was ich je erlebt hatte. Wenn ich mir vorstellte, wie der Alltag von Abertausenden Familien ein unerwartetes, abruptes Ende fand, überkam mich ein schauriges Frösteln.

Wir fuhren weiter. Unser nächstes Ziel war der Reaktor 4, die Quelle des Übels. In unserer Gruppe wurde es ganz still, als wir unseren Blick über den Fluss schweifen ließen und lange den Reaktor fixierten. Beim Gedanken, was sich hier ereignet hatte, schnürte sich mir die Kehle zu. Ich musste mich konzentrieren, um ruhig weiterzuatmen. In der Nacht zum 26. April 1986 um 1:23 Uhr gab es im Reaktor 4 nach einer gescheiterten Versuchsreihe eine folgenschwere Explosion. Der Grafitmantel des Reaktors begann zu brennen, und lebensgefährliches radioaktives Material wurde in die Atmosphäre geschleudert. Wenige Sekunden nach der ersten Detonation kam es zu einer zweiten Explosion. Obwohl die sowjetische Regierung vorerst versuchte, den Unfall zu verheimlichen, ließen sich die gefährlichen und teilweise todbringenden Folgen nicht mehr aufhalten. Starke Winde verbreiteten das radioaktive Material in der Atmosphäre. Zuerst wurden große Teile der heutigen Ukraine, aber auch Weißrusslands und Russlands verseucht. Und bereits wenige Stunden später zogen die radioaktiven Wolken ungehindert Richtung Mitteleuropa und sogar bis zum Nordkap.

Ich kann mich noch sehr gut daran erinnern, wie mir damals meine Eltern erzählten, dass ein schlimmer Unfall passiert sei. Vor allem die Erwachsenen schienen in eine Schockstarre zu verfallen. Deutschland wurde von einer ungreifbaren Unsicherheit beherrscht: Erinnerungen an Hiroshima und Nagasaki wurden wach, und plötzlich befand sich die UdSSR direkt vor unserer Tür. Damals war ich acht Jahre alt. Von diesem Tag an durften wir Kinder nicht mehr in der Sandkiste spielen. Toben im Wald, auf Wiesen oder Fußballplätzen war ebenfalls tabu – und aus den Schönwetterwolken am strahlend blauen Himmel wurde eine anwachsende Bedrohung. Die Erwachsenen wollten uns Kindern keine unnötige Angst machen. Doch meine Freunde und ich bekamen damals alles mit: wie sie sich gegenseitig hinter vorgehaltener Hand ihre Angst vorm Atomregen beichteten, ihre Angst vorm Strahlentod; wie wir kein Obst, Gemüse und Fleisch aus dem gesamten Ostblock mehr essen durften; wie die H-Milch und Trockenmilch in allen Supermärkten restlos ausverkauft war; wie die Menschen besinnungslos in die Apotheken rannten, um sich mit Jodtabletten einzudecken.

Die Nuklearkatastrophe von Tschernobyl hatte auf einen Schlag die Welt verändert. Wie ein unsichtbares Gespenst breitete sich die radioaktive Wolke über uns aus und nahm Besitz von unserem Alltag, von meiner Kindheit. Auch wenn meine Freunde und ich bereits kurze Zeit nach dem Super-GAU wieder unbefangen auf den Straßen spielten, ließen mich der Schrecken und die ikonischen Bilder lange nicht los. Noch viele Jahre später kam immer wieder dieses erdrückende Gefühl aus dem Frühjahr und Sommer 1986 in mir hoch. Und auch die postapokalyptischen Bilder von verlassenen Städten beschäftigten mich noch sehr lange.

Ich schaute mich in unserer Gruppe um und fragte mich, aus welcher Motivation die Teilnehmer diese sonderbare Tschernobyl-Tour gebucht hatten. Insgesamt waren wir 17 Leute, neun unterschiedliche Nationalitäten. Viele von ihnen waren von sehr weit angereist. Aus den USA, Australien, Indien, Dubai. Ich schätzte von jedem Einzelnen das Alter ein und schlussfolgerte, dass kaum einer von ihnen das unsichtbare Gespenst von Tschernobyl miterlebt hatte. Bis auf einen älteren Mann aus Chicago und den ukrainischen Fahrer waren alle jünger als ich. Zweifelsohne war eine Tour nach Tschernobyl bei vielen Menschen sehr umstritten. Vor allem in Deutschland. Und ich konnte die Argumentation dieser Gegner teilweise gut nachvollziehen. *Lachende Selfies vor einer Untergangskulisse machen und anschließend ins Netz stellen?* Das war schon ziemlich verrückt. Auch ich hatte lange überlegt, ob ich so eine Tour mit meinem Gewissen vereinbaren konnte. Ich beschloss für mich, dass ich dem unsichtbaren Gespenst aus meiner Kindheit auf den Grund gehen – und einige wenige Antworten auf meine vielen Fragen erhalten wollte.

»*Guys, are you ready now for ghosttown Prypjat?*«, unterbrach Anastiacia die nachdenkliche Stille. Dabei legte sie wieder ihr verschmitztes Lächeln auf. Sie wusste genau, dass sie soeben mit ihrer Ankündigung unseren Puls um einige Schläge die Minute nach oben gejagt hatte.

***

Prypjat lag im Herzen der Zone und war einst eine sozialistische Idealstadt gewesen. Nur die Arbeiter des Kernkraftwerks Tschernobyl genossen das außergewöhnliche Privileg, hier wohnen zu dürfen. Die Stadt bot alles, was sich junge Familien für ein glückliches und zufriedenes Leben wünschten: Kindergärten, Krankenhäuser, ein Kino, Sporthallen, ein Schwimmbad und sogar das erste richtige Kaufhaus in der Ukraine. Dass man gemeinsam mit seiner Familie im Schatten eines Reaktors wohnte, schien damals keinen zu stören.

Erst zwei Tage nach der Explosion im Reaktor 4 wurden alle Einwohner Prypjats evakuiert. Die Regierung ließ die Menschen im Glauben, dass sie spätestens in zwei bis drei Tagen wieder zurück nach Hause dürften. So packten sie nur das Allernotwendigste und ihre Dokumente ein, ließen die Alltagsgegenstände zurück, nahmen ihre Kinder an die Hand und schlossen die Wohnungstür – ohne zu ahnen, dass sie gerade ihrem Leben auf immer und ewig den Rücken kehrten. Zwischen 50.000 und 80.000 Menschen waren betroffen, eine genaue Zahl wurde niemals kommuniziert. Fakt war, dass ein Drittel dieser evakuierten Menschen Kinder waren.

Es wurde wieder still, als wir uns auf dem ehemaligen Leninplatz der Stadt versammelten und die verlassene Hochhauskulisse auf uns wirken ließen. Anastiacia hielt ein Foto hoch von damals. Von der Zeit vor dem Unfall. Auf dem Foto sahen wir eine junge Mutter in einem gelben Kleid, die sich über einen sperrigen roten Kinderwagen bückte. Wir inspizierten das Foto etwas genauer und erkannten umgehend, dass die Frau genau an derselben Stelle gestanden hatte, wie wir es gerade taten. Unsere Blicke erhoben sich und verglichen das damalige Stadtbild mit dem jetzigen. Die gleichen Häuser standen immer noch da. Mittlerweile waren sie trostlose Ruinen, von Bäumen und der Natur überwuchert und menschenleer. Der Gedanke, was aus der jungen Mutter geworden war, ließ mich nicht los. Wohin hatte es sie und ihr Baby nach der abrupten Evakuierung verschlagen? Hatte sie die Möglichkeit gehabt, ihre Heimat je wiederzusehen? Zumindest für einen kurzen Moment?

Während die anderen aus der Gruppe verstreut die ehemalige Idealstadt Prypjat erkundeten, unterhielt ich mich mit Anastiacia. Sie erzählte mir, dass seit einiger Zeit die ehemaligen Einwohner die Möglichkeit hatten, einmal im Jahr hierher zu kommen. Sie durften einen Tag in ihrer alten Heimat verbringen, dem Ort, wo sie einst so zufrieden und sorglos gelebt hatten. Ich erzählte Anastiacia, dass so eine Tschernobyl-Tour bei uns in Deutschland sehr umstritten war und dass sie viele mit Katastrophentourismus und sensationslüsternem Voyeurismus gleichsetzten. Anastiacia lächelte und erklärte mir, dass sie diese Denke nicht nachvollziehen konnte.

»Weißt du, klar gibt es Teilnehmer hier, die danach lechzen, die verrücktesten Selfies zu machen oder in ihren Fantasien von Endweltszenarien aufzugehen. Jeder sieht hier in Tschernobyl halt das, was er sehen möchte. Ich würde lügen, wenn ich nicht zugeben würde, dass dieser Ort eine extreme Faszination auf mich ausübt. Aber viel wichtiger ist es, dass die Sperrzone ein großes Mahnmal für uns alle ist. Ein Mahnmal, das uns zeigt, was alles passieren kann und wie unsere Welt aussehen würde, wenn wir nicht aufpassen, was wir tun.«

Wir setzten unsere Tour fort im traurigsten Vergnügungspark der Welt, der nie eröffnet wurde, und gingen weiter durch Sporthalle, Fußballstadion, Schwimmbad und Schule. Anastiacias Worte hallten noch lange bei mir nach. Sie hatte absolut Recht: Tschernobyl war zwar eine Mischung aus morbidem Abenteuerspielplatz, stimmungsstarkem Fotoparadies und postapokalyptischem Museum zum Anfassen – aber der Ort vermittelte auch eine mahnende Botschaft. Ich war froh, dass ich mich für eine Tour nach Tschernobyl entschieden hatte, auch wenn ich mir sicher war, dass mich das Thema jetzt erst recht nicht mehr loslassen und mich die Bilder noch viele weitere Jahre verfolgen würden.

Als unser Bus wieder am Maidan in Kiew angekommen war, verabschiedete Anastiacia uns mit einem letzten Witz aus ihrem vielfältigen Repertoire des schwarzen Humors: »Herzlichen Glückwunsch, *guys*. Ihr habt es geschafft, Tschernobyl zu überleben. Ich hoffe, dass ich euch irgendwann wiedersehen werde. Spätestens nach der nächsten Katastrophe.«

NACHWORT

Mein Ticket in die Freiheit

Wenn ich hier in Kiew von meiner Bank vorm St. Michaelskloster auf die vergangenen Wochen zurückblicke, kann ich nicht behaupten, dass ich mich gelangweilt hätte. Im Gegenteil: Ich habe viel gesehen und erlebt. Und es ist genau dieses Gefühl, das ich am Reisen so unglaublich schätze: diese Intensität, das Gefühl, dass sich zwei Wochen anfühlen wie zwei Monate – und nicht umgekehrt. Und wenn ich ganz ehrlich bin, habe ich in den letzten zwei Wochen sicherlich um einiges mehr erlebt, als viele Freunde und Bekannte die letzten zwei Jahre zu Hause.

Allgemein kann ich behaupten, dass mein Leben seit der Geburt meines Sohnes ganz schön turbulent verlaufen ist. Mit ordentlich viel Gegenwind! Und ganz anders als gedacht. Ich wurde gekündigt, musste meinen Plan vom großen Glück über Bord werfen und nach neuen Lösungen suchen. Und das mit fast 40 Jahren! Zudem als Frau und Mutter. Definitiv keine leichte Herausforderung. Ich musste immer wieder mit vielen Rückschlägen fertig werden, zusehen, wie mein Kartenhaus in sich zusammenfiel und in bedrohlichen Existenzängsten schwelgen. Doch erst als ich meinen geraden Weg verlassen hatte und sinnlos durch die unterschiedlichsten Länder geirrt war, musste ich mir irgendwann eingestehen, dass ich im Laufe meiner Reisen Gefallen an meinen Irrwegen gefunden hatte. *Ist es nicht so, dass wir manchmal in unserem Leben etwas tun müssen, das keinen Sinn macht, damit alles um uns herum wieder sinnvoller wird?* Ich kann behaupten, dass das Reisen in meiner kritischen Lebensphase der beste Unsinn war, den ich machen konnte.

Unwissend stürzte ich mich ins große Abenteuer, packte immer wieder den Rucksack, um gemeinsam mit meinem kleinen Sohn die Welt zu entdecken. 22 Länder später weiß ich, dass das Reisen genau das richtige Heilmittel für mich war, das ich benötigte, um MEINEN neuen Weg zu finden. Durch das Reisen fand ich den Mut, die Gelassenheit und Souveränität, wieder neue Türen zu öffnen und durch diese hindurchzugehen, ohne mir dabei ständig Sorgen um meine berufliche und private Zukunft zu machen. Ich wollte nicht schwerfällig und verbissen durch den Alltag gehen. Sondern einfach mal nur machen.

Seit ich in Lissabon am Fuße des grimmigen Adamastor bei einem kühlen Bier den Entschluss getroffen habe, den Weg der Selbstständigkeit zu gehen, ist viel passiert. Es sind nicht nur knapp 14 Monate und viele Reisen vergangen, sondern ich habe überraschenderweise auch einen ordentlichen Sprung auf meiner persönlichen Karriereleiter gemacht. Bald steht tatsächlich ein Buch von mir im Handel, ich verdiene gutes Geld mit meinem Blog, habe feste Kunden, für die ich Content-Marketing mache, verfasse Ratgeber und E-Books für verschiedene Reiseveranstalter und bekomme zudem immer wieder neue, spannende Projekte auf den Schreibtisch. Mittlerweile schreibe ich sogar für einige Reisemagazine, für die früher nur die sogenannte Crème de la Crème gearbeitet hat. Und wenn ich mir meinen Kontostand anschaue, dann kann ich mit ruhigem Gewissen sagen: *Alles richtig gemacht!* Natürlich könnte es IMMER ein *bisschen mehr sein.* Aber ich muss zugeben, dass ich noch nie die große finanzielle Visionärin gewesen bin. Außerdem habe ich mich in der Welt der Zahlen nie so richtig wohlgefühlt. Vielleicht ist es diese hoffnungslose, naive Romantikerin in mir, die andere Parameter zum Messen von Erfolg heranzieht.

Viel wichtiger als mein Kontostand ist mir nämlich, dass ich es tatsächlich geschafft habe, mit meiner Leidenschaft Geld zu verdienen. Es mag für einige zwar etwas sonderbar und verworren klingen, aber für mich ist

Arbeit = Freizeit
und
Freizeit = Arbeit.

Außerdem hat mir meine Selbstständigkeit auch viele neue Freiheiten geschenkt:

1. Ich kann von überall auf der Welt aus arbeiten, solange ich einigermaßen gut funktionierendes Internet habe.
2. Ich muss mir keine zermürbenden Gedanken machen, dass ich irgendwann zu alt, nicht trendy genug und zu unhip bin – oder einfach nicht mehr zum Team passe – und deswegen gekündigt werde.
3. Wenn mein Sohn krank ist, dann muss ich nicht zittern, mit welcher Laune mein Chef die Nachricht von der Krankmeldung entgegennimmt.
4. Wenn mir eher nach Freibad, Joggen oder Radtour statt Schreibtisch ist, dann nehme ich mir spontan einen Tag frei.
5. Ich muss mit keinem (abgesehen von meinem Mann) meinen Urlaub absprechen.
6. Im Gegenteil, ich muss MEHR reisen, damit ich über MEHR Themen schreiben kann und somit MEHR Geld verdiene.
7. Und der allerwichtigste Punkt: Ich habe die Möglichkeit, mit meinem Sohn die Welt zu entdecken, zahlreiche Abenteuer zu erleben und sehr viel intensive gemeinsame Zeit mit ihm in den unterschiedlichsten Ländern zu verbringen.

Ich blicke auf mein Handy. Es ist 11:02 Uhr. Gleich muss ich los, muss mich beeilen, um in mein Hostel zurückzukommen. Denn für 11:30 Uhr ist das Taxi zum Flughafen von Kiew bestellt. In ein paar Stunden geht es zurück nach Hause. Obwohl ich immer traurig und melancholisch bin, wenn eine Reise zu Ende geht, muss ich auch zugeben, dass ich mich auf zu Hause freue. Auf meinen Sohn, meinen Mann und auch auf meinen Schreibtisch. Und in drei Wochen geht es dann wieder los, diesmal wieder mit meinem Sohn: fünf Wochen durch Osteuropa, von Bulgarien bis nach Prag ...

Ich spüre, wie Freude in mir aufkommt bei dem Gedanken, dass ich das Lebenskonzept *nach der Reise ist vor der Reise* in die Tat umsetze. Denn immer erfüllt es mich mit einem unsagbaren Kribbeln, wenn ich an meine vielen zukünftigen Reisepläne denke. Im Winter soll es für längere Zeit weggehen – vielleicht sogar für drei Monate? Wohin, entscheide ich später. Vielleicht nach Myanmar, Laos, Brasilien, Bolivien, Indien, Vietnam oder Madagaskar? Und natürlich habe ich auch für die kommenden Jahre eine Menge Reiseideen: São Tomé und Príncipe, Nepal, Bhutan, Albanien, Marokko, Armenien, Mosambik, Südkorea, Iran, Taiwan, Usbekistan, Turkmenistan, Kirgistan, Mongolei, ... Und vielleicht mache ich auch noch ein paar Trips allein, zum Beispiel nach Äthiopien, Malawi, Bangladesch, auf die Molukken, nach Westpapua ... *Oh Mann!* So viele weiße Flecken auf meiner persönlichen Weltkarte, die ich nach und nach mit bunter Farbe, vielen Abenteuern und Geschichten füllen möchte. So viele Länder, die auf meiner ellenlangen Reise-Bucket-List stehen!

Und was kommt danach? Keine Ahnung! Und ganz ehrlich, es spielt gerade auch keine ausschlaggebende Rolle für mich. Denn die vergangenen Jahre und Monate haben mir gezeigt, dass man nichts so richtig planen kann. Vielleicht wird mein Sohn meine Auswahl an Reisezielen schon bald ziemlich uncool finden und lieber nach Mallorca oder Disneyworld fahren wollen. Vielleicht werde ich aber, bevor mein Sohn schulpflichtig wird, noch eine lange Weltreise unternehmen und danach wieder sesshaft werden und gar eine feste Arbeitsstelle antreten. Vielleicht wird auch unsere ganze Familie für eine längere Zeit an einem anderen Ort leben oder sogar ganz auswandern ... Keiner von uns weiß, was uns in den kommenden Jahren erwartet. Die Zeit verändert die Welt. Ereignisse verändern unseren Alltag. Und wir müssen mit der Zeit und den Ereignissen gehen. Das ist der springende Punkt, der unser Leben so spannend, aber auch unvorhersehbar macht.

Vor einigen Wochen hat mich ein persönliches Erlebnis sehr nachdenklich gestimmt. Ich habe meine Schwiegermutter – unsere geliebte Oma – auf ihrer letzten Reise begleitet. Es war so unendlich traurig, zu erleben, wie das Leben eines Menschen aus seinem Körper weicht, wie sich die Familie das letzte Mal von einer geliebten Person verabschiedet und wie dieser Mensch dann irgendwann auf immer und ewig seine Augen schließt. Auch wenn der Verlustschmerz noch sehr tief sitzt, muss ich zugeben, dass ich in dieser schwierigen Zeit wieder einige kostbare Dinge übers Leben gelernt habe. Das Leben endet immer tödlich – und wir können auf unserer letzten Reise nichts mitnehmen. Und dennoch: Vielleicht sind es ja unsere Erinnerungen, die wir auf unserer letzten Reise mitnehmen ... All die Erfahrungen, die wir gemacht haben, all die Entscheidungen, die wir getroffen haben – und all die Geschichten, die wir erlebt haben ...

Oje! Schon so spät! 11:17 Uhr. Wo ist die Zeit geblieben? Jetzt muss ich mich aber beeilen. Noch einmal blicke ich von meiner Bank im Schatten auf das himmelblaue St. Michaelskloster mit seinen vielen prunkvollen, goldenen Zwiebeltürmen und den zahlreichen bunten Heiligenbildern. Plötzlich muss ich an Edie aus der kolumbianischen Wüste denken, der mich an einen Buddha erinnert hat. Jener Mensch, der sein Ziel schon längst erreicht hatte. Den nichts mehr aus dem Gleichgewicht bringen konnte. Wie sehr er mir doch mit seiner zufriedenen, in sich ruhenden Ausstrahlung imponiert hat –

mit seiner grenzenlosen Verbundenheit mit seinem Heimatort, der kargen Wüste ...

Ich muss dringend los! Andächtig stehe ich auf, gehe mit bedächtigen Schritten los und kehre dem orthodoxen Kloster den Rücken zu. Obwohl ich eigentlich lossprinten müsste, damit ich rechtzeitig zum Taxi komme, habe ich das Bedürfnis, mich noch mal umzudrehen. Alles auf mich wirken zu lassen. Das Kloster, meine Umgebung, die Menschen. Ich bleibe stehen und spüre, wie mir ein angenehmer Wind ins Gesicht weht. Und auch wenn ich keine besonders gläubige Person bin, fühle ich beim Anblick des St. Michaelskloster plötzlich eine große Dankbarkeit in mir aufkommen. Ich bin dankbar für all meine Erfahrungen, Scherbenhaufen, Erlebnisse, Abenteuer und Begegnungen. Ich bin dankbar, dass ich mit beiden Händen losgelassen habe, denn nur so konnte ich wieder neu greifen. Und so komisch es sich jetzt auch anhören mag, aber ich bin auch unendlich dankbar für meine Kündigung und all die Jobabsagen, die ich erhalten habe. Für all den Gegenwind, der mich ordentlich ins Wanken gebracht hat. Denn ohne ihn wäre ich niemals an diesen Punkt in meinem Leben gekommen, an dem ich mich gerade befinde. Ohne diesen heftigen Wirbelsturm wäre ich definitiv meinen kurvigen Weg nie gegangen. Wäre nie hierhergekommen. Stattdessen wäre ich weiter meinem Plan vom großen Glück hinterhergeächzt – und hätte mich mit großer Wahrscheinlichkeit irgendwo dabei verloren.

Und plötzlich, wie aus dem heiteren Himmel, sehe ich es ganz klar. Meine kleine Erkenntnis: Kann es sein, dass die Kündigung und all die darauffolgenden Jobabsagen mein persönliches Ticket in die Freiheit waren? *Möglich ...!*

Eine ganz BESONDERE Danksagung

An dieser Stelle kommt klassischerweise eine Danksagung – an Familie, Freunde, Unterstützer, Helfer und Helfershelfer, ... Doch wer mich kennt, weiß, dass ich oft den unklassischen Weg bevorzuge. Deswegen möchte ich diese besondere Stelle im Buch nutzen, um einem sehr wichtigen Menschen zu danken, dem ich unter normalen Umständen nicht meinen Dank aussprechen kann. Und zwar DIR, lieber Leser, liebe Leserin! Ich danke dir vom ganzen Herzen, dass du mich auf meiner langen Reise und all meinen Irrwegen begleitet und mir vor allem deine wertvolle Zeit geschenkt hast. Ich hoffe, dass ich es geschafft habe, dich in die *weite, weite* Welt zu entführen, dir zu zeigen, dass jede persönliche Krise auch ihre positiven Seiten hat, und in dir das Fernweh zu wecken. Gerne möchte ich dir für deine Zeit und dein Vertrauen etwas zurückgeben.

Wer weiß, vielleicht hast du jetzt auch Lust, Kambodscha, Kolumbien, El Salvador, Georgien oder die Ukraine zu bereisen. Wenn du dir hierfür weitere Informationen und Inspirationen wünschst, dann besuche doch gerne meinen Blog www.mami-bloggt.de. Und falls du noch weitere Fragen hast, dich mit mir austauschen möchtest oder ganz einfach das Bedürfnis spürst, mir zu erzählen, aus welcher Motivation du mein Buch gelesen hast, dann schreibe mir gerne eine Mail an wiebuddhaimgegenwind@gmail.com – ich freue mich auf dich!

Bitte hab Verständnis dafür, wenn ich nicht sofort antworte. Das liegt sicherlich daran, dass sich entweder die Arbeit auf meinem Schreibtisch meterhoch türmt oder ich mich mal wieder irgendwo auf dieser weiten, faszinierenden Welt herumtreibe. Dennoch werde ich nach bestem Wissen und Gewissen versuchen, alle Mails zu beantworten. Großes Mama-Backpacker-Ehrenwort!

Falls dich mein Buch unterhalten und berührt hat, dann würde ich mich freuen, wenn du es auf Reise schickst. Vielleicht lässt du es irgendwo in der U-Bahn oder im Zug liegen, damit es ein Unbekannter findet, oder noch viel besser: Du kannst es auf deine nächste Reise mitnehmen und im Bücherregal eines Hostels zurücklassen. Wer weiß, vielleicht schafft es dein Exemplar, um die ganze Welt zu reisen ... Und weil ich neugierig bin, freue ich mich, wenn du mich in den sozialen Netzwerken auf das reisende Buch verlinkst und den Hashtag #wiebuddhaimgegenwind verwendest.

Ich wünsche dir viel Spaß beim Planen deiner nächsten Reise!

Mit fernwehgeplagten Grüßen
Deine Gabriela

Von ewigen Singles, Love Hotels und dünnen Wänden

Was Sie schon immer über Japan wissen wollten, aber bisher nicht zu fragen wagten: Die Autoren des erfolgreichen Fettnäpfchenführers Japan enthüllen für ihr neues Buch alle Geheimnisse rund um die Themen Liebe und Sexualität in Japan. Sie begleiten die fiktiven Protagonisten Kenji, Yukiko und Saki durch die Abenteuer des Liebslebens.

Vom ersten Kuss über die Tücken moderner Dates und traditioneller Hochzeiten bis hin zum Kinderkriegen und ganz alltäglichen Ehewahnsinn – witzig und einfühlsam zeichnen die Autoren nach, wie die »Liebe auf Japanisch« funktioniert.

Kerstin und Andreas Fels
Liebe auf Japanisch
Von ewigen Singles, Love Hotels und dünnen Wänden

🕮 ISBN 978-3-95889-200-2
🖥 ISBN 978-3-95889-210-1

Der Atlas für Waghalsige, Leichtsinnige und Lebensmüde

Ob malerisch, unberührt oder wild: So manches Reiseziel erweist sich als riskantes Unterfangen. Ideal für diejenigen, die auf der Suche nach Nervenkitzel sind, ihre Versicherung betrügen möchten oder bei deren Schwiegermutter es nach einem Unfall aussehen muss.

»How to Kill Yourself Abroad« nimmt Sie mit auf eine Tour rund um den Globus entlang der gefährlichsten Orte, die Mensch und Natur geschaffen haben. Jenseits der ausgetretenen Pfade erwarten Sie Seen aus purer Säure, angriffslustige Eingeborene, haufenweise Giftschlangen, unsichtbare Giftgaswolken und viele andere Attraktionen, mit denen Reisende ihre Lebenserfahrung vergrößern und ihre Lebenserwartung verkleinern können.

Markus Lesweng
How to Kill Yourself Abroad
Der Atlas für Waghalsige, Leichtsinnige und Lebensmüde

ISBN 978-3-95889-201-9
ISBN 978-3-95889-211-8

Packender Erfahrungsbericht über eine Wanderung durch die Mongolei

Zu Fuß und ganz auf sich allein gestellt durchqueren die 22-jährige Franziska und ihr Freund Felix den Westen der Mongolei. Ihr Weg führt sie mitten ins Nirgendwo, wo es weder feste Pfade noch Wegweiser gibt und wo sie tagelang keiner Menschenseele begegnen. Mit dabei: ein Zelt, Astronautennahrung und ein paar uralte russische Militärlandkarten.

Franziska und Felix quälen sich Berge hoch und fallen Böschungen runter, sie stecken in reißenden Gletscherflüssen fest und werden von einer donnernden Herde Yaks umzingelt. In der Einsamkeit haben sie aber auch seltene, magische Begegnungen. Und sie lernen viel über sich als Paar, das durch die extreme Erfahrung über sich hinauswächst.

Franziska Bär
Ins Nirgendwo, bitte!
Zu Fuß durch die mongolische Wildnis

🕮 ISBN 978-3-95889-179-1
🕮 ISBN 978-3-95889-208-8